나의 책 읽기 수업

나의 책 읽기 수업

어디로 튈지 모를 학생들과 함께한
한 학기 한 권 읽기의 실제

송승훈 지음

나무연필

수업을 시작하며

교사가 알면 뭐하나, 할 수 있어야지!

20여 년 동안 독서교육을 해온 교사의 경험에서 건져 올린 이야기

교사가 되어 내가 아끼는 책을 학생에게 권했더니, 나중에 그 책이 교실 뒤에 있는 재활용품함에 들어가 있었다. 얼마나 책이 마음에 안 들었으면 재활용품함에 넣었을까. 나는 충격을 받았다. 재활용품이 되어버린 책은 그때 내 수준이었고, 내 모습이었다. 내가 독서교육을 어떻게 시작했더라 과거를 더듬다 보면, 기억의 맨 앞쪽에 그 재활용품함이 있다. 그 쓰레기통이 내 독서교육의 둥지였다.

대학을 졸업하고 고등학교에 교사로 와서 아는 것을 교실에서 해보려 하는데 자꾸 실패했다. 그때 내가 아는 수업 지식이 실천성이 약함을 알았다. 아는 건 많은데, 할 줄 아는 게 별로 없었다. 수업 모형들을 지식으로는 아는데, 적용할 줄을 몰랐다. 대학에서 배울 때도 그 수업 모형을 실습해보지 않았고, 강

의 듣고 열심히 교재를 보며 외웠다. 대학 교재에는 실제 현장에 그 수업 방법을 적용했을 때 어떤 일이 생기는지 그 과정이 자세히 서술되어 있지 않았다. 여러 수업 모형이 건조하게 요약되어 있을 뿐이었다.

돌파구를 찾으려고 책과 논문을 찾아 읽었다. 학계에서 나온 자료들은 원론을 설명하는 서술이 너무 길었고, 어떻게 실행하는지에 대해서는 말이 아주 짧았다. 어떤 교육 방법을 썼을 때 어떻게 수업이 진행되는지를 안내하는 자료는 드물었다. 오늘도 내일도 당장 학생들을 가르치는 나는 어떻게 가르치는지에 대한 실천 지식이 필요했는데, 답답했다. 연구실에서 머리로 상상해서 쓴 글이 아니라, 학교 교실을 자세히 들여다보고 정리한 글을 읽고 싶었다. 그렇게 쓴 글은 주로 교사공부모임에서 나왔다.

이 책은 실제 교사들이 독서교육을 하면서 답답해하는 부분에 초점을 두고 썼다. 1997년부터 2018년까지 21년 동안 학생들과 함께 책 읽고 공부하면서 알게 된, 독서교육의 성공 방법과 실패 지점을 정리했다. 이 책은 수많은 질문들을 학생과 교사에게서 받으며 만들어진 강의 기록이다. 정형화되고 안정적으로 정리된 내용이 아니다. 거칠게 약동하는 현장의 실천을 다큐멘터리처럼 이야기하는 책이다. 이렇게 해보면 어떨까 하는 상상으로 추측해서 쓰지 않았고, 실제 현장에서 해본 경험을 기록영화처럼 담았다.

어느 분야든 학계에서 정리한 일반적인 이론은 사람에게 기본 소양을 갖추게 하는 역할을 한다. 그 분야에서 실제 일하는 사람은, 기존의 이론에 나와 있지 않은 문제 상황을 수없이 계속 마주치기 마련이다. 학교뿐 아니라 어느 현장이든지, 기존에 정리된 이론으로 모든 문제가 해결되는 곳은 없다. 이것이 아직 이론화되지 않은 실천 지식이 필요한 이유다.

이 책은 다섯 장으로 되어 있다. 교육 방법을 소개할 때는 반드시 실제 적용했을 때 어떤 문제 상황이 생기고 그것을 어떻게 해결하는지에 대해 함께 이야기했다.

1교시는 실패에 대한 이야기다. 나는 수없이 교실에서 실패하고 망신을 당했다. 그러면서 어떻게 하면 학교에서 책 읽기 교육이 실패하는지를 잘 알게 되었다. 어떻게 하면 망하는지를 먼저 알아야 그 실패를 조금이나마 덜 겪을 수 있다. 독서교육에는 묘하게 많이들 겪는 실패의 기본 코스 같은 것이 있다.

2교시는 한 학기 한 권 읽기에 대한 이야기다. 2018년부터는 중·고등학교에서 국어 시간에 한 학기에 한 권 책을 읽게 되었다. 초등학교에서는 2017년부터 시작했다. 한 학기에 한 달은 교과서가 아니라 책을 들고 가르치게 되었다. 2015 교육과정이 적용되면서 국어과의 가장 큰 변화였다. 왜 한 달 동안을 책으로 수업하는지, 어떻게 해야 고급스럽게 독서 수업이 되는지를 꼼꼼하게 안내했다.

3교시는 독서교육을 하다가 마주치는 문제 상황을 해결하는 이야기다. 남학생에게 책을 읽고 느낌을 적어보라고 하거나 3단 구성법 같은 지식을 가르치면, 독후감이나 서평을 못 쓰는 경우가 허다하다. 흔히 알고 있는 독서 지도법이 잘못 적용되어 실패하는 경우를 설명했다. 책 읽힐 시간을 확보하지 못한 교사가 어떻게 하면 되는지, 책 안 읽는 교사가 어떻게 독서 수업을 하는지를 관련 사례를 들며 다루었다.

4교시는 다양한 교과에서 책을 어떻게 읽힐지에 대한 이야기다. 체육, 수학, 음악, 영어, 제2외국어, 한문, 역사, 과학, 도덕 윤리, 사회, 국어, 미술 시간에 하는 독서 수업 방법을 안내했다. 책은 국어과에서 읽히는 거라는 생각은 이제 호랑이 담배 피우던 시절의 이야기다. 학생생활기록부에도 모든 과목별로 독서기록을 하는 자리가 마련되어 있다.

5교시는 기본을 넘어서 고급 수준의 독서교육을 하는 이야기다. 멋있다고 생각하는데 해본 적은 별로 없는 시집 읽기, 다 아는 줄 알았지만 막상 하려면 어려운 독서토론, 다른 사람과 책에 대해 길게 대화한 내용을 기록하며 살피는 방법, 학교 바깥으로 나가서 책과 관련된 사람을 만나서 인터뷰하는 수업, 담임교사가 자기 반에서 할 수 있는 책 읽기 지도, 가정에서 부모가 자녀에게 책을 읽히는 묘안에 대해 다루었다.

부록에는 함께 공부한 학생들이 쓴 글을 활동 종류별로 네 편을 실었다. 고등학생 정도면 어른과 별로 다르지 않은 지적 수준을 보임을 이 글을 보면 알게 된다. 학생들을 고급스럽게 가르치는 쪽으로 우리 사회가 움직여야 한다는 생각을 이 학생 글을 보면서 나누고 싶다.

지난 20여 년 동안 학교에서 책과 관련한 문화가 많이 달라졌다. 2000년이 되기 전에는 학교에서 자율학습 시간에 학생이 책을 읽으면, 공부하라고 하면서 그 책을 못 읽게 하는 경우가 종종 있었다. 그러니까 문제집을 푸는 건 공부고, 책을 읽는 건 공부가 아니라고 생각하는 선생님들이 있었다.

그러나 지금은 분위기가 완전히 바뀌었다. 학교에서 공식적으로 책 읽기를 무척 강조한다. 학생생활기록부에는 담임교사와 각 과목별 교사가 독서기록을 적어주게 되어 있다. 공부에 관심을 둔 학생이라면, 독서기록을 챙기려는 마음에서라도 책을 많이 읽게 되었다. 제도가 학생들의 독서를 유도하고 있다.

이 책은 누구에게 필요할까. 책 읽기 교육이 학교에서 어떻게 이뤄지는지 알고 싶은 사람, 자녀에게 책을 읽히고 싶은 부모, 책이 사람에게 읽혀서 어떻게 의미가 형성되는지 그 과정을 살피려는 사람, 본인이 책을 안 읽는 교사인데 독서교육을 해야만 하는 상황에 놓여서 현실적인 방법을 찾고 있는 사람에게 이 책은 의미 있는 읽을거리일 것이다.

책을 귀하게 여기고 독서를 가치 있게 보는 것은 우리 문화 속에 담긴 힘이다. 교사가 된 지 두 번째 해에 젊어서 좌충우돌

하던 나에게 해준 어느 선생님의 말씀이 오래도록 나에게 힘이 되었다.

"송 선생, 다른 건 모르겠는데, 아이들과 책 읽는 건 참 보기가 좋아."

한국은 책을 존중하는 문화유산이 있어서 다행이다.

차례

5교시 책과 함께, 학생들과 함께 _책 읽기 수업 응용편

부록 책 읽기와 글쓰기 수업을 위한 참고 자료

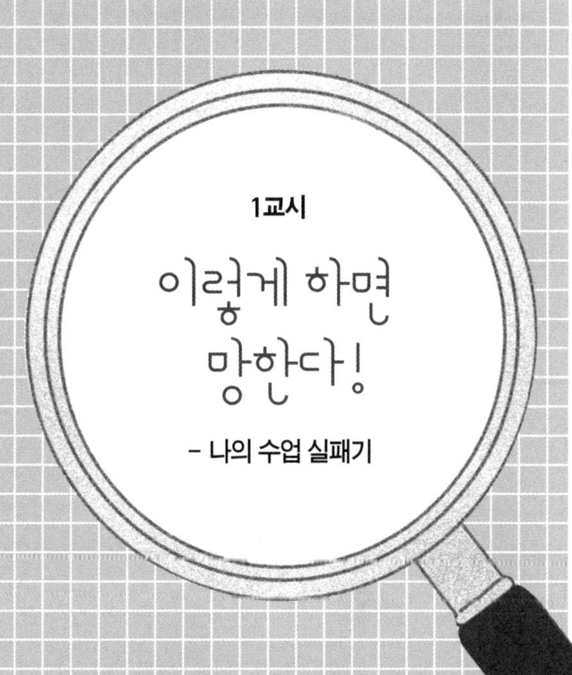

1교시

이렇게 하면 망한다!

- 나의 수업 실패기

의욕 넘치던 새내기 교사 시절, 학생들과 하는 수업은 만만치 않았다. 처음에 나는 대학에서 배운 방법대로 학생들을 가르치려 했다. 하지만 똘똘한 몇몇 학생들만 내 수업을 따라올 뿐, 학생들 상당수는 수업 시간에 멍하니 앉아 있거나 정신을 잃곤 했다. 그렇게 한 달쯤 수업을 진행했더니 일고여덟 명을 제외하고는 내 수업을 듣는 학생이 없었다. 부끄러웠다. 누군가 복도에서 내 수업을 들여다볼까 두려웠다. 나는 최선을 다해 학생들을 가르쳤는데, 대체 왜 그랬던 걸까.

두어 달 지난 후에야 깨달았다. 대학에서 내가 배운 '가르치는 방법'들은 이상적인 학습자를 대상으로 한 것이었음을 말이다. 예를 들면 당시에 국어 교과서 머리말이나 일러두기에는 수업 시간에 교과서를 읽을 필요가 없다고 적혀 있었다. 교과서는 학생이 집에서 읽어오고 수업 시간에는 활동을 하면 된다고 했다.

그런데 수업 전에 교과서를 읽어온 학생은 예닐곱 명밖에 없었다. 학생들이 교과서를 읽어왔는지 확인한 뒤 다음 시간에는 꼭 교과서를 읽어오라고 타이르는 데 너무 많은 시간이 필요했다. 진이 빠졌다. 차라리 수업 시간에 학생들과 교과서를 함께 읽는 게 힘도 덜 들고 진도도 빨리 나갈 수 있었다. 결국 내가 알고 있던 방법을 버릴 수밖에 없었다.

대학 시절에는 교사가 되어 수업 시간에 학생들과 토론을 하면 정말 그림이 좋을 줄 알았다. 그런데 실제로 해봤더니, 학생들은 잠시 토론을 벌이다가 금방 딴 이야기를 꺼냈다. 어떻게 할지 난감했다. 그뿐만이 아니었다. "선생님, 그냥 적당히 하세요. 저는 내버려두시고요." 이렇게 말하는 학생을 어떻게 대해야 하는지 대학에서는 가르쳐주지 않았다. 대학에서 배운 대로 가르쳐도 문제였고, 대학에서 못 배운 것도 너무 많았다. 이런 일들이 차곡차곡 쌓여갔다. 잘하려고 애썼지만 상처만 커져갔다. 결국 나는 비뚤어지기 시작했다.

잘하려는 마음이 엇나가면 비뚤어진다

놀랍게도 그때 나는 학창 시절 본 내 선생님들의 모습을 그대로 재현하고 있었다. 나는 서울 장안동에서 중학교를 다녔다. 지금은 재개발이 되었지만 1980년대 장안평은 쓰레기를 매립

해서 땅바닥 높이를 높인 뒤 그 위에 흙을 덮어서 집터를 만든 곳이었다. 그곳에는 방이 두 개 있는 11평짜리 아파트가 100여 채 세워져 있었다. 친구들은 펄쩍펄쩍 날뛰는 야생마 같았다. 서민들이 많이 거주하던 그 지역에는 교사들이 신규 발령을 많이 왔다.

중1 때 담임선생님도 대학을 졸업하고 이 학교에 처음 오신 분이었다. 하늘거리는 분홍 원피스 차림에 멋있게 펌을 하고 구릿빛 피부가 빛나는 영어 선생님이었다. 그런데 선생님은 야생성 강한 우리 남자 중학생들과 함께 지낸 지 두 달 만에 우리에게 데여 눈물을 보이셨다. 선생님이 울면서 교실 문을 열고 나가시던 모습이 아직도 생생하다. 나를 비롯한 친구들은 그런 선생님을 걱정했을까? 아니었다. 남자 중학생들은 도리어 선생님에게 문제가 있다고 생각했다. "어른이 아이들 앞에서 울어도 돼? 이상한데." 어떻게 어른인 선생님이 눈물을 보이시나 싶었다. 우리는 전혀 반성하지 않았다.

많은 신규 선생님들 가운데 남자 선생님은 딱 두 분이었다. 사건 사고가 넘쳐나던 시절, 그런 건수가 하나 걸리면 이분들은 커다란 각목을 들고 교실에 들어와서 말씀하셨다. "너희 다 나와!" 체벌이 사회적으로 통용되던 때였고, 우리는 선생님께 얻어맞았다. 맞고서는 이런 말을 들었다. "너희는 맞아도 약발이 일주일밖에 안 가!"

당시에 우리를 가르치던 10여 명의 선생님은 거의 모두 우리를 때리셨다. 보통 선생님들은 한 분마다 일주일에 한 번 꼴로 매를 드셨다. 선생님들은 체벌을 하고 일주일밖에 약효가 가지 않는다고 여겼지만, 사실 우리는 날마다 한두 번씩 얻어맞고 있었다. 그런데 그런 청소년기를 거친 후 성인이 되어 교단에 선 나는 그때 그 선생님들의 행동을 답습하고 있었다. 무척이나 부끄럽고 창피한 고백이지만, 내 상처를 못 다스린 채 회초리를 들고 "너희 다 나와!"를 외치는 선생님이 된 것이다.

학창 시절 몸이 튼튼하지 않았던 나는 순한 학생이었다. 친구들과도 사이좋게 지냈다. 법 없이도 살 사람이라는 말을 들으며 살아왔다. 그런 내가 학생들을 때리는 선생님이 되다니, 놀라웠다. 그런데 놀라움도 잠시. 몇 번 학생들을 때리다 보니 이게 익숙해졌다.

어느 날, 그런 내 모습을 확인하는 순간이 찾아왔다. 친구와 만나 이런저런 이야기를 나누다가 학교 생활을 이야기했더니 친구가 이렇게 말했다. "너 이제 사람 좀 때리는구나." 집에 돌아와 잠자리에 들었는데, 잠은 안 오고 친구의 말이 계속 귓가에 맴돌았다.

사람을 때려야겠다고 마음먹고 선생님이 되는 사람이 있을까? 그런 사람은 극히 드물 것이다. 그런데 내가 사람을 치는 선생님이 된 것이다. 한편으론 내가 왜 이렇게 됐을까 생각했지만, 다른 한편으론 체벌을 합리화하기 위해 안간힘을 썼다. 내 중학교 시절 우리를 때렸던 선생님들은 나의 체벌을 합리화하는 근거가 되어주었다. 하지만 고교 시절에 만난 선생님 한 분이 떠오르자 이내 마음이 복잡해졌다.

고등학교에 올라가자 체벌이 조금 줄어들어서 5분의 1 정도의 선생님만 회초리를 드셨다. 우리를 안 때린 선생님 중에서, 힘이 세지 않은 중년의 여자 지리 선생님이 유독 생각났다. 선생님은 큰소리를 내지 않으셨지만 우리는 선생님 말씀을 잘 들었다. 이따금 선생님이 혼내시면 미안하기도 했고 가끔은 죄책감이 들기도 했다. 그분은 체벌을 합리화하려는 나에게 걸림돌이 되는 존재였다. 그 선생님을 떠올리면서 나는 체벌을 그만둘 수 있었다. 교육에서는 이렇게 마음에 와닿는 선생님이 단 한 분만 있어도 그 한 분이 영향을 미치고, 때로는 사람의 어떤 행동을 바꾸어놓기도 한다.

세상은 여러 사람이 모여 아웅다웅하며 사는 곳이라 살다보면 상처투성이가 되기도 하고 비뚤어지기도 한다. 하지만 그러다가도 자기 삶 가운데 좋은 사람이 있을 때, 그 사람을 떠올리면서 제정신을 차리기도 하는 법이다. 좋은 사람은 그 존재 자체에 상처를 정화하는 힘이 있다.

책 읽기에도 비슷한 측면이 있다. 학생들에게 책을 권하고 함께 읽다가도 책 몇 권 읽는다고 해서 애들이 달라지겠어 싶을 때가 있다. 그럴 때는 씨 뿌리는 사람을 생각한다. 가르치는 일은 좋은 씨앗을 뿌리는 일과 닮았다. 그 씨앗이 아이들의 마음 밭에 있다가 인생의 어느 순간에 싹을 틔우기도 하고, 무럭

무럭 자라 나무가 될 것이다. 미래를 다 알 순 없지만, 마음에 남는 기억이 하나둘 있을 때 그것이 학생의 삶을 세우는 힘이 되는 것 정도는 안다.

그리고 교육의 효과는 학생의 몫이기도 하다. 배운 것을 어떻게 자기 것으로 만들지는 학생에게 달려 있다. 교사는 자신이 지치지 않는 범위 내에서 좋은 것을 성의껏 가르치면 된다.

열정은 넘쳤지만 상처도 많았던 신임 교사 시절, 교단에 서보니 학생들은 교과서를 재미없어했다. 교과서는 내가 쇼를 하면서 가르치지 않으면 학생들이 지루해했다. 사실 교과서는 내가 봐도 재미없어 보였다. 교과서는 학문의 핵심을 모아서 요약 정리한 책이다 보니 짧은 시간에 많은 것을 배울 수 있는 장점이 있다. 하지만 거기에는 지식이 만들어진 과정이나 그 지식을 만든 사람들의 이야기가 너무 간략하게 나오거나 빠져 있다. 그런 책은 매우 건조해서 재미가 없고 사람의 머리를 좋아지게도 할 수 없다.

대학에서 개론서를 교재로 쓰더라도 관련 단행본을 읽히는 것은 이 때문이다. 교재에는 두세 쪽으로 정리되어 있지만 그 지식이 어떻게 형성되었는지의 과정을 책에서 살펴보아야 지적 역량이 강화되는 것이다.

그래서 시작한 게 책 읽기 교육이었다. 당시에 내가 가르치던 학생들은 고등학교를 졸업한 뒤 몇몇은 대학에 진학했지만 대부분은 가구 공장이나 백화점 같은 데 취업을 했다. 고등학교 문을 나서서 세상에 나갔을 때, 그래도 책 몇 권 읽은 게 앞으로의 인생에 도움이 되지 않을까 싶은 마음이 있었다. 하지만 이런 좋은 생각을 실행하는 데는 수많은 어려움이 있었다.

맨 처음에는 학생들에게 훌륭한 고전을 모두 구입하게 해서 읽혔다. 2학년 3반에서는 『난장이가 쏘아올린 작은 공』이라는 빈부 격차에 대한 책을 권하고, 2학년 4반에서는 『광장』이라는 남북문제에 대한 책을 권하고, 2학년 5반에서는 『서 있는 여자』라는 남녀 간의 사랑에 대한 책을 권하는 식이었다. 훌륭한 책을 권해주었을 때, 읽기는 힘들어도 그 어려움을 이겨내고 책을 끝까지 읽으면 아이들의 수준이 높아지리라 여겼다.

독후감도 쓰게 했는데, 결과는 좋지 않았다. 학생들이 써온 글은 대부분 비슷비슷했다. 줄거리 정리가 대부분이었고 끝 부분에 "읽고 났더니 감명 깊었다"는 식으로 두세 줄 정도 감상이 적혀 있었다. 여덟 개 반에서 총 400여 편의 독후감을 받았는데, 학생들의 글이 거의 똑같다 보니 채점하는 데 서너 시간밖에 걸리지 않았다. 그 글들을 채점하는 날, 방에서 이불을 뒤집어쓰고 누워서 생각했다. '내가 죄를 짓고 있는 건 아닐까.'

아니나 다를까. 숙제 제출 기간이 끝나자 교실 뒤편 재활용품함에 내가 권해준 책들이 쌓여 있었다. "너희 진짜 너무 한다. 어떻게 이런 무식한 일을 할 수 있니! 못 배워도 정도가 있지." 내 핀잔에 학생들은 눈 하나 깜짝하지 않고 답했다. "제 돈 주고 산 책인데 제 마음대로 버리지도 못하나요?" 인류의 고전

내가 권해준 책이 재활용품함에 들어가다니!

어렵지만 학생들에게 피가 되고 살이 될 만한 책을 권했다. 하지만 학생들은 내 맘도 모른 채 수업이 끝나자 그 책을 재활용품함에 갖다 버렸다. 이럴 때 교사는 뚜껑이 열릴 수밖에!

을 권하고 학생들에게 강제로 사게 하는 것까진 했는데, 학생들의 마음을 얻지 못하자 그 훌륭한 고전들이 재활용품함에 들어갔다. 내 첫 번째 독서교육이 실패했음을 알았다.

여기서 물러설 순 없었다. 어디서 망했는지 과정을 돌아보았다. 잘하려고 했는데, 왜 실패했을까? 원인은 금방 나왔다. 학생들의 수준을 고려하지 않고 훌륭한 책을 권한 게 문제였다. 훌륭한 고전을 권했더니 훌륭한 학생들만 좋아했다. 반면에 아직 배움에 물이 오르지 않은 대기만성인 학생들에게 고전은 안타깝게도 무슨 소리인지 못 알아듣겠는 책이었을 뿐이다. 사실 독서가 더 필요한 건 오히려 그 학생들이었는데 말이다. 지금 공부에 열의는 없지만 나중에는 자기 삶을 나름대로 펼쳐갈 학생들에게 고전 읽기는 도무지 먹혀들지 않았다.

문제점을 찾아냈으니 나름의 해결책이 보였다. 내 학창 시절을 떠올리면서, 나와 내 친구들이 어떤 책을 즐겨 읽고 좋아했는지 생각해보았다. 그리면서 청소년 수준에 맞는 책을 다섯 권 뽑아 권한 뒤 그중에서 한 권을 골라 읽도록 했다. 학교 도서관에 책들이 있으니 굳이 책을 구입하게 해야 하나 싶기도 했지만, 그리 느슨하게 접근했다가는 이도저도 안 될 것 같아 책은 강제로 사게 했다. 이 시도는 어땠을까?

절반은 성공했지만 절반은 실패했다. 학생들 중 30%는 책을 재미있게 읽었고, 20%는 인내심을 가지고 노력해서 책을 읽어냈으며, 나머지는 책을 읽지 않았다. 실패한 절반 중 몇몇은 내가 권한 책을 만지기만 해도 화가 난다고 했다. 읽고서 화가 났다면 상대라도 하련만, 아예 거들떠보지도 않은 채 화를 내니 대응할 수가 없었다.

찬찬히 관찰해보니 이 학생들은 학창 시절의 나와는 기질이 다른, 그때 만났더라면 나와 별로 안 친했을 아이들이었다. 단적으로 말하면, 비 오는 날 운동장에 나가서 흙탕물 튀기며 뛰노는 부류였다. 나는 그런 친구들을 바라보는 부류였고 말이다. 기질이 다르니 내 기질대로 권한 책이 맞지 않았던 것이다.

내가 권한 책에 강한 거부감을 보인 아이들은 친구들에게 내가 권한 책이 재미없다는 험담을 하고 다녔다. 험담이 교실에 퍼지는 건 금세였다. 그런 분위기가 휩쓸고 간 교실에 들어가면 학생들의 표정이 어두웠다. 그걸 바라보는 내 마음도 무거워져만 갔다. 교사가 신경 써서 학생 수준에 맞게 책을 몇 권 고르면, 운명적으로 학생들 중 상위 30%에 어울리는 책이 됨을 그때 알았다.

산전수전,
거듭된 실패를 넘고 넘어

"남자 친구나 여자 친구도 모두 자기가 정하는데, 자기가 읽을 책도 스스로 정해야 하지 않겠니?" 이번에는 책 선택권을 학생들에게 주어보았다. 내가 책을 권하는 데 한계가 있다는 걸 인정하고서 벌인 일이었다.

학생들은 집에 있던 『어린이와 함께 읽는 명심보감』이나 『채근담』 같은 책들을 들고 나타났다. 선택권을 주겠다고 말을 꺼낸 체면이 있는지라 걱정이 앞섰지만 그 책들을 읽으라고 내버려두었다. 아니나 다를까. 1~2주가 지나자 학생들은 책 읽는 게 어렵다고 했다. 원래 성현들의 책은 책장이 잘 안 넘어가는 법이니 당연한 결과였다.

선택권을 손에 쥔 학생들은 이후 성현들의 책을 던져두고서 남학생들은 판타지 소설을, 여학생들은 인터넷 연애소설을 들고 나타났다. 교실 밖에서 누군가 이들이 책 읽는 모습을 보았더라면 아주 흐뭇했을 것이다. 학생들이 흠뻑 몰입해서 책에 코를 박고 있었으니 말이다. 하지만 그 교실 안에 있던 내 머릿속은 복잡해졌다. 책 속에 별 내용이 없을 걸 알고 있었으니 말이다.

혹시나 하는 마음에서 내가 학창 시절에 읽어본 적이 없는 인터넷 연애소설을 빌려서 읽어보았다. 예닐곱 권을 독파했더니 대강 이야기 구조가 파악되었다. 수수한 외모에다가 부자가 아닌 집안의 여자가 주인공이었다. 그 여자는 성격이 털털하고 남자에게 집착하지도 않는데 이유 없이 남자가 자꾸 따라서 고민이다.

학교를 배경으로 한 소설이라면 전교 1등도, 운동을 제일 잘

하는 학생도 이 여학생을 좋아한다. 지성남과 짐승남 중에서 누굴 고를까 고민하다가 여학생이 짐승남을 고르면, 짐승남을 좋아하던 날라리 여학생들은 화가 나서 음모를 꾸민다. 그러면 여학생은 짐승남과 합심해서 날라리 여학생들의 음모를 헤쳐나간다.

직장 여성이 연애소설의 주인공이라면 학창 시절부터 이 여자를 좋아하는 순정남이 등장하고 여자를 따라 같은 대학에 들어간다. 그 어렵다는 취업에 여자가 성공하면, 순정남은 또 이 여자를 따라 같은 회사에 들어간다. 마음만 먹으면 다 되는 능력남이다.

직장에는 젊은 여직원을 희롱하는 것으로 인생의 허망함을 달래는 나쁜 남자 상사가 있고, 여자 주인공에게 검은 매력을 내뿜는다. 여자가 휘청거릴 때마다 순정남이 이 여자를 위기에서 구해준다. 둘은 결국 결혼을 약속한다. 그런데 상견례에 가서 여자는 순정남에게 크게 화를 낸다. 순정남이 짠! 재벌가 집안의 아들이다.

여자가 묻는다. "왜 아버지가 회장님이라는 얘기를 안 했어?"

남자가 대답한다. "내 힘으로 사랑을 얻고 싶어서 그랬지."

"거짓말 하지 마. 내가 너희 집안을 볼까 봐, 나를 못 믿어서 그런 거 아냐? 이 결혼 못 해!"

하지만 결국 이 위기도 잘 넘기고 여자는 부잣집 며느리가 되는 아름다운 결론에 이른다.

누군가의 인생에서 일어날 확률이 거의 없어 보이는 이런 이야기에 여학생들은 열렬히 환호한다. 하지만 학생들의 마음은 금세 이해되었다. 좋은 인간관계에 대한 열망을 가진 10대 여학생들은 현실에서 이뤄지지 않는 것을 책을 통해 대리 만족하는 것이다.

반면에 남학생들은 10대가 되면 옳고 그름에 예민해지고 교실 안에서는 힘에 대한 긴장이 생긴다. 많은 남자 청소년들은 힘 있는 사람이고 싶어하지만, 왜 이리 자신의 팔뚝이 얇은지 아쉬워한다. 가끔 학교에서 쓸데없는 수작이나 걸고 함부로 행동하는 아이들은 부모님이 뭘 먹였는지 덩치가 엄청 크다. 힘에 대한 갈망을 품은 남학생들은 판타지 소설에 등장하는 착한 주인공이 큰 힘을 얻어 나쁜 놈들을 혼내주는 이야기를 읽으며 편안해한다. 수많은 판타지 소설들은 현실에서 받은 여러 가지 상처를 어루만져주고 정의를 실현하고 싶은 욕망을 충족시켜준다.

판타지 소설의 주인공은 보통 착한데 어쩌다가 큰 힘을 얻어 우주의 악을 평정한다. 또 어쩌다가 쓰러진 할아버지를 도와주었더니 할아버지가 책을 주셨고, 그 책으로 운동을 했더니 힘이 세지고 날 수 있게 되어서 악을 무찌르고 정의를 실현한다. 즉 기이한 인연으로 큰 힘을 얻은 후 온 세상의 나쁜 놈을 혼내준다는 통쾌한 이야기다.

악을 무찌르는 것은 좋다. 하지만 소설 속에서 악은 너무 단

조롭고 그것을 해결하는 방법도 너무나 간단하다. 착한 마음을 먹고 남을 도와주는 것만으로 큰 힘을 얻어 악을 물리치는데, 그렇게 악이 물리쳐진다면 이순신 장군이 그렇게 고생하면서 왜적을 물리치지도 않았을 것이다. 현실의 악은 그렇게 만만하지 않다.

학생들은 마음속에 자리한 욕망 때문에 판타지 소설과 인터넷 연애소설에 열광한다. 이런 책들은 분명 힘겨운 삶을 위로해준다. 하지만 책장을 덮고 나면 현실은 하나도 달라져 있지 않다. 이런 책들은 삶의 질을 높이거나 현실의 문제를 해결할 능력을 키워주진 못한다. 이런 책들은 성인이 자신을 위로하는 데 쓰는 술, 담배와 비슷하다. 학생들에게 이런 책들만 읽혀선 안 된다. 삶의 힘겨움을 달래는 책도 필요하지만, 개인의 능력을 높이는 책도 함께 읽혀야 한다.

내가 처음 교사가 되었을 때, 학생들이 읽는 이런 가벼운 소설이 미웠다. 이런 책들을 집어 들고서 "재활용품에 내버려야 할 졸렬한 책이야!"라고 이야기하곤 했다. '졸렬하다'라는 말은 대학 시절에 현대문학을 가르친 선생님이 우리가 읽는 신작 소설의 수준이 떨어져 보일 때 하시던 표현이다. 나는 의식하지 않은 상태에서 선생님의 그런 말을 답습하고 있었다. 그러니 앞서 언급했듯 내가 권한 책을 학생들이 숙제가 끝나자마자 재활용품함에 내버린 것이다.

교실에서 나는 강자이고 논리도 세니 내 앞에서 학생들은 나를 못 이긴다. 하지만 뒤에서 학생들은 내가 상처를 준 만큼 그 상처를 나에게 되돌려주었다. 내가 판타지 소설이나 인터넷 연애소설을 흉보면 학생들은 온갖 방법을 써서 더더욱 그 책들을 감쌌다. 갖은 논리를 총동원해서 그런 책이 후졌다는 걸 논증하고, 그런 책에 문제가 있다는 읽기 자료를 만들어서 나눠주고, 그걸로 모둠 토론을 하고, 심지어 그걸 시험 문제까지 냈는데도, 나중에 여론조사를 해보면 25%의 학생들이 여전히 그런 책이 좋다고 했다.

학생들이 좋다는 이유는 간단했다. 상대주의적인 관점을 들이대면 아무리 센 논리도 모두 무마할 수 있다. 그대는 그대의 기준, 나는 나의 기준. “선생님, 저는 저의 기준이 있어요. 말로 표현 못할 뿐이에요.” 아무리 뭐라고 해도 내 눈앞에서만 안 읽을 뿐, 학생들은 마음으로 승복하지 않았다.

3년쯤 이런 실패를 하고서 돌이켜보니 나도 그런 졸렬한 책 읽기를 하고 있었다. 정기적으로 시시껄렁한 만화책이나 흥미 위주의 대중소설을 보아왔던 것이다. 결국 인생의 고단함을 달래는 도피적인 책 읽기를 비난하거나 그런 책 읽기와 자기 실력을 높이는 책 읽기가 공존할 수 없다고 여기지 말아야 한다고 결론 내렸다. 이 둘 모두 우리 인생의 양 측면으로 바라봐야 하고, 함께 안고 가야 한다.

이와 관련해서 나는 학생들에게 역도 선수 이야기를 자주 예로 든다. “올림픽에서 역도 선수는 평소에 계속 무거운 걸 힘들게 들어가며 자신을 단련해서 금메달을 따잖아? 학생도 마찬가지야. 조금 어려운 책을 읽으면 머리가 조금 아프지만 그렇게 머리를 단련해야 똑똑해지는 거지. 역도 선수는 쇳덩이를 들고, 너희는 학생이니까 책을 읽고."

책 읽기 수업을 하는 모든 교사들은 고민한다. 학생들이 좋아하는 재미난 책을 읽히면 반응은 좋지만 학생들에게는 별반 도움이 되지 않아서 문제다. 그래서 조금 어렵지만 학생에게 도움될 만한 책을 읽히면 수업 집중도가 떨어지고 학생들이 이탈한다. 그렇다면 어떻게 균형을 잡아야 할까?

교사라면 이 경계를 잘 맞추어야 한다. 일단 학생들이 어렵다고 마음을 접으면 수업은 곧바로 망한다. 그러니 학생 수준에 맞춰 학생들을 매혹시킬 수 있는 책이면서 동시에 내용이 있는 책을 잘 골라야 한다. 그렇게 해서 어떤 교사가 권하는 책이 읽을 만하다고 학생에게 믿음을 얻으면, 그다음에는 조금 어려운 책을 권해도 묘하게 학생이 그 책을 읽어낼 때가 많다. 그 교사가 권하는 책을 읽을 만하다는 믿음이 있으면, 어려운 책도 읽게 된다. 그러다가 종종 다시 쉬운 책으로 돌아가기도 하고 말이다.

학교 도서관에 학생들을 데려가서 자기가 읽고 싶은 책을 고르게 했을 때도 나는 실패했다. 도서관에는 판타지 소설과 인터넷 연애소설이 있지만, 권수가 많지는 않다. 어느 한 반이 그런 책을 모두 골라가면, 다른 반에서는 그런 책을 고를 수 없다.

그러면 두 번째 반부터는 학생들이 괜찮은 책을 고르겠구나 생각했다.

맨 처음 도서관에 간 반 학생들에게 말했다. "너희가 제일 먼저 도서관에 와서 선택할 수 있는 책이 가장 많네." 예상대로 그 반 학생들은 대부분 판타지 소설과 인터넷 연애소설을 집어 들었고, 책 읽기 수업은 엄청 재미있어했지만 실제로 배우는 건 별로 없었다.

하지만 이렇게 하고서도 나머지 반들의 책 읽기는 성공하지 못했다. 그 이유는 무엇이었을까? 학생들은 『정의란 무엇인가』 『이기적 유전자』 『시간의 역사』처럼 어디서 한 번쯤 제목을 들어본 훌륭한 책들을 골랐다. 그러고는 보름쯤 지나서 이렇게 말했다. "선생님, 저는 책 읽기가 적성에 안 맞나 봐요." 나도 잘 안다. 나 또한 10여 년 전 『이기적 유전자』를 샀다가 70여 쪽밖에 읽지 못했으니 말이다.

심지어 어떤 학생은 이렇게 말했다. "선생님, 교과서가 역시 좋은 책이었어요. 교과서로 하는 수업이 좋아요. 나라에서 만든 책은 역시 뭔가 달라요." 국가에 대한 믿음이 높아지는 건 긍정적인 교육 효과일지 모르지만, 책 읽기가 자기 적성에 안 맞는다는 판단은 치명적이었다. 학생에게 책 선택권을 주고 도서관에 학생들을 데려간 내 시도는 상식적이었지만, 교육이란 이렇게 잘되겠다 싶은데 실제 해보면 안되는 경우가 참 많다.

한 학기에 한 권,
제대로 읽기

책 읽기 교육이란 좋은 책을 학생들에게 권하고, 학생들이 읽기 힘들어도 참고 견디면서 좋은 책을 읽으면서 성장해가는 일이다. 교사가 좋은 책을 권하고 학생들이 잘 읽으면 되는데, 말로 하면 간단하지만 이게 참 그냥 잘되지를 않는다.

몇 번 실패한 끝에 지금 내가 가르치는 고등학생들과는 이렇게 독서 수업을 한다. 맨 처음에 학생들에게 15종의 책을 소개한다. 5종은 고등학생용, 5종은 대학생용, 5종은 중학교 2~3학년용 책이다. 한 교실에 앉아 있는 학생들은 각양각색이다. 성인용 책을 읽을 만한 학생과 중학교에 다시 가도 괜찮을 학생이 함께 있다. 그래서 자기 수준대로 고를 수 있게 책의 범위를 넓혀준다.

이것은 학생들의 독서 수준만을 고려한 게 아니다. 통상적으로 보면 5종의 책을 고를 때는 교사의 취향에 들어맞는 책으로만 책 목록을 구성할 수 있다. 하지만 15종으로 늘어나면 사정이 달라진다. 15종이 되면 교사의 취향에 맞지 않는 책을 넣을 수밖에 없다. 그런데 이게 그 나름의 안전장치 역할을 해준다. 교사 입맛에 맞는 책들만 선별하면, 교사와 기질이 다른 학생들은 책을 재미있게 읽어내지 못하니 말이다.

예를 들면 여 선생님이 남학생에게 책을 권할 때 실패 확률이 높다. 남자 아이들은 노루와 토끼가 사이좋게 숲에서 지낸다는 식의 글을 잘 못 읽는다. 늑대가 토끼를 잡아먹는 걸 호랑이가 나와서 혼내주고 구출해주는 식으로 피가 튀고 싸움이 있는 책이 남학생들에게 훨씬 잘 먹힌다. 근데 여성의 입장에서는 이런 이야기에 잘 호감을 느끼지 못하다 보니 그런 책을 권하지 않는다. 하지만 남학생들은 갈등이 뚜렷한 책을 징검다리 삼아 책 읽기 훈련을 한 다음에 노루와 토끼가 사이좋게 지내는 책을 읽게 하는 흐름을 타야 책 읽기에 진입할 수 있는 경우가 많다.

15종의 책으로 수업을 진행할 때 교사는 이 책을 다 읽어야 할까? 그렇지 않다. 한마디로 그것은 훌륭한 교사나 하는 일이다. 요즘은 지식 생산의 속도가 매우 빨라서, 자기 전공 분야에서 새로 나오는 책을 다 읽기는 무척 어렵다. 교사가 읽은 책만 학생에게 권한다면, 자칫 10년 전의 책으로만 독서교육을 할 수가 있다. 그런데 책 읽기는 과거의 책도 읽고 현재의 책도 같이 읽어야 균형이 맞다. 교사가 아직 읽지 않았더라도 학생들에게 최신 책을 권하고 함께 읽혀야 한다. 교사가 이미 읽어서 소화한 내용은 강의로 가르치면 된다. 교사가 아직 읽지 못한 책으로 학생에게 공부를 하게 한다고 봐도 좋다.

그러면 교사가 읽지 않은 책에 대해 학생이 글을 써오면 어떻게 평가를 할까? 학생에게 글을 쓰게 할 때는, 그 책을 읽지 않은 사람이 봐도 다 이해할 수 있게 써야 한다고 알려준다. 신문에 실리는 서평은 그 책을 안 읽은 사람도 이해할 수 있게 글을 쓴다. 유튜브에 많이 올라오는 영화 비평 영상은 그 영화를 보지 않은 사람도 이해하게 만든다. 이렇게 글 안에 정보를 적절하게 담아두어서, 그 책을 읽지 않은 사람도 이해하게 독서 관련 보고서를 써야 한다고 학생에게 가르치면 된다.

무엇보다 다른 교사들이 만든 추천도서 목록을 가져다 쓰는 것을 당연하게 여겨야 한다. 전국국어교사모임 같은 각 교과의 교사 모임, 책으로 따뜻한 세상 만드는 교사들 같은 독서 관련 모임에서는 정기적으로 학생들을 위한 책 목록을 만든다. 이 단체의 누리집(홈페이지)에 가면 시기마다 올라온 책 목록을 찾아볼 수 있다. 이들 가운데서 스무 권을 고른 후 책을 사거나 빌린다. 그 책들을 학생들에게 들고 가서 읽혀본 뒤 반응이 괜찮은 책만 골라서 추천하면 된다.

나는 스무 권의 책을 교실에 들고 간 뒤 학생들에게 20분 동안 읽게 한다. 빨간 스티커와 노란 스티커를 나눠주고서 이렇게 말한다. "읽을 만한 건 빨간 스티커를 붙이고, 못 읽겠다 싶은 건 노란 스티커를 붙여라." 이 작업을 서너 반에 들어가서 똑같이 하고 노란 스티커가 많이 붙은 책들을 빼낸다. 빼낸 책들은 가차 없이 책 목록에서 제외한다.

학생들은 이런 과정을 거쳐 걸러낸 15종의 책 중 한 권을 골라 읽는다. 나는 책을 처음부터 끝까지 전부 읽지 않고 책마다 30쪽 정도씩 읽는다. 이 정도만 읽더라도 학생들과 책에 대해 대화를 나누고 활동물을 평가하는 데 거의 무리가 없다. 교사는 한 분야를 전공했고 이제까지 살아오면서 이것저것 경험을 하고 정보를 쌓아왔기에 그 정도만으로도 충분히 책 읽은 티를 내면서 학생들을 가르칠 수 있다.

15종의 책 가운데 중학생용 책을 처음 넣을 때는 이래도 되나 싶은 마음이 들었다. 학생들에게 너무 쉽지 않을까 싶었다. 하지만 이런 생각은 과감히 지워버리자. 그 쉬운 책이 없으면 독서를 아예 실패하는 학생들이 있다.

15종 목록에는 중학생용 책뿐만 아니라 독서 부진아를 위한 책도 한두 권 반드시 넣어야 한다. 가령 중학교 1~2학년 때부터 술, 담배를 하다가 고등학교에 온 학생들은 얼굴이 굉장히 노안이지만 책을 읽게 하면 15분을 넘기지 못하고 정신을 잃는다. 책이 전혀 눈에 안 들어오는 것이다. 따로 상담을 해도 "저는 그냥 좀 내버려두면 안 되나요?" 같은 이야기만 들을 수도 있다.

이런 경우를 예방하기 위해 독서 부진 남학생을 위해서는 야한 책을, 여학생을 위해서는 슬픈 책을 목록에 넣어둔다. 부진한 남학생에게는 생명의 기운을 자극하는 야한 책만이 그 학생의 정신을 유지시켜준다. 청소년의 성 상담 사례를 모아놓은 『아우성 빨간책』이나 "오빠 믿어"라는 말에 넘어가 미혼모가 된 여학생들의 수기를 엮은 『별을 보내다』 같은 책은 독서 부진 남학생들도 엄청 잘 읽어서 심지어는 반에서 돌려 읽을 정도다.

여학생들은 눈물 나고 슬픈 책에 잘 몰입한다. 어려운 사람들의 사연이 등장하는 『벼랑에 선 사람들』이나 가정폭력 이야기를 담은 『그 일은 전혀 사소하지 않습니다』나 병원 응급실의 긴박한 사연을 담은 『지독한 하루』 같은 책들은 독서 부진 여학생들도 매우 잘 읽어낸다.

수업에 들어가서는 학생들에게 이 15종 가운데서 마음에 드는 책을 고르게 한다. 교사가 이렇게 울타리를 쳐두면서 학생들은 어느 정도의 선택권이 있다고 생각하기에 대부분 불만을 품지 않는다. 그런데 책마다 수준이 다르므로 학생들은 궁금해한다. "쉬운 책을 읽고 글을 잘 썼을 때, 그리고 어려운 책을 읽고 글을 잘 못 썼을 때, 어떤 데 점수를 잘 주시나요?" 이럴 때는 딱 잘라 말한다. "책이 쉽고 어렵고 상관없이 글 자체만 봐. 쉬운 책을 읽고 글을 잘 쓰면 최고 점수를 받을 수 있어." 그리고 조금 설명을 해준다. "권투를 할 때도 비슷한 체중끼리 경기를 하잖아. 그래야 공평하지. 책 읽기도 그래. 사람마다 수준이 다르고 취향에 따라 잘 읽는 책이 달라. 그래서 쉬운 책과 어려운 책이 같이 있고, 학생이 알아서 자기에게 맞는 책을 고르게 하는 게 가장 공정해. 걱정하지 마."

그렇다면 학생들은 언제 책을 읽을까? 나는 정규 수업 시간에 책을 읽힌다. 동료 교사들과 여러 번 시도해보고 내린 판단이다. 수업 시간에 책을 읽어야만 학생들 대다수가 책을 제대로 읽는다.

수업 시간에 학생들과 책을 읽는 방식에는 세 가지가 있다.

첫째는 일주일에 한 시간씩 읽는 방법이다. 일주일에 세 시간 이상 든 과목에서 쓰기에 좋다. 교사들은 시험 때가 다가오면 이전에 발휘되지 않던 숨어 있는 능력이 나오는데, 보통은 두 시간에 가르칠 내용을 한 시간 만에 가르칠 수 있게 된다. 이 능력을 평소에 발휘해서 빨리 진도를 나가고, 일주일에 한 시간을 빼서 그 시간을 쭉 책 읽기 시간으로 쓰면 두 달 만에 책을 한 권 읽게 된다.

둘째는 한 달을 빼서 한 권을 읽는 방법이다. 처음 두 주는 집중해서 책을 읽고, 셋째 주에는 독서 활동을 하고, 넷째 주에는 고쳐쓰기와 점검을 하는 구성이다. 2015 교육과정에서는 그 전 교육과정보다 성취기준을 10% 줄였다. 그 전 교육과정 개정 때에도 성취기준이 10% 줄어서, 최근 두 번의 교육과정 개정을 거치며 성취기준은 총 20%가 줄었다. 교과서 분량도 30%가 줄었다. 그래서 2015 교육과정은 교사가 자율적으로 수업을 할 수 있는 시간이 20% 확보된 체제다. 이를 활용해서 한 학기에 한 달은 교과서가 아니라 책으로 수업을 하는 교사들이 점점 늘어가고 있다.

셋째는 매 시간 10분씩 책을 읽는 방법이다. 수업 시간마다 10분은 책을 읽고 그다음에 이어서 교과 내용을 수업한다. 이렇게 하면, 10분이 꾸준히 쌓여서 한 학기에 한 권 책을 읽을 수 있다. 수업 중 10분 책 읽기는 한 반의 일주일 수업시수가 적은 교과에서 부담 없이 해볼 수 있다. 다만 이렇게 하려면 학생들이 반드시 자기 책을 한 권씩 사서 꼭 가지고 있도록 챙겨야 한다. 교사가 책을 가져가서 나눠주고 읽으려 하면 매 시간 10분 책 읽기는 실패한다. 책을 나눠주고 걷다가 어영부영 시간이 흘러가버려서다.

교육의 성과를 살피려면, 교사가 얼마나 많이 가르쳤느냐보다 학생이 얼마나 많이 배웠는지를 들여다봐야 한다. 내 경험상 교사가 수업에서 교과서를 쓰는 비율이 50% 정도일 때는 학습 효율이 꽤 높지만, 그 비율이 75%를 넘어가면 그때부터는 학습 효율이 떨어진다. 전문가들이 애써 만든 교과서지만, 수업 시간 내내 교과서만으로 가르치면 학생들이 지적으로 둔해지고 만다. 모든 수업을 강의식 수업이나 활동 수업으로 채우는 것보다 이 둘을 병행하는 게 효율적이고 수업에 활력이 더해진다.

한 학기 동안 학생들이 읽어야 할 책의 권수도 고민해볼 일이다. 나는 보통 한 학생이 한 학기에 한 권의 책을 읽도록 지도한다. 한 학기에 책을 한 권만 읽는다니, 시시해 보이는 줄 잘 안다. 그러나 한 권이기에 동료 교사들과 협의가 잘된다. 학생들도 부담 없어 한다. 교사인 나도 수행평가 채점 부담이 너무 크지 않아서 감당할 만하다. 학생들이 책을 두 권 읽고 두 번 글을 쓴다면 두 배로 똑똑해질 것이다. 하지만 그렇게 하면 내가 오래 독서교육을 하지 못할 수 있어서 현 상태에 만족하고 있다.

책을 많이 읽히는 독서교육 사례가 있다. 심지어 1년에 백 권을 읽힌다는 사례를 봤는데, 나는 이를 높게 치지 않는다. 그런 물량주의 독서에 나는 회의적이다. 좋은 책을 읽고 수준 낮은 감상을 하는 경우가 많기 때문이다. 찬찬히 책을 읽고 친구들과 이야기를 나누고 서평을 쓰면서 자신의 것으로 내용을 소화하는 데에는 과정과 시간이 필요하다.

책을 많이 읽었다고 하는데 이야기를 나눠보면 정신의 깊이가 느껴지지 않는 사람을 종종 발견한다. 그런 경우 그 사람이 쓴 글에도 별다른 내용이 없다. 겉은 번지르르하지만 알맹이가 부실한 경우다. 수천 권의 책을 읽은 사람보다 열 권의 책을 읽고 제대로 사는 사람이 더 훌륭한 사람이다. 나는 독서기록장을 통해 얼마나 많이 읽었느냐를 따지는 수행평가를 추구하지 않는다. 그런 독서는 소통이 없어서 인간의 지성과 거리가 멀다.

무리해서 많은 책을 읽히는 건 교사에게도, 학생에게도 무리가 된다. 한 교과에서 한 학기에 한 권이면 무리가 없다. 학생에게 두 권을 읽히고 싶으면, 두 개 교과에서 각각 한 권씩 읽혀야 한다. 세 권을 읽히려면, 세 개 교과가 참여하는 쪽으로 일을 풀어야 한다.

쉼이 힘이 되는 책 읽기 수업

일주일에 한 시간씩 책을 읽다보면 두어 달쯤 지나 학생들이 이런 말을 건네온다. "선생님, 학교생활 편하시지요? 우리는 일주일에 한 시간만 책을 읽지만, 선생님은 일주일에 네 반 수업에 들어가니 네 시간을 쉬시니까요."

이런 책 읽기 수업을 진행하면 애초에 들통날 나의 비밀이다. 그러니 나는 그런 말에 선뜻 수긍한다. 소심한 교사라면 학생들의 이런 말에 움찔할지도 모르겠다. 하지만 여백과 침묵 속에서 학생들이 배워간다는 걸 알아야 한다. 교사가 열변을 토하지만 학생이 배우는 게 별로 없을 때가 있다는 걸 가르치는 사람이라면 다 안다.

일주일에 한 시간씩 책을 읽으면 두 달쯤 지나 한 권을 다 읽게 된다. 그 두 달은 책만 읽고 그 외에는 아무것도 하지 않는 것처럼 보인다. 그런데 실제로 책 읽기 수업을 해보면 교사가 할 일이 꽤 있다. 책을 읽으라고 하고 그냥 두면 책에 몰두하지 못하는 학생들이 나타난다. 교사가 신경 써서 교실의 질서와 안정을 유지해야만 학생들은 책을 잘 읽는다. 학생들이 모두 책을 펴고 거기에 시선을 고정하고 있는 것을 교사가 확인하고 누구도 떠들지 못하게 한 상태를 만든 다음에 이를 5분간 유지해야만 학생들의 책 읽기가 비로소 시작된다.

이것이 바로 교실의 과학

수업 시간에 학생들에게 책을 읽으라고 한 뒤 교사가 교실 앞에 앉아 책을 읽고 있으면, 5분마다 10%의 학생이 정신을 잃는다. 같은 조건일 때 같은 결론이 나오니, 이는 과학이다!

학생들을 째려보며 분위기를 제압해 이 상황을 만든 뒤 교사가 교실 앞에 앉아 자기 책을 읽으면 교실은 어떻게 될까? 이후 학생들은 10분마다 10%씩 정신을 잃는다. 그 졸린 분위기가 전염되기 시작하면 교실은 결국 폐허가 된다. 여러 교실에서 오랫동안 관찰한 결과, 이는 과학이다. 일정한 조건일 때 일정한 결론이 나오니 과학이라고 할 만하다.

그래서 교사는 책 읽기 시간에 교실을 어슬렁거려야 한다. 누군가가 어슬렁거리면 신기하게도 그 공간에 영향을 미친다. 학생들은 자꾸 옆을 지나다니는 교사가 신경이 쓰인다. 교사가 왔다 갔다 해야 학생들은 신경이 쓰여서 잠을 설친다.

그런데 이렇게 해도 계속 정신을 잃는 아이들이 생긴다. 책을 읽으면 정신을 잃는 것은 과학이기 때문에 규칙을 만들어놓아야 한다. 나는 잠들었다가 걸린 학생들에게 5분간 일어서서 책을 읽고 5분이 지나면 알아서 앉는 규칙을 만들어서 교실의 질서를 유지한다. 이렇게 하면 평균 세 명 정도가 수업 시간에 늘 서 있고, 수업 중·후반에는 여섯 명 정도가 서 있다. 한 시간 동안 책을 읽으면 열댓 명 정도가 일어났다 앉기도 한다. 자는 학생을 그냥 두면 책 읽기 시간에 학생들이 배운 게 없다고 불만을 표하게 되니 깨우는 것이 좋다.

이렇게 책 읽기를 한 달 정도 하면, 그다음부터는 학생들이 계속 이러쿵저러쿵 책 내용을 물어보는 상황이 연출된다. 교사와 학생들 사이에서 일대일로 이야기가 오가게 된다. 그렇게 보면 책 읽기 수업에서 처음 한 달은 교사가 한숨 돌리며 푹 쉬는 게 좋다. 결과적으로 보면 얼마 못 쉬기 때문이다.

일주일에 한 시간 책을 읽는다면, 월요일이나 금요일로 날을 잡으면 편안하다. 월요일이면 한 주의 시작이 부드럽게 되고, 금요일이면 한 주의 끝이 여유롭다. 어떤 좋은 수업을 하든 꾸준히 하려면 교사가 지치지 않아야 한다. 적당한 쉼이 마음의 여유를 불러오고 그간 눈에 들어오지 않았던 것들을 돌아볼 수 있는 시각을 마련해준다. 쉼이 힘이 된다.

a+(n-1)d
R~
국어

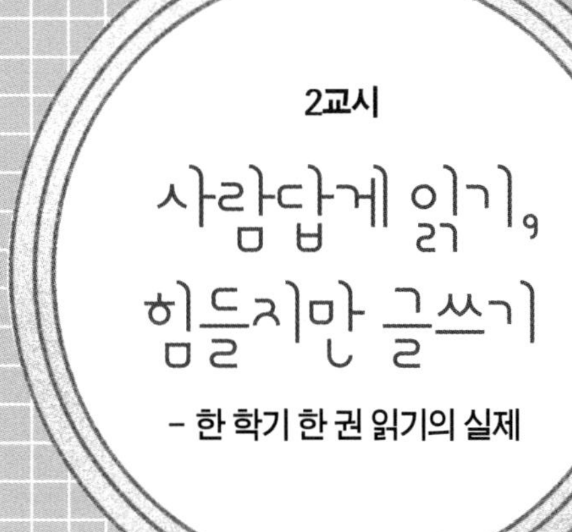

2교시

사람답게 읽기, 힘들지만 글쓰기

- 한 학기 한 권 읽기의 실제

학생들에게 책을 읽은 후 자유롭게 서평을 써보라고 하면, 이래도 되나 싶은 때가 종종 있다. 예를 들면 이렇다. 『문학』 교과서에 나온 김원일의 「어둠의 혼」을 읽고 학생들이 토론을 했다. 이 소설은 초등학생인 어린아이의 눈으로 사회주의 운동을 하다가 희생당한 아버지를 그려낸 작품이다. 아이의 아버지는 일제강점기에 일본 유학까지 갔다 온 인텔리다. 그런데 그 아버지는 번듯한 데 취직하지 않는다. 야학을 열어 가난한 아이들을 가르치고, 돈이 안 되는 일을 한다. 그러다가 해방이 되자 사회주의 운동에 참여했다가 이념 대립에 휩쓸려서 그만 경찰에게 잡혀 죽고 만다. 소설은 죽은 아버지를 보며 아이가 슬퍼하는 장면으로 끝이 난다.

이 작품은 해방 이후에 나온 한국 소설 중에서 사회주의자가 인간적으로 나온 최초의 작품이다. 어린 아들의 눈으로 아버지를 보며 마음 아파하는 내용이기에, 사회주의자를 따뜻한 인간으로 그려냈어도 군사독재 시절의 검열에 걸리지 않았다. 착한 사람이 이념 대립으로 희생당한 사건을 가족의 슬픔으로 그려내서, 이념 대립이 왜 문제인지 알게 하는 작품이다.

그런데 학생들은 이 작품을 읽고 문학 전공자들이 보편적으로 하는 해석과는 많이 다른 의견을 냈다. 여러 학생이 아버지를 보고 "가족에게 상처를 준 무책임한 가장이다"라고 했다. "괜히 나섰다가 희생당했다. 자기 소신도 정도껏 지켜야지, 가족에게 저렇게 피해를 주면 안 된다"고 했다. 그 학생들의 결론은 "나서지 말자"였다.

폭력적인 세상이 착한 사람을 해치는 게 문제라는 의미를 담은 작품을 보고서 여러 학생들이 희생자를 비난했다. 폭력적인 세상에 왜 적응하지 못했느냐는 거였다. 학생들의 반응에 이건 아닌데 싶어, 나는 넌지시 다른 쪽으로도 한번 생각해보라고 했다. 하지만 다시 논의를 거치고 난 다음에도 여전히 그 학생들은 "적당히 살아야 한다"라고 말했다.

학생들은 윤리적인 작품을 비윤리적으로 읽어냈다. 학생들이 솔직하게 말한 의견은 모두 존중되어야 한다며 여기에서 수업을 마치면 교사는 떨떠름하다. 이때는 학생의 의견을 존중하되 교사가 무언가를 해야 한다.

왜 학생들은 그런 감상을 했을까? 그것은 그 작품에 나온 모순이 학생들이 감당할 수 없을 만큼 컸기 때문이다. 현실의 모순에 압도당할 때, 학생들은 그것을 개선할 엄두를 내지 못한 채 '어쩔 수 없다'는 마음이 들어서 강자가 지배하는 세계에 적응하려고 한다. 이때는 옳고 그름을 따지고 싶은 생각 자체가 들지 않는다.

가난과 빈곤을 다룬 르포, 예를 들면 『길에서 만난 세상』 『4천 원 인생』 『벼랑에 선 사람들』 『벼랑 위의 꿈들』 『노동, 우리는 정말 알고 있을까?』 같은 책을 읽혀봤더니 일부 학생들은 비슷한 반응을 보였다. "공부를 못하면 이런 사람이 된다. 역시 아버지 말이 맞았다. 세상은 약육강식이다. 여름방학 때 학원이라도 끊고 열심히 공부해서 절대 이런 사람이 되지 말아야겠다." 이런 책들을 읽히는 건 우리 사회에 있는 어려운 이들의 존재를 살피면서 인간성을 회복하기 위한 것인데, 교육의 효과는 그렇지 않았다.

사회문제를 다룬 책들을 읽고 공부 열심히 해서 성공하자는 결론을 내리는 걸 잘못된 감상이라고만 할 순 없다. 하지만 문제는 이런 감상이 '나나 잘 살자'라는 데만 초점이 맞춰진다는 데 있다. '내가 잘 살아서 다른 사람도 함께 잘 살게 하자'가 인간의 교육이 나아가야 할 방향일 텐데, '나나 잘 살자'에 머문다면 그것은 짐승의 본능에 가깝다. 짚신벌레도 약을 뿌리면 도망가서 살길을 찾을 텐데, 지성을 가진 인간이라면 원초적인 본능 이상의 무엇이 필요한 게 아닐까.

박완서의 『서 있는 여자』를 읽혔을 때도 비슷한 결과가 나타났다. 이 작품은 남녀가 서로 도와서 잘 살기 위해 결혼하지만 실제로 결혼을 해서는 남자가 집안일을 안 해서 여자가 굉장히 화가 난다는, 주변에서 흔하게 듣는 이야기를 그려내고 있다. 결혼 뒤에 변한 남자들을 보고 여러 여자들이 저항하지만 이 갈등은 잘 해결되지 않은 채 지지부진하게 이어진다.

그런데 문제는 이런 작품을 보고서 적잖은 남학생들이 가해자와 공감한다는 것이다. "선생님, 이걸 보니까 참 마음이 놓여요. 요즘 성평등에 대한 이야기가 많이 나와서 전 아버지처럼은 못 살 줄 알았는데, 이 책을 보니 어차피 현실은 쉽게 달라지지 않네요. 여러 여자들이 노력은 했지만 바뀐 게 뭐가 있어요. 여자들은 그냥 이런 삶을 팔자로 알고 살아야 하지 않을까요?" 페미니즘 소설을 읽은 남학생들이 성차별적인 생각을 더욱 강화하는 경우는 해마다 발견된다.

아무리 좋은 책이더라도 그 책을 읽고서 좋은 생각을 하지 않는 경우가 있다. 인간 심리는 그만큼 복잡하고, 인간 존재는 그만큼 단순치 않다. 모두들 주변에 그런 친구들이 있지 않은가? 책을 굉장히 많이 읽는다는데 대화해보면 이상한 친구 말이다.

많은 인류의 고전들은 특정한 시기에 인간 공동체가 누군가를 피해자로 만드는 일을 다루고 있다. 하지만 그런 책을 읽고서 강자인 가해자의 시선이나 구경꾼 같은 방관자의 시선을 받아들이는 경우가 꽤 있다. 사람은 자기 처지에 따라 책을 다르게 소화하고, 자신의 인식 수준과 사고의 깊이에 따라 다른 해결책을 찾곤 한다. 같은 책을 읽고 같은 교육을 받고 같은 세상에 살아도 모두 다른 게 바로 인간이다. 그래서 교사는 어떤 것을 투입했느냐에 만족해선 안 된다. 학생에게 무엇이 남았느냐를 살펴야 한다.

가해자나 구경꾼의 시선을 넘어서려면 교사가 학생들을 살피고 말을 걸면서 의미 있는 교육의 길을 터야 한다. 좋은 책을 읽더라도 그 책을 읽고서 학생이 어떤 생각을 만들어내는지 들여다보고 대화를 해야지만 비로소 제대로 된 교육이 이뤄진다. 교육방송 같은 일방적인 강의로는 이런 걸 하기 어렵다. 교사와 학생이 서로 눈빛을 마주치고 말을 주고받아야 독서교육은 깊이가 있게 된다.

똑같은 책을 손에 쥐여주더라도 공부를 잘하는 학생과 못하는 학생의 반응은 다르다. 성적이 낮고 가난한 학생들은 가난한 사람들이 어렵게 사는 내용을 다룬 책을 읽고 나면 풀이 죽는다. 시무룩해 있으면서 심각한 표정만 짓는다. 왜 그런지 물이보면 자신이 앞으로 그렇게 살게 될 거라는 생각을 한다고 답한다. 자기 삶이 각박한 학생들에게 사회문제와 관련한 책들은 삶의 의욕을 떨어뜨리기도 한다. 똑같은 한 권의 책이 모든 사람에게 다 좋을 순 없다.

조금 과장해서 말하면, 훌륭한 책을 읽고 훌륭한 생각을 하는 학생은 원래 훌륭한 학생밖에 없다. 상당수의 학생들은 훌륭한 책을 읽은 후 훌륭한 생각을 하지 않는다. 성경이나 불경을 읽는다고 모두 훌륭한 사람이 되지 않듯이 말이다.

사실 교사에게는 학생들에게 거는 낙관적인 기대가 있다. 흠뻑 몰입해서 훌륭한 책을 읽는 학생을 볼 때면 이 세상이 나아질 것만 같은 생각이 든다. 하지만 그런 학생이 나중에 나나 잘 살아야겠다는 서평을 써오면 모든 게 다 헛짓처럼 느껴진다.

모둠에서 소통해야 똑똑해진다

그렇다면 어떻게 해야 학생들이 고급스럽게 책을 읽을 수 있을까? 어떤 방법을 써야 학생들이 지식을 얻고 인간답게 성찰하면서 윤리적으로 책을 읽을까?

이에 대한 답은 '함께 읽기'에 있다. 나는 학생들을 4인 1모둠으로 나눈 뒤 네 명이 모여서 마음에 드는 책 한 권을 골라 함께 읽고 서평을 쓰게 한다. 네 명 정도면 책을 두고 이야기 나누는 데도 적당하고, 어휘력이나 이해력이 부족한 학생도 같은 모둠 친구들의 도움을 받으며 책을 읽어나갈 수 있다. 책을 잘 읽어내는 똑똑한 학생들은 부족한 학생들을 이끌면서 좀더 세밀하게 책을 이해하게 되고 남을 가르쳐주는 기쁨도 느끼게 된다.

아이들이 모여 이야기를 나누다 보면, 맞춤법이나 표현력이 부족한 학생들이 뛰어난 질문을 하는 경우가 종종 보인다. 그런 걸 본 똑똑한 학생들은 친구를 함부로 무시할 수 없다는 걸 스스로 알아챈다.

평소에 책 읽기에 능숙한 학생들도 여럿이 함께 책을 읽는 가운데서 무언가를 얻어간다. 예를 들면 개인적인 상처나 서러움을 남달리 경험한 학생들이 특정한 책을 잘 읽어내는 경우가 있다. 뭐든 잘하는 학생들은 잘 모르는 세계일 수 있는데, 자신은 무심하게 지나친 부분에서 어떤 의미를 읽어내는 다른 학생들을 보면서 타인의 마음에 대한 이해도 높아지고 글을 읽는 실력 역시 향상된다. 사람마다 책을 읽고 만들어내는 의미가 모두 같을 수 없기에, 학생들은 다른 친구들과 말을 섞으면서 자신을 돌아보게 된다. 자신과 다르게 생각하는 상대를 만났을 때 인간은 자기 생각의 위치를 살피게 되는데, 이것 자체가 매우 교육적인 과정이다.

이건 성인도 마찬가지다. 같이 공부하는 친구가 없이 혼자 연구하면 날카로운 비판 능력은 키워지지만 자신의 삶을 가꾸기가 어렵고 비관론자가 되기 쉽다. 함께 공부하고 가치를 고민하며 대화를 나눌 친구는 인간에게 늘 필요하다.

물론 모둠 구성만으로 모든 문제가 다 해결되는 것은 아니다. 네 명이 모이더라도 논의가 산으로 흘러가는 경우가 종종 있다. 교육적 대응이 늘 100% 성공하지는 않는다. 하지만 열 명이 함께 공부할 때 일고여덟 명이 긍정적 성장을 한다면 그것은 가치가 있다고 하겠다.

학생들의 모둠을 어떻게 구성할지도 고민할 일이다. 모둠 짜기 실험을 해본 결과, 답은 분명했다. 먼저 학생들에게 책을 고르게 한 뒤에 같은 책을 고른 학생들끼리 모둠을 짜면 취향이 맞아서 잘되겠다 싶지만 실제로는 그렇지 않다. 같은 책을 골랐더라도 같은 모둠이 된 친구가 마음에 들지 않을 때 바로 감정을 표현하는 학생들이 있다.

"에이, 뭐야. 네가 이 책 골랐어? 그럼 나 이 책 안 할래."

이런 말이 나오기 시작하면 분위기는 금세 싸늘해진다. 친구가 마음에 안 들지만 억지로 참고 같이 하더라도 대화는 깊어지기가 어렵다. 마음이 어긋나면 문제가 벌어지더라도 해결에 소극적이게 된다. 먼저 책을 고르고 같은 책을 고른 사람끼리 모이는 모둠 짜기는 착한 학생들이 모여 있는 학교에서나 가능하다.

그러면 모둠은 어떻게 만들어야 할까? 모둠 짜는 방법은 네 가지가 있다.

첫째는 학생 마음대로다. 마음 맞는 학생들끼리 알아서 자유롭게 모이니까 할 맛이 난다. 그런데 이럴 때는 소외되는 학생이 생길 수 있다. 그러니 학생 마음대로 모둠을 짤 때는 미리 소외되는 친구가 없게 챙기라고 이야기를 해두어야 한다. 남녀 합반이라면 동성끼리 모둠을 못 만들게 하면 좋다. 동성끼리 모둠을 만들게 되면 패거리끼리 모이는 경우가 많아서 소외된 친구들이 더 생긴다.

똑똑한 학생들끼리 모여서 엘리트 모둠을 만들면, 다른 친구들이 기가 죽어 할 맛이 안 난다. 나는 이런 일이 안 생기도록 은근슬쩍 모둠 안에서 상대평가를 할 수 있다는 이야기도 흘린다. "한 모둠이 모두 같은 점수를 받는 게 아니라, 모둠 안에서 상대평가를 할 수도 있어. 잘하는 학생들끼리 모이면, 열심히 해도 누군가는 4등급을 받겠지." 이렇게 말해두면, 똑똑한 아이들은 그게 무슨 소리인지 금세 알아듣고 여러 모둠으로 흩어진다. 물론 실제 평가할 때는 똑똑한 학생들끼리 모인 모둠에서 열심히 한 학생에게 낮은 점수를 주기는 어렵다. 엄포용으로 말하고, 그 엄포가 먹히게 분위기를 잘 잡아야 한다.

똑똑한 학생들과 좀 뒤떨어지는 학생들이 뒤섞여 있으면 똑똑한 학생들이 좀 뒤떨어지는 학생들을 이끌고 이들에게 여러 가지를 설명해주면서, 그 자신도 언어 능력과 논리력을 향상시킬 수 있다.

둘째는 교사 마음대로다. 교사가 학생들의 성적을 살펴서 모둠을 짜면, 모둠별로 골고루 학생들이 들어가 있는 게 장점이다. 단점은 자발적인 모임이 아니기에 박력이 떨어지고, 학생들끼리 관계가 틀어졌을 때 교사를 탓한다는 것이다. 안정적인데, 성취가 높게 나오지는 않는다.

셋째는 교사와 학생이 각각 절반씩을 결정하는 방법이다. 한 반이 스물여덟 명이고 한 모둠이 네 명이라고 하면, 교사가 역량 있는 학생 일곱 명을 먼저 뽑는다. 이 학생들은 같은 모둠에 들어갈 수 없고 각각 다른 모둠에 들어가게 한다. 그리고 이 학생들이 한 사람씩 자기와 호흡이 맞는 친구를 고른다. 여기까지 하면, 전체 모둠 네 명 중에서 두 명이 채워진다.

그런 다음에 아직 모둠에 속하지 않은 학생들이 자유롭게 모둠을 선택하게 한다. 이렇게 하면 교사가 두 명을 뽑고, 학생 두 명이 자기가 원하는 모둠을 고르게 된다. 학생 마음대로 하거나 교사 마음대로 하는 방법의 장단점이 반반씩 섞여 있게 된다.

넷째는 추첨을 하는 방법이다. 아무 준비 없이 그냥 제비뽑기를 해서 성의가 없어 보이지만, 의외로 괜찮다. 누구나 같은 조건이기에, 학생들이 결과를 운명처럼 순순히 받아들이는 게 장점이다. 모둠을 짜는 데 신경 쓰지 않아도 되어서 편안하다. 전체적으로 학생들이 공부하는 분위기인 학교에서 추첨은 결과가 괜찮다. 보이지 않는 손이 살펴주었나 싶을 정도로 잘하는 학생과 부족한 학생이 절묘하게 맞아떨어지는 경우가 종종 있다. 그렇지만 공부를 안 하는 학생들이 주도권을 잡은 학교에서는 추첨 방법은 신중하게 써야 한다.

모둠은 어떻게 만들더라도 장점만 있지 않고 단점도 함께 있다. 교사가 교실 상황을 잘 관찰하고서 자기가 잘할 수 있는 방법을 선택하면 된다. 헷갈릴 때는, 이 네 가지 방법을 칠판에 적고 간단하게 설명한 뒤에 학생들에게 의견을 물어 반마다 다르게 정해도 괜찮다.

학생들이 책을 사게 하는 방법

모둠을 짠 후 나는 각 모둠마다 내가 추천한 책 15종 중에서 마음에 드는 책을 1순위부터 4순위까지 정하라고 한다. 그러고는 모둠에서 한 사람씩 모두 일으켜 세우고 1순위 책을 말하게 한다. 1순위로 고른 책이 겹친 모둠이 있으면, 가위바위보를 해서 이긴 쪽이 양보하게 한다. 이긴 쪽에서 그 책을 고르게 하면, 가위바위보에 지고 들어온 대표는 모둠 친구들에게 심하게 구박을 당한다. 진 쪽에게 선택권을 주어야 학생들이 선택권을 못 얻어온 자기 모둠 대표를 비난하지 않는다. 가위바위보의 승패를 바꾸는 것은 매우 간단한 장치지만, 과열 경쟁을 막아주고 우선순위의 책을 배정받지 못하더라도 상황을 웃어넘길 수 있다.

가끔 따지는 학생들이 있다. "이긴 사람한테 선택권을 줘야지, 세상에 이런 법이 어디 있어요!" 그럼 나는 정색을 하고, 하지만 약간 농담을 하듯 말한다. "이기는 쪽이 다 갖는 건 짐승의 법이야. 사람의 법은 강자가 양보를 하는 것이지. 그래야 세상이 평화로워진다."

1순위 책을 못 고른 모둠들은 2순위 책을 말한 뒤 책이 겹치지 않을 때까지 가위바위보를 한다. 이런 식으로 각 모둠이 읽어야 할 책을 정한다. 모둠에서 1~4순위 책을 결정하고 가위바위보로 자기 책을 확정하는 과정을 거치면서, 학생들은 자신들이 고른 책을 자기 책으로 느낀다. 그런 마음이 들 때 이후의 활동도 훨씬 잘 이뤄진다.

근데 이런 와중에 뜬금없이 "왜 책을 읽어야 하나요?" 같은 질문을 던지는 학생도 가끔 있다. 처음에 나는 이런 질문을 받으면 이유를 설명하려고 애썼는데, 그러다 보니 끝없는 말꼬리 잡기에 휘말렸다. 왜 책을 읽어야 하는지에 대한 의식이 없는 학생에게 구구절절 설명을 한다고 해서 의식이 생기지 않는다. 그런 학생들은 일주일이 지나서 또 같은 질문을 반복하곤 한다. "진짜로 책을 꼭 읽어야 하나요? 영화를 보고 좋은 생각을 할 수도 있는데." 설명을 해도 잘 듣지 않고 못 알아듣기도 해서 며칠 지나서 또 묻는 것이다.

두 번 세 번 되풀이해서 설명하다 보면 교사의 마음이 비뚤어진다. '무슨 책 읽기 수업이야. 그냥 교과서 진도나 나가고 문제집이나 풀어주고 말지' 하는 생각이 불쑥 속에서 올라온다. 책 읽는 이유를 이성적인 언어로 길게 설명하려고 애쓰는 것은 수렁에 빠지는 길이다. 그러기 보다는 책 고르는 과정을 재미있게 연출해서, 학생이 책을 고르다가 어느새 그 책을 사서 읽게 만드는 게 훨씬 효과적이다. 아니면, 그냥 "책 읽으면 똑똑해지잖아"라고 딱 한마디로 덤덤하게 대답하는 게 좋다.

교사로서 학생들을 존중하는 것은 중요하지만, 모든 걸 받아주다 보면 학생들은 오히려 교사를 존중하지 않는다. 교사에게는 학생의 어떤 이야기를 들어줄지, 그리고 어떤 부분은 타협 없이 정리해서 이끌어갈지에 대한 관점이 필요하다. 이런 구분 없이 교사와 학생이 동등한 권리를 갖는 대등한 주체여야 한다는 것은 굉장히 낭만적인 생각이다. 교육이란 본질적으로 상당 부분 사회적 강제라는 사실을 받아들여야 한다. 학교에 오라는 것도 강제고 3시 넘어서 집에 가는 것도 강제다. 국어 시간에 국어 교과서를 꺼내놓고, 음악 시간에 음악 교과서를 꺼내놓는 것도 강제다. 교사는 강제 자체를 줄이는 게 아니라 이를 잘 운용할 방법을 고민해야 한다.

이번에는 책을 구입하는 문제에 대해 논해보자. 기본적으로 학생들에게 책을 구입해서 읽는 것을 가르쳐야 한다는 것이 나의 입장이다. 우선 교사는 학생들에게 권하는 책 열다섯 권을 모두 교실에 가져와서 학생들에게 보여줘야 한다. "자, 난 열다섯 권 책을 샀다. 너희는 한 권만 사라." 이렇게 말하면 학생들은 웃으면서 이렇게 말한다. "오! 진짜 할 건가 봐!" 교사가 먼저 책을 사는 것을 보여줘야 학생들은 거부감을 줄이고 책을 산다.

나는 학생들에게 열다섯 권의 책을 늘어놓고서 이렇게 말한다. "너희가 한 권의 책을 사야 하는데, 잘 못 사면 한 학기 동안 고생하니까 지금 이 책들을 다 들고 가서 봐라." 수업 시간에 스마트폰으로 책 제목과 내용을 검색해보게 해도 좋다. 약장수 이야기처럼 들릴지 모르겠지만, 이 과정을 거치면 학생들은 이렇게 반응한다. "사고 싶은 책은 세 권인데, 한 권만 사야 해서 답답해요!" 거짓말처럼 들릴지 모르겠는데, 실제로 이런 말이 학생들 입에서 나온다. 책을 직접 만져보고 살피는 과정을 거치면서 학생들은 책을 사고 싶은 마음이 생긴다.

책 구입을 유연하게 넘길 수 있는 또 하나의 팁은 나의 수업 방식에 있다. 내 경우 가위바위보도 해가면서 책을 고르는 데 학생들이 참여하기 때문에 책 구입에 대한 저항이 훨씬 덜하다. 모둠 친구들끼리 돈을 모아 한꺼번에 인터넷으로 책을 구입할지, 아니면 함께 서점에 가서 책을 구입할지 여부는 모둠마다 알아서 정하게 한다. 이것 역시 가위바위보를 해서 진 사람의 의견을 따르는 방식으로 결정한다. 이런 일종의 연출을 통해, 왜 책을 읽어야 하고 사야 하는지에 대한 의문이 들 시간을 주지 않는 게 내 방식이다. 흥분 상태를 이어가서 책을 사기 위해 돈을 꺼내들게 만든다고나 할까.

그렇게 하더라도 책을 구입하지 않는 학생은 나타난다. 나는 수업 시간마다 그런 학생에게 웃으면서 말한다. "책 사왔니?" 처음에 물으면 학생은 부끄러워하면서 사오겠다고 한다. 학생으로선 설마 또 물을까 싶겠지만, 나는 책을 구입할 때까지 매번 수업 시간에 학생에게 묻는다. 책을 살 때까지 이 질문을 계속하리라는 걸 알아챈 학생은 그때서야 본심을 드러낸다. "책 안 사오면 안 되나요?" "내가 매일 너에게 물어보다가 지칠 때까지 네가 버틴다면 그럴 수 있겠지."

이런 실랑이는 길게 이어지면 감정만 다친다. 일정 기간 동안 수업 시간에 꼼꼼히 책 구입 여부를 확인하되, 왜 책을 안 사왔는지 묻기보다는 그저 단순한 확인만 하는 게 좋다. 학생의 마음이 다치지 않게 하면서 꾸준한 관심으로 책 구입을 유도하는 것이다.

혹시나 가정 형편이 어려운 학생에게 책을 사라고 하는 게 부담되지 않을까 걱정되는 교사도 있을 것이다. 그런데 실제로 보면 웬만큼 가난해서는 한 학기에 책 몇 권 사는 일이 문제가 되지 않는다. 책 살 돈이 없다고 말하는 학생들은 심리적인 저항감을 표현하는 경우가 대부분이다. 책을 사는 데 돈을 거의 써보지 않았기에 어쩐지 아까운 마음이 드는 것이다.

물론 실제로 책 사는 데 문턱이 있는 학생도 있다. 부모가 아이를 학대해서 책 살 돈을 주지 않고 자녀에게 욕을 하는 사례도 보았고, 부모가 책 사는 것을 이해하지 못하는 경우도 드물게는 있었다. 그래서 나는 학생들에게 책을 구입하라고 하고서 혹시나 가정 형편이 어려워서 책 사기가 힘든 사람이 있으면 조용히 따로 나를 찾아와서 이야기를 하라고 말해둔다. 진짜 그런 처지에 있는 학생들은 수치심 때문에 공개적인 교실에서 자기 형편을 잘 말하지 못하니 말이다. 그렇게 찾아온 학생에게는 도서관에서 빌려서 책을 읽으면 된다고 말해준다. 단, 가타부타 사정은 절대 묻지 않는다. 간명하게 문제 해결법만 말해주면 된다. 그것이면 족하다.

서평 쓰기 어렵다는 아이들, 어떻게 가르칠까

보통 학교에서 책을 읽고 쓰는 글을 독후감이라고 한다. 그런데 독후감이란 말을 쓰면 학생들은 자동적으로 '동기-줄거리-감상'이라는 식상한 도식에 끼워 맞춰 글을 쓰는 경향이 있다. 그전에 해오던 좋지 않은 글쓰기 습관이 고스란히 드러나는 경우가 많다.

그래서 나는 독후감이라는 익숙한 말 대신 서평이라는 말을 쓴다. 서평의 사전적 의미는 책의 수준을 평가하는 글이라는 뜻이지만, 실제로 서평이라는 이름으로 발표되는 글을 보면 어떤 사람이 책을 읽고 자신의 생각을 담아 쓰는 글 전체를 아울러서 가리키는 말임을 알 수 있다. 독후감이 자유롭게 쓰는 글이라면, 서평은 독자가 읽을 것을 생각해두고 쓰는 글이다. 그러니까 독후감 중에서 누군가에게 읽히려고 쓴 글을 서평이라고 하겠다.

책은 그냥 읽으면 편하고 즐겁다. 읽고 생각하고 다른 사람과 이야기를 나누면 생각이 풍성해진다. 그런데 그걸 글로 쓰려면 힘이 많이 든다. 고통스럽다. 생각을 정리해야만 글로 제대로 쓸 수 있기 때문이다. 달리기 선수는 땀을 뻘뻘 흘리며 땅을 박차고 자꾸 달리기 연습을 해서 점점 더 잘 달릴 수 있다. 역도 선수는 무거운 쇳덩이를 자꾸 들어서 근육을 단련시키기에 더더욱 무거운 것을 잘 들 수 있다. 이와 마찬가지로 공부하는 사람은 좋은 책을 읽고 머리를 써서 길게 글을 써보아야 생각이 단련된다. 머리가 좋아지기 위해서, 생각을 더 잘하기 위해서, 책을 더 풍부하게 읽기 위해서 서평 쓰기는 배워볼 만한 과정이다.

서평을 쓰고 나면 학생들은 책 읽는 눈썰미와 솜씨가 눈에 띄게 달라진다. 먼저 책 내용을 더 잘 기억한다. 책에 대해 친구와 이야기를 나눌 때 그 내용을 사회 현실과 자기 삶에 적용할 줄도 알게 된다. 독서가 책 자체에 머물러서 현실과 사회로 나가거나 우리 삶 속으로 들어오지 않는다면, 그것은 숨 쉬지 않는 박제된 물고기와 같은 책 읽기라 하겠다. 학생들은 서평을 쓰면서 책을 고급스럽게 읽는 연습을 하게 된다.

학교의 책 읽기 교육은 그간 시행착오를 겪으며 진화해왔다. 1990년대 후반에는 책을 읽고서 그림을 그리거나 주제가를 만들고 독서 퀴즈를 하는 등의 다양한 독서 표현 활동이 학교 현장에서 시도되었다. 이런 활동은 학생들이 책 읽는 재미를 붙이는 데 도움이 되었지만, 독서의 의미 구성 과정을 섬세하게 들여다보지 못하는 한계가 있었다.

2000년대 중반에 책 읽기 교육은 다시 글 쓰는 방식으로 돌아온다. 그리고 2010년대에 이르면서 서평 쓰기, 책 대화하기와 같은 활동이 퍼져 나간다.

나도 알고 있다. 서평 쓰기는 책 읽는 능력을 고통스럽게 기르는 방법이다. 그럼에도 서평을 놓을 수 없는 이유가 있다. 그것이 책 읽기 교육의 본질에 다가가는 것이기 때문이다. 물론 2000년대 초반에 시도되었던 재미있는 독서 표현 활동들을 곁들여도 좋지만, 거기에 지적 단련을 하는 글쓰기는 병행되어야 한다.

내가 있는 학교에서는 고등학교 1학년에게 A4 종이로 5쪽 분량의 서평을 쓰게 한다. 특정한 학습을 원하는 학생만 모인 동아리나 방과후학교가 아니라, 모든 학생들이 참여하는 정규 국어 수업 시간에 그렇게 한다.

처음에 고1 학생들은 놀라서 말한다. "이때까지 1쪽 넘게 글을 써본 적이 없어요. 5쪽이 사람이 쓸 수 있는 있는 분량인가요?" 그러면 우리 학교 선생님들은 가만히 학생들의 걱정 담긴 말을 듣고 있다가 간단하게 대답을 한다. "고등학교는 원래 이런데 몰랐니? 언니, 형. 오빠, 누나 들도 다 잘했어." 여러 해 동안 긴 서평 쓰기 수업을 해왔기에, 교사가 방법을 잘 안내하면 학생들이 5쪽 서평을 쓸 수 있음을 우리는 잘 안다.

네 시간 정도 수업을 하면, 긴 서평 쓰기를 가르칠 수 있다.

첫 번째 시간에는 A4 종이 한 장을 나눠주고 책에 나온 중요한 내용 다섯 가지를 골라서 각각 세 줄씩 설명을 쓰라고 한다. 두 번째 시간에도 종이 한 장을 나눠주고 책과 관련한 세상일을 세 가지 고른 후 각각 네 줄씩 설명을 쓰라고 한다. 신문이나 텔레비전, 인터넷 등에서 보고 들은 이야기 중에서 책 내용과 연관되는 것들을 적으면 된다. 세 번째 시간에도 역시 종이 한 장을 나눠준 뒤 책과 관련한 자신의 경험을 두 가지 고르고서 각각 반쪽씩 쓰게 한다. 이 세 시간은 학생들이 책을 읽으면서 그 의미를 구성해내고 그것을 자기 것으로 만드는 하나 하나의 단계다.

첫 번째 시간은 일차원적인 과정으로 책 속에서 지식과 정보를 정리하는 시간이다. 책에 담긴 기본적인 내용을 갈무리하는 것이다.

책 읽기의 출발은 책을 그 자체로 온전히 이해하는 데 있다. 책이 무슨 소리를 하고 있는지 읽어내는 능력은 가장 기초적인 것이면서 다른 읽기의 기반이 된다. 책의 전반적인 내용을 요약하거나 인상 깊은 부분을 뽑아보거나 핵심을 정리하는 일이 여기에 속한다.

읽기 능력이 낮은 사람은 책의 굵직한 줄거리는 대충 기억해도 세부 사실이 어떻게 전체 내용과 연관되는지는 잘 알아채지 못한다. 구석구석에 있는 여러 정보들이 어떻게 전체와 연관되는지를 아는 것은 책을 읽을 때 가장 필요한 능력이다. 이때 학생들에게 줄거리를 써보라고 하면 좋은 성과를 거두기 어렵다. "중요한 것 다섯 가지를 골라서 세 줄씩 옮겨 적어보자"라고 구체적으로 가이드해주는 것이 훨씬 효과적이다.

두 번째 시간은 책의 내용을 중심으로 생각하는 읽기를 시도하는 것이며, 책에서 다룬 내용을 독자가 현실에서 직접 찾아

보는 작업이다. 어떤 독자가 10대의 사랑에 대한 책을 읽었다고 할 때, 저자가 이야기하는 10대의 사랑에 대한 내용이 정말 맞는지 현실에서 독자가 직접 정보를 확인해보는 식이다. 책 읽는 사람이 자기 눈으로 직접 10대 연인들을 살피면, 단순히 저자의 관점을 소화하는 데 그치지 않고 책과 현실 사이에서 여러 가지 생각을 하게 된다. 저자의 관점이 얼마나 타당한지 살피게 되고, 책 속의 내용이 지금 현실에 어떻게 적용 가능한지도 고민해보게 된다. 이처럼 책과 연관된 세상일을 찾는 과정은 책에 담긴 정보를 검토하면서 책에서 현실로 이해를 넓히는 일이다.

학생에게 생각을 묻는 시간이, 나는 어려웠다. 예를 들면 학생들에게 현진건의 「운수 좋은 날」을 읽힌 후 생각을 이야기해보라고 하면 "아무 생각이 나질 않아요"라는 답이 돌아오곤 했다. "생각할 시간을 5분 줄 테니 다시 생각해보고 이야기해봐." 그런데 이렇게 시간을 준다고 해도 학생들의 입에서는 뻔한 말만 나온다. 아니면 할 말이 없으니 그 순간에 떠오른 생각을 툭툭 뱉어냈다.

학생 입장이 되어서 생각해보자. 1교시에는 머리 아프게 숫자를 들여다보면서 수학 공부를 하고, 2교시에는 혀를 꼬면서 영어 공부를 하고, 3교시에는 교실 밖에서 뛰면서 체육 시간을 보내고, 4교시 국어 시간이 되었는데 슬픈 글을 주면서 선생님이 슬픈 반응을 보여주었으면 하는 눈치를 주면 학생들은 어떤

변신 로봇 같은 학교 생활

1교시 수학, 2교시 영어, 3교시 체육, 4교시 국어! 선생님은 슬픈 글을 읽어주며 슬픈 표정을 지어주길 바라지만, 학생들의 머릿속은 멍할 뿐이다. 학생들은 변신 로봇이 아니니까!

기분이 들까? 한 시간 단위로 과목을 바꿔가면서 공부하는 상황에서 갑작스럽게 세련된 말을 유창하게 하기는 어렵다.

하지만 교사의 입장은 다르다. 그런 상황에서도 학생들에게 글에 대한 생각을 하게 해야 한다. 그래야만 제대로 가르칠 수 있으니 말이다. 이것은 나에게 그야말로 과업이었다. 신문이나 텔레비전, 인터넷 등에서 평소에 학생들이 접했던 것들을 책의 내용과 연결시키는 것은 이 과업을 학생들의 삶 속에서 풀어내기 위한 방편이었다.

이렇게 구체적으로 화두를 던져주면 학생들은 자연스레 일상에서 보고 듣고 접한 것들을 책의 내용과 연관시킨다. 소외된 사람들에 대한 이야기가 담긴 책을 읽은 경우 학생들은 뉴스에서 본 비정규직 문제를 떠올리고, 「운수 좋은 날」을 읽고서는 당시의 가난과 지금의 가난을 비교하게 되는 것이다. 즉 "생각해보라"라는 말보다는 "평소에 접한 영화, 드라마, 뉴스 가운데서 비슷한 일을 찾아보자"라는 말이 학생들에게 훨씬 유효하게 다가간다.

세 번째 시간은 성찰하는 읽기를 위한 과정이다. 성찰은 5지선다형 문제를 푸는 것과는 큰 관련이 없다. 오히려 그것은 인간성과 관련한 문제다. 인간성이 좋다고 해서 수능 문제를 잘 푸는 것은 아니지만, 인성이 좋아야 행복하게 잘 살 수 있다. 사람이란 타인과의 관계가 좋아야 잘 살 수 있는데, 그러려면 인간성이 좋아야 한다.

그런데 "책을 읽고서 성찰해봐라"라고 한다고 해서 성찰이 되는 게 아니다. 황순원의 「소나기」를 읽고서 성찰을 해보라고 했더니 학생들은 이렇게 말했다. "선생님, 성찰이 무슨 뜻이에요?" 이 단어를 들어보긴 했지만 막상 직접 해보려니 어려웠던 것이다. 성찰에 대해 기나긴 설명을 한다고 해서 답이 나오진 않는다. "자기를 좀 반성해봐. 인생을 돌아보라고!" 이렇게 말했더니 학생들의 답은 기가 차게 돌아왔다. "비 오는 날 나가서 놀면 위험한 거였어요. 엄마가 비 오는 날 나가서 놀지 말라고 했는데, 제가 엄마 말 안 듣고 함부로 나가서 놀았지요. 다음에는 안 그럴 거예요." 학생들의 마음이 움직이지 않은 상태에서 답을 요구하면 억지 반성만 토해낸다. 이런 대답을 한 학생은 자신도 어이없어서 웃는다.

여러 시도를 해본 결과, 읽은 글과 비슷한 자기 경험을 나누다 보면 성찰이 이루어진다는 걸 알게 되었다. 「소나기」를 읽은 학생들은 대번 자기가 이성 친구를 사귄 이야기를 꺼낸다. "우리는 어디서 데이트를 했지? 얘네들은 산에 가서 비 맞고 놀았네. 불건전한데?" 이 소설 속 여자 아이는 남자 아이가 지나가면 돌을 던져서 그 아이의 시선을 빼앗는다. 서울에서 전학 온 이 여자 아이는 자기가 좋아하는 남자 아이의 마음을 함락하는 솜씨가 있었던 것이다. 이걸 보고서 학생들은 자기가 어떻게 이성 친구를 사귀기 시작했는지를 떠올린다. 이러한 과정을 통해 자기 삶을 점검할 수 있는 여지가 생기는 것이다.

이 과정은 책 읽는 사람이 책과 연관된 자기 경험과 생각을 돌아보는 것이다. 좀더 쉽게 실용적으로 접근해보자. 몸을 건강하게 하는 운동 방법에 대한 책인 『남자는 힘이다』를 읽은 사람이라면, 자기가 이때까지 경험해본 운동 방법을 떠올리고 그 책에 나온 내용 가운데서 자기에게 맞는 운동 방법을 찾아내 적용해볼 수 있다. 본인은 10대 미혼모가 아니지만 이러한 이들의 수기를 모은 『별을 보내다』를 읽었다면, 10대 미혼모와 그런 일이 생기겠다 싶은 사람들을 평소에 자신이 어떻게 바라보는지 그 마음을 들여다보면 된다. 모든 책 읽기는 책 읽는 사람에게 영향을 준다. 세 번째 시간은 바로 그 지점을 가만히 살피는 것이다.

이 3단계 과정을 거친 후 마지막 작업이 이뤄진다. 마지막 수업이 전체 과정에서 가장 중요한데, 앞서 세 시간 동안 만든 열 개의 이야기 조각을 열 개의 레고 블록이라고 가정한다. 그러고서 이 중 네 개를 골라 한 줄로 배열했을 때 괜찮아 보이는 흐름을 학생들에게 찾으라고 한다. 그 네 개의 이야기에 살을 붙여서 각각 1쪽으로 쓰게 한다. 거기에다 앞뒤로 머리말과 맺음말을 반쪽씩 배치한다. 이렇게 해서 총 5쪽짜리 서평이 탄생한다. 고등학생을 기준으로 설명했는데, 중학생이라면 1~2쪽이면 충분하다.

열심히 해도 못하는 아이들 돕기

나는 학생들에게 수업 시간에 쓴 글을 집에 가서 컴퓨터로 입력하면서 보완해오라고 한다. 글을 쓰려면 사색이 필요하고 여백이 있어야 생각이 피어나는데, 수업 시간에는 그러기가 어렵다. 그래서 학생들이 수업 시간에 쓴 글을 바로 걷으면 수준이 떨어지는 경우가 많다. 하지만 숙제를 통해 이를 보완할 기회를 주면 글이 확실히 나아진다. 이 과정을 거친 후 교사가 서평을 읽고 고쳐쓰기를 지도하면, 학생들 글이 많이 나아진 것을 볼 수 있다.

글 쓰는 과정을 제대로 가르치지 않은 채 그냥 서평을 쓰라고 하면 학생들 대부분은 "선생님이 시켜서 이 글을 쓰게 되었다"라는 문장으로 글을 시작한다. 이를 좀더 구체적으로 쓰는 학생도 있다. "나는 원래 이런 글을 쓰는 체질이 아니다. 그런데 선생님이 얘기했다. '너 독후감 안 쓰면 수행평가 점수 안 줄 거야.' 내가 점수를 안 받고 안 하겠다고 하자, 선생님은 인상을 쓰더니 담임선생님께 이르겠다고 했다. 그래서 이 글을 쓴다."

글쓰기에서 첫 문장은 마치 땅 밖으로 보이는 고구마 줄기와 비슷하다. 고구마 줄기를 뽑았을 때 땅속에서 고구마들이 주르르 딸려 나오듯, 첫 문장에서 이런저런 그다음 생각이 이끌려 나오기 마련이다. 작가들이 첫 문장을 쓰고서 마음에 들지 않았을 때 종이를 찢어대는 건 이런 이유에서다. 성에 차지 않는 문장으로 시작했을 때 이후에도 뻔한 이야기가 이어진다는 것을 작가들은 잘 알고 있다.

학생들의 글 역시 마찬가지다. 별 감흥 없는 첫 문장으로 글을 시작한 학생들은 이어서 모두 비슷비슷하게 줄거리를 글 속에 채워 넣는다. 그러고서 "읽고 났더니 감동적이었다" 같은 틀에 박힌 말로 글을 마무리한다. 이런 글의 경우 딱 한 가지 장점이 있다. 교사가 글을 채점하는 시간이 많이 들지 않는다는 것! 한 반 학생들의 글을 모두 채점하는 데 20분밖에 안 걸리는 것이다. 물론 그다음에는 씁쓸한 회한이 물밀듯 밀려들지만 말이다.

교사가 된 초창기에 학생들이 물어왔다. "독후감은 어떻게 써야 해요?" 학생들의 상황을 잘 이해하지 못하던 시절, 나는 책을 펼쳐서 첫 장을 넘긴 후 마지막 장을 덮을 때까지 들었던 생각과 느낌을 글로 옮기면 된다고 답해주곤 했다. 그런데 학생들은 내 말을 듣고서도 눈만 껌뻑거릴 뿐 아무런 반응이 없었다. 학생들이 잘 못 알아듣고 있었던 것이다. 그래서 다시 친절하게 같은 설명을 해줬지만 학생들의 반응은 마찬가지였다. 그렇게 설명을 반복하다 보니 불쑥 화가 치밀었다. "너희들 대체 왜 못 알아듣는 거야!"

이렇게 학생들을 가르치고 글을 받아보면 대략 한 반에 다섯 명 내외의 학생들만이 제대로 된 글을 써왔다. 나머지는……

분서갱유를 해도 아깝지 않은 글들이었다. '이런 글은 다 태워 버려야 돼. 이런 글이 세상에 있는 게 더 해롭겠어.' 진시황제의 마음이 십분 이해가 되었다.

보통 반에서 다섯 명 내외의 학생들은 글을 굉장히 잘 쓴다. 처음 서평 쓰기를 했을 때 나는 이 다섯 명의 학생들을 마음의 기둥으로 삼으며 스스로를 위로했다. '내가 잘못한 게 아니야. 이 학생들은 훌륭한 글을 쓰잖아. 다른 애들이 잘못한 거야.'

그런데 그렇게 마음의 기둥으로 삼았던 한 학생이 학기가 끝난 후 나에게 이렇게 말했다. "선생님, 저는 아직도 서평을 어떻게 써야 되는지 잘 모르겠어요." 아, 그렇구나. 내 수업의 에이스조차도 그런 거구나. 마음의 상처가 되었다. 방학 내내 그 학생의 말이 계속 내 머릿속을 울려댔다.

그 학생이 해준 말 덕분에 마치 필름을 되감기해서 재생하듯 1년 동안 내가 가르친 과정을 되돌아보았다. 학생들은 어떻게 글을 써야 하는지 모르겠다고 일관되게 나에게 말했다. 물론 나는 계속해서 뭔가를 가르쳤다. 그런데 학생들은 계속 그래도 어떻게 해야 하는지 모르겠다고 했다. 결국 나는 화를 냈고 상황이 정리되었다.

다르게 비유를 해볼까. 커다란 산이 있었고 나는 계속해서 "이 정상으로 올라가면 돼"라고 말했다. 반면에 학생들은 "정상까지 올라가라는 말은 알아듣겠는데, 어떻게 해야 정상까지 올라갈 수 있는지 그 과정을 모르겠어요"라고 이야기했던 것이다. 즉 나는 결과만을 제시했고 과정을 제시하지 않았다. 대체 나는 왜 그랬던 걸까?

이 실패를 돌아보면서 내가 초등학교부터 대학까지 그런 식으로만 배워왔다는 걸 알게 되었다. 심지어 대학에서 국어교육을 배우면서도 글쓰기 과정은 제대로 배우지 못한 채 도서관에 가서 비슷한 책을 찾아 흉내 내면서 좌충우돌 글 쓰는 숙제를 해야 했다. 그런 식의 교육은 되는 애들만 되고 안 되는 애들은 안 된다. 엘리트를 가르치는 방법인 것이다.

사실 이 방법은 인재 발굴을 할 때는 유용하다. 사회적 생산력이 낮아서 모든 사람이 지식을 갖추기 어려울 때, 그래서 소수가 지식 엘리트로서 사회를 이끌고 다수가 생산에 종사해야 하는 사회에서는 이런 방식으로 엘리트를 양성한다. 과제를 던져준 후 이를 해결할 수 있는 사람들을 선별해내 따로 키우는 것이다. 하지만 이는 보편적인 학생들을 성장시켜야 하는 민주주의 시대에 어울리는 방법이 아니다. 모두가 주권을 가진 사람이고 모두 귀한 집 자식인 시대다. 이런 시대의 교육은 전체 학생이 모두 성장하게 하는 방법이 필요하다.

학생들에게 글을 쓰게 하면 교사는 반드시 그 글을 읽어야 한다. 교사가 읽지 않으면 학생은 금세 알아채고 실망한다. 그러다 보면 학생들은 내용의 완성도에 힘쓰기보다 분량이나 제출 날짜, 겉모양에 신경을 쓰게 된다. 또한 서평을 쓴 이후에는 반드시 고쳐쓰기를 지도해야 한다. 고쳐쓰기를 하지 않으면 글을 잘 쓰는 학생들만 계속 잘 쓰게 되고 글을 못 쓰는 학생들은 계속 써도 솜씨가 잘 늘지 않는다. 못하는 학생은 못하는 방식이 몸에 배어 있어서, 여러 번 그 활동을 해도 나아지지 않을 때가 많다. 어떻게 해야 나아지는지를 가르쳐주지 않은 채 여러 번 같은 활동을 하게 되면, 학생에게는 좌절과 상처만 남을 수 있다.

한 학기에 한 번 학생들이 쓴 서평을 읽고 일대일로 2~3분 대화를 나눈 후 학생들이 글을 수정해오는 과정을 거치고 나면 내 마음은 한결 편안해진다. 나는 이 2~3분의 대화에 많은 의미를 두고 있다. 학교를 졸업하고서 선생님의 수업이 기억나는 경우는 많지 않지만, 이런 일대일 대화는 학생들에게 많이 기억에 남기 마련이다. 4인 1모둠으로 수업을 진행할 때 한 학생에게 2~3분 이야기를 해주면 나머지 세 명의 학생들은 옆에서 그 이야기를 듣게 된다. 자기 서평에 대한 이야기도 도움이 되지만 다른 친구의 서평에 대한 비평까지 들을 때 마음이 여유가 있어서 더 자기 성장에 도움이 된다.

글을 잘 쓸 자질이 있음에도 제대로 못 배워서 글을 못 쓴 학생들은 고쳐쓰기 과정을 거치면 금세 제 실력을 발휘한다. 자기 솜씨를 한껏 보여주는 글을 써오는 것이다. 이런 과정에서 교사는 학생들에게 무언가를 해주었다는 느낌을 받는다.

고쳐쓰기를 지도하는 데에도 시행착오가 있었다. 교사가 된 첫해에 나는 2주일마다 학생들에게 글쓰기를 시킨 후 그 글들을 모두 읽었다. 그러다 보니 나에게는 학생들의 글을 고쳐줄 시간이 없었다. 나는 학생들에게 글쓰기를 시키고 그 글을 다 읽는 것만으로 자부심에 차 있었다. '나는 최선을 다하고 있어. 세상의 많은 선생님들은 학생들의 글을 읽지도 않고 글의 분량과 제출 기한만 따져서 평가하는데, 그래도 나는 학생들 글을 열심히 읽고 평가하잖아.'

나는 나름대로 열심히 하고 있었지만, 내 정성은 학생들에게 가닿지 않았다. 학생들로서는 왜 자기는 7점이고 다른 친구는 9점인지 알고 싶은데, 그 이유는 모른 채 점수만 덩그러니 자기 앞에 놓여 있는 것이었다. 숫자로만 매겨진 점수는 학생들에게 차갑게 다가갔다. 그런 학생들의 반응에 내 마음도 쓰라렸다.

그 무렵 오래전 경험이 떠올랐다. 학창 시절에 나는 100미터 달리기를 아주 싫어했다. 둘씩 짝지어 운동장을 가로질러 달리다 보면, 나는 앞으로 죽어라 뛰어가고 있는데도 다른 친구가 점점 앞으로 가니 마치 내가 뒤로 가는 것만 같은 느낌이 들곤 했다. 부끄러웠다. 잘 달리고 싶은데, 아무리 잘 달리려고 애를 써도 그렇게 되질 않았다. 잘 달리는 법을 배운 적도 없었고, 어떻게 연습을 해야 하는지도 몰랐다. 만약 체육 선생님이 내가 달리는 걸 보고서 "승훈아, 다리는 이런 각도로 올리고 몸의 무게는 저렇게 싣고 호흡은 이렇게, 팔은 요렇게 해봐"라고 가르쳐주셨더라면 그걸 흉내 내면서 연습이라도 했을 텐데 말이다.

체육 시간에만 그런 게 아니었다. 고등학교 시절, 경복궁으로 봄 소풍을 가서 그림을 그린 적이 있다. 단짝 친구와 함께 그림을 그렸는데, 친구가 그린 그림이 무척 잘 그렸다고 생각됐다. 친구는 내 그림을 보고 잘 그렸다고 했다. 서로의 그림을 칭찬해주면서 상을 타면 어쩌나 하고 괜한 걱정까지 했다.

학교에 돌아와 미술 시간이 되었는데, 선생님이 나와 내 단짝 친구를 호명하더니 둘이서 그림을 들고 앞으로 나오라고 하셨다. 그림 잘 그린다는 말을 못 들어본 나는 신이 나서 친구와 함께 나갔는데, 선생님이 말씀하셨다. "내가 그림 못 그린 학생에게는 뭐라고 하지 않는데, 성의 없이 그린 학생은 용서할 수가 없어." 이 말을 던지시고는 선생님은 들고 있던 지휘봉으로 우리 머리를 딱 소리가 나도록 때리셨다.

머리를 맞아서 아팠지만, 그 아픔보다 마음이 받은 충격이 더 컸다. 나뿐만이 아니라 내 단짝 친구도 어쩔 줄 모르겠는 표정으로 선생님께 맞고 있었다.

한동안 잊고 있던 이 장면은 오랜 시간이 지나 내가 교사가 되어 학생들을 가르치던 때 문득 떠올랐다. 그렇다. 내 고등학교 시절의 모습과 닮은 학생들을 내가 교실에서 만나고 있는 것이다. 학생들의 강의 평가를 보면, 자기는 열심히 글을 썼는데 돌아오는 점수가 시원찮았다는 말이 심심찮게 나왔다. 바로 체육 시간이나 미술 시간의 나 같은 학생들의 반응이었다.

당시의 나는 학생들에게 여러 가지 실습을 시켰고, 그런 교사가 좋은 교사라고 생각했다. 하지만 그 과정에서 글솜씨가 나아지는 학생이 있었지만, 몇몇 학생들은 한 학기 내내 열심히 글을 써도 나아지지 않았다. 후자의 학생들은 결국 좌절감만 깊어져 갔다. '나는 안 되는구나' 싶은 생각이 드는 것이다.

학창 시절에 나와 내 단짝 친구는 미술 선생님이 보기에 성의 없어 보일 만큼 그림을 못 그리는 학생이었다. 우리끼리는 자신의 능력을 알지 못한 채 서로 칭찬해주고 상을 받을까 걱정까지 할 정도로 그림 보는 눈이 없었지만 말이다.

무언가를 잘 못하는 아이들끼리 각자의 결과물을 비교하다 보면 모두 잘한 것처럼 보인다. 그래서 아이들은 서로를 위로하고 격려하며 칭찬해준다. 하지만 잘난 선생님의 성에는 차지 않는 결과물이다. 그러니 냉혹한 평가가 날아들고, 못하는 아이들은 결국 풀이 죽게 된다. 미술 선생님께 꾸지람을 들었을 때의 내 마음은 글쓰기를 못하는 아이들의 마음과 다르지 않았을 것이다. 내 경험을 돌이켜보면서 나는 그 아이들의 마음을 이해할 수 있었다.

이후 나는 학생들의 글쓰기 횟수를 줄였다. 글쓰기는 단순하게 여러 번 하는 것보다 한 번을 하더라도 교사가 결과물을 들여다보면서 지도해주고 학생들이 고쳐올 때 학생들의 성장이 훨씬 빠르다. 이렇게 횟수를 줄이면 교사에게는 결과물을 지도해줄 여유가 생기고, 교사와 학생의 관계도 좋아진다.

고쳐쓰기,
교사와 학생의 동상이몽

한없이 많이 고쳐야만 할 것 같은 학생의 글을 보았을 때는 어떻게 해야 할까? 한때는 그런 글을 고치느라 빨간 글씨가 넘쳐나서 종이를 딸기 밭처럼 만들어놓기도 했다. 그렇게 열심히 고쳐주면 학생들이 고마워할까? 결과는 그렇지 않았다. 오히려 나를 미워하는 학생도 심심찮게 생겼다. 그걸 받아든 학생의 표정은 좋지 않았고, "제 글이 이 정도밖에 안 되나요?" 같은 말만 들었다. 이게 뭐야? 내가 얼마나 열심히 자기 글을 고쳐줬는데, 돌아오는 게 이런 무례한 말이라니!

어느 날 내가 근무하던 학교 교장 선생님의 대처를 보면서 나는 이 문제를 제대로 파악하게 되었다. 평소 나에게 관심을 가지셨던 그분은 내 교직 생활에 대해 이런저런 메모를 열 가지쯤 해두셨다가 교장실로 나를 불러 그 사안들을 꼼꼼히 일러주셨다. 이러저러한 사안들만 보완하면 더 훌륭한 선생님이 될 수 있을 거라고 하셨다. 그 말을 들은 내 기분은 어땠을까?

세 가지까지 들을 땐 고마운 마음이 들었다. 하지만 거기서 더 나아가 일곱, 여덟, 아홉, 열 가지 이야기를 듣고서 교장실 문을 닫고 나올 때는 이미 내 마음이 비뚤어져 있었다. '나도 나름대로 열심히 하고 있는데, 이렇게까지 하시다니. 교장 선생님 말을 듣고 싶지 않아지는걸.'

나는 빨간 펜 선생님이 싫어요!

남한테 너무 많은 지적질을 당하는 걸 좋아하는 사람은 없다. 학생도 마찬가지. 사람이니까! 자기가 쓴 서평에 지적질 가득한 답변이 돌아오면 학생들의 마음은 확 상해버린다.

선의의 조언이라도 하고 싶은 말을 그렇게 다 내뱉으면 관계가 상할 수 있다. 눈에 보이는 걸 다 지적하면 대부분의 인간은 그걸 견디기 어려워한다. 그러니 지적을 하고 싶더라도 모든 걸 내보이는 게 아니라 개중 몇 개만 골라 말해야 귀에 들어오는 것이다.

이날 이후 나는 학생들의 고쳐쓰기를 지도하면서 힘을 빼게 되었다. 고쳐쓰기는 교사가 대충 가르쳐야 학생들이 배운다. 제대로 하면 오히려 학생들은 배우기를 그만두고 교사와의 관계도 상하게 된다.

학생과 일대일로 대화하는 고쳐쓰기 시간은 2~3분으로 정해두었다. 그 이상은 고쳐줄 게 있더라도 말을 아낀다. 지적도 세 가지 이상은 하지 않는다. 그 외의 부분은 친구가 고친 글과 자기가 고친 글을 돌려 읽으면서 스스로 깨우치도록 유도한다. 그래야 교사에게도 좋고 학생들에게도 좋다.

학생들과 일대일로 대화하는 시간도 잘 운영해야 한다. 네 명이 같은 책을 읽고 그 모둠 학생들과 한 사람당 2~3분을 이야기하기 때문에 같은 모둠의 네 명과는 총 8~12분가량의 대화를 하게 된다. 그 시간 동안 다른 모둠의 학생들에게는 서로의 글을 고쳐주라고 하지만, 그렇게 놔두면 학생들은 이내 수다의 세계로 빠져든다.

"내가 일대일 대화를 할 때 떠들면 안 돼. 그러면 내 집중력이 떨어져서 너희 글을 잘 고쳐줄 수가 없어."

좋게 말해도 잠잠한 시간은 고작 5분을 넘기지 못한다. 그러다 보면 점점 내 목소리가 커지고 화가 나는데, 그럼 이미 혈압이 오른지라 학생의 글이 눈에 들어오질 않는다. 이러다가는 수업을 망치게 된다.

이런 문제를 해결하기 위해 지금은 한 반 수업을 들어가면 다른 두세 반 정도의 글을 수업 시간에 가져가서 학생들에게 나눠준 후 읽힌다. 학생들이 모두 제 날짜에 글을 써오지 않으니 두 반 정도의 글을 모아야 한 반의 모든 학생이 글을 읽을 수 있다. 남의 글을 받아든 학생들에게는 댓글 달기를 시킨다. 마음에 드는 잘 쓴 부분을 보면 동그라미를 그리라고 하고, 이상한 부분에는 네모를 그리라고 한다. 동그라미와 네모, 이렇게 간단한 방식 이상의 것을 요구하면 학생들이 헷갈려하니 이들 두 가지 방식으로만 평하게 한다. 그리고 의견을 적어주라고 한다.

이렇게 하면 나는 일대일 대화에 집중할 수 있고, 학생들은 글에 집중하게 되어서 수업이 비교적 안정된다. 또한 학생들의 동그라미와 네모 표시가 마치 조교의 초벌 채점지처럼 되어서 일대일로 학생 글을 평할 때도 도움이 된다.

이때 하나 유의해야 할 점은, 같은 반 학생들의 글에 점수를 매기게 해선 안 된다는 것이다. 같은 반 친구가 자신에게 매긴 점수를 보면, 학생들은 정신적으로 너무 부담스러워한다. 가장 나쁜 사례는 같은 모둠 안에서 네 사람이 서로를 평가하는 것이다. 그렇게 하면 함께 같은 책을 읽고 대화하며 협력하던 관계가 한순간에 내신 등급을 매기고 경쟁하는 관계로 바뀌면서, 좋았던 관계가 크게 상처를 주고받는 관계로 바뀔 수 있다. "선생님이 이미 다 점수를 매겨놓았는데 너희도 한번 해봐. 다른 사람이 쓴 글을 평가해보면 새롭게 보이는 게 있어서 글솜씨를 익히는 데 도움이 되거든." 이 정도의 이야기를 해주며 학생들끼리 상호 평가를 시도해야 한다.

그런데 학생들이 글을 쓰면서 자신의 어려운 삶이나 힘든 가족사를 드러내는 경우가 있다. 이런 방식을 택하면 다른 학생들이 그런 글을 보게 되는데, 이름을 가리려면 너무 많은 행정력이 필요하다. 그래서 나는 서평 쓰기 수업의 처음부터 자기 글을 다른 사람이 볼 수 있다는 것을 공표한다. 다만 친구의 글에 나온 힘들고 어려운 일을 가지고 놀리면 안 되고 서로 배우고 성장하려는 마음으로 글을 봐야 한다고 가르친다. 엄격한 표정을 지으며 이런 이야기를 하면 학생들이 거의 모두 알아듣는다.

그렇다면 학생들의 글을 읽고서 교사는 어떤 지적을 해야 할까? 맞춤법과 띄어쓰기를 고치는 건 별반 중요하지 않다. 원래 맞춤법과 띄어쓰기는 자기는 틀리지만 남이 틀린 건 거의 다 찾아낼 수 있는 법이다. 학생들이 서로 물어가면서 글을 쓰다 보면 대개 저절로 해결된다.

맞춤법과 띄어쓰기는 따로 설명서를 만들어 전체 학생들에게 가르치는 게 좋다. 보통 사람들은 안 틀리는데 학생들이 잘 틀리는 맞춤법과 띄어쓰기를 설명해주면 된다. 이러한 것 딱 열 개만 제대로 가르쳐도 학생들의 글은 훨씬 볼만해진다. 이와 관련한 구체적인 내용은 이 책의 부록 1을 참조하면 된다.

고쳐쓰기를 지도할 때 가장 중점적으로 살펴야 할 것은 학생들이 내린 가치 판단과 감정 판단에 대한 '증명'이다. 어떤 학생에게 짜장과 짬뽕 중 어떤 게 좋은지 물었다고 치자. 학생은 짬뽕이 좋다고 했고, 왜 좋은지를 물었더니 "그냥요"라고 했다. 이게 바로 증명 실력이 떨어지는 학생의 답이다. "국물이 시원해서요" 같은 답변이 나오도록 유도하는 게 바로 교사가 해야 할 일이다.

상당수의 학생들은 글에서 감정이나 논리의 판단만을 앞세운다. 좋다, 나쁘다, 옳다, 그르다 같은 판단은 밝히지만, 왜 그런지는 글에 표현하지 않는 경우가 많다. 이걸 증명하면서 풀어내는 게 바로 고쳐쓰기의 핵심이다. 엉성한 논리를 집요하게 물어보면서 대화를 나누고 그걸 글로 풀어보게 하면, 학생들의 글은 촘촘해지면서 밀도가 높아진다.

그다음으로 살피는 것은, 글에서 어떤 대상을 비판할 때 그 대상 집단을 싸잡아서 비난하는지 여부다. 학생들의 글은 비판적인 기운을 띨 때가 많은데, 이때 종종 전체 집단을 싸잡아서 욕하는 실수를 한다. '어른들은 다 그래.' '교사들은 다 그래.' '정치인은 다 그래.' 하지만 어른들이 다 그런 게 아니라, 그런 어른이 있고 그렇지 않은 어른이 있지 않은가. 교사나 정치인도 마찬가지다. 이런 걸 내버려두면 학생들의 사고가 둔해진다.

뭔가를 미화함으로써 진정성 없이 뻔한 상투성을 드러낼 때도 지적을 해줘야 한다. 이런 표현은 사람들의 공감을 얻지 못하기 때문이다. 맥락 없이 예쁜 말을 계속 쓰거나 자기가 소화하지 못한 어려운 말을 계속 쓰는 경우도 지적한다. 자기가 평소에 쓰는 말로 편안하고 솔직하고 쉽게 표현해야 소박한 맛이 나면서 사람들이 고개를 끄덕이는 글을 쓸 수 있다고 가르친다.

과외 선생님한테는 매번 글을 잘 쓴다고 칭찬받는데, 나에게는 매번 구박을 받는다는 한 여학생이 있었다. 나는 글이 상투적이고 정해진 레퍼토리에서 벗어나지 않는다고 지적했지만, 그 학생은 내 지적을 받아들이지 않았다.

어느 날엔가 그 학생이 동네 복지관에 가서 장애인과 노인분들에게 봉사를 하고 와서는 괜찮은 글을 하나 써왔다. 처음에는 몸 아픈 장애인 할머니, 할아버지가 너무 추해보이고 불편했는데, 주변 분위기도 있고 해서 그분들을 도와드렸더니 굉장히 고마워하셨다고 한다. 이제까지의 자기는 이기적인 애였는데, 봉사를 하면서 굉장히 좋은 사람이 됐다는 생각이 들었다고 했다. 여기까지는 꽤나 감동적이었다.

그런데 마지막 문장에서 감동이 확 깨졌다. "돌아오는 버스에서 해님도 내가 훌륭하다고 웃어주었다." 이 학생은 이런 표현을 써서 마무리를 해야 좋은 글이라고 생각했던 것이다. 이런 건 원래 질 떨어지는 동화에서나 나오는 말 아닌가!

이걸 지적했더니, 학생은 이번에도 수긍을 하지 않았다. 그래서 내가 제안했다. "다른 학생들이 네 글을 읽었을 때 어떤 반응을 보이는지 한번 실험해보자. 내가 고르면 네 마음에 안 들 수 있으니 네가 남자애를 하나 골라봐."

그 학생은 의기양양하게 남학생을 하나 골라 자기 글을 소리 내 읽게 했는데, 이런! 마지막 문장에 다다르자 그 글을 듣던 반 학생들에게서 일제히 웃음이 터져 나왔다. "하하, 이게 뭐야? 정말 깬다!" 좋은 글로 잘 흘러가다가 마지막에 감동이 깨졌다는 걸 그 학생은 그때서야 받아들였다.

서평을 안 써오면, 남의 글을 베껴오면 어떻게 할까

이렇게 수업을 진행하면 일대일로 학생들의 서평에 조언을 해주는 데 세 시간 정도가 들고, 교사는 한 학기에 일주일 정도 저녁 시간을 채점하는 데 들여야 한다. 교사에게 이는 꽤나 고단한 시간이다. 서평 채점을 하다 보면 힘이 들어서 내가 이걸 왜 했지 싶은 생각도 밀려들 것이다. 하지만 '딱 일주일 동안만 힘들면 되니 한 학기에 한 번 정도는 이렇게 해줘야지' 생각하며 마음을 달랜다.

학생들 모두가 같은 책을 읽고 서평을 쓰면 채점하는 교사가 지루해서 정신적으로 지치게 된다. 하지만 학생들이 모둠별로 다른 책을 읽으면, 같은 책을 읽고 쓴 네다섯 편의 글을 연달아 보게 되어서 적당히 글의 수준을 비교할 수 있고 지루함에서 오는 피곤함도 덜 수 있다.

교육적 측면에서 보면, 학생이 책 자체를 잘 이해하면서 주제를 파악하고 있는지는 오지선다형 문제로도 평가가 가능하다. 하지만 저자가 쓴 책을 읽을 때 내 경험이나 가치와 반응하면서 생성된 의미는 선택형 문제로 파악이 불가능하다.

예를 들면 어렸을 때부터 개를 먹어 버릇한 아이는 개를 보면 흐뭇하고, 어렸을 때 개한테 물려본 아이는 개를 보면 왠지 두려울 것이며, 개와 함께 재미나게 놀았던 아이는 개를 보면 즐거울 것이다. 글 역시 마찬가지다. 개개인의 경험이나 가치에 따라 책에 대해서도 다르게 반응할 수밖에 없다. 이는 독서의 매우 중요한 부분이지만 측정지를 통해 평가하는 게 불가능하다. 서평 쓰기는 바로 이 지점을 교육하는 것이다.

한때 나는 수능 문제 출제에 참여한 적이 있다. 강원도의 한 콘도에서 문제를 만든 후에 쉬고 있는데 이런 생각이 들었다. '오지선다형 문제를 아무리 잘 내더라도 세상 누구의 기쁨이 조금도 늘어나지 않고, 세상 누구의 슬픔이 조금도 줄어들지 않잖아?' 선택형 문제는 단순히 푸는 것이지, 학생들에게 어떤 성찰이나 깨달음을 주기는 어렵기 때문에 이런 생각을 한 것이다.

선택형 문제만으로 좋은 교육이 이뤄질 수 있는지에 대해서 나는 회의적이다. 선택형 문제를 통해서는 학생들의 지식을 측정하고 논리력을 확인하며 읽기 능력을 살필 수 있다. 하지만 소통 능력이나 협력 능력, 의미 구성 과정은 이를 통해 살피기 어렵기 때문이다. 그래서 학생들에게 책을 읽히고 서평을 쓰게 한다.

또 하나의 문제, 서평을 써오지 않는 학생들은 대체 어떻게 지도해야 할까? 나는 서평 쓰기를 안 해온 학생들은 과제를 낼 때까지 수업 시간에 서서 수업을 받게 한다. "선생님인 나도 서서 수업을 하니 너희도 서서 수업을 받아." 이런 말을 험하게 인상을 쓰고 할 필요는 없다. 한 시간 동안 내내 서 있으면 너무 힘드니 15분 동안 서 있게 한 후 학생들을 자리에 앉힌다. 과제를 늦게 제출했다고 해서 곧바로 점수를 깎지도 않는다. 그런 식으로 학생들의 감정을 건드리면서 과제를 받는 게 교육적으로 좋지 않기 때문이다.

과제를 안 내면 점수를 깎겠다는 말은 사람을 봐가면서 해야 한다. 숙제 안 내는 습관이 든 학생은 교사가 점수를 깎겠다고 하면 "그럼 점수 안 받고 안 하면 되지요"라고 편하게 말을 받아친다. 남학생들이 이런 경우가 종종 있다. "점수는 매겨야 하니까 매기는 거고, 숙제는 배우기 위해 하는 일이야. 그러니 배우려는 마음으로 숙제를 했으면 좋겠어." 이렇게 접근해야 학생과 입씨름을 하지 않는다.

글을 안 써오는 학생들에게는 계속 기다리겠다고 담담하게 말한다. 왜 기다리느냐고, 그냥 포기하라고 답해올 때는 "교육은 기다림이지"라고 조금 장난기를 담아 말한다. 이쯤 되면 약간 웃음이 나온다. 하지만 꼭 토를 다는 학생이 있다. "선생님은 언제까지 기다릴 거예요?" "내가 지칠 때까지 기다리지." 여기까지 가면 더 이상 대화가 이어지기는 어려울 것이다.

나는 1차로 숙제 제출 마감일을 정해둔 후 일단 서평을 받고서, 그 뒤에도 2주 동안 학생들에게 자기 서평을 고쳐 쓸 수 있게 한다. 학생들이 제출한 서평을 내 책상 위에 반별로 놓아두고서, 학생들이 찾아와 아무 때나 자유롭게 친구들이 쓴 글을 볼 수 있게 한다. 1차 마감일 이후 2주 동안은 마음껏 자기 글을 고쳐서 다시 제출해도 되는 식이다.

나는 이 기간을 적극 활용해서 친구가 쓴 글을 보고서 자기 글을 고쳐오는 것을 권장한다. 의욕 있는 학생들은 이 제도를 통해 무섭게 빨리 발전한다. 글을 어떻게 써야 하는지 방향을 못 잡은 학생들은 친구가 쓴 글을 보고서 감을 잡기도 한다. 물론 평가는 맨 마지막에 낸 글로만 해서 학생들이 그전에 낸 다소 덜 다듬어진 글에 신경 쓰지 않게 한다.

서로가 서로를 보고 배우는 것을 기회로 여기는 분위기를 만들어야 한다. 이 과정이 결국 모두를 기쁘게 하기 때문이다. 글을 잘 쓴 학생들은 이 기회를 통해 훨씬 잘하게 되기에 항의를 하지 않는다. 진짜 문제는 친구들이 쓴 글을 보고 좀 배워야 하는 일부 남학생들이 마음을 비우고 점수도 상관없다며 친구들의 글을 보지 않는 경우다. 이런 학생들에게는 내가 수업 시간에 다른 반 학생이 쓴 글을 들고 들어가 읽어보라고 권하기도 한다.

숙제를 걷을 때, 나는 인터넷에 카페를 만든 후 거기에 반별 게시판을 만들어두고 학생들에게 파일을 올리라고 한다. 출력물로도 받는데, 출력물은 다른 반에 읽히기도 하고 해서 분실될 소지가 있기 때문이다. 그걸 잃어버리면 일이 굉장히 커지는데 학생들은 숙제로 쓴 서평 파일을 보관하지 않는 경우가 많아서 파일도 같이 받아두는 게 낫다.

한편 서평 쓰기를 할 때 인터넷에서 베껴오는 학생들 때문에 걱정할지도 모르겠다. 방학 숙제로 서평 쓰기를 내주면 흔히 겪게 되는 일이니 말이다. 우리도 학창 시절에 많이 겪어봤지만, 방학 숙제로 서평 쓰기를 내주면 잘 되기 어렵다. 반면에 수업 시간에 함께 책을 읽으면 몇 가지 장치들을 통해 표절을 사전에 걸러낼 수 있다.

우선 학생들이 서평을 베끼는 가장 큰 이유는 책을 읽지 않아서다. 그래서 첫째, 정규 교과 수업 시간에 책이 준비되었는지 확인한 후 바로 그 시간에 책을 읽기 때문에 표절의 동기가 70%쯤은 사라진다.

둘째, 수업 시간에 3쪽 정도의 글을 쓰기 때문에, 그 글을 집에서 완성해오라고 하면 표절이 줄어든다. 수업 시간에 쓴 글 때문에 통째로 남의 글을 베껴오기가 힘들어지고 글을 훔쳐오려는 마음도 덜 든다. 표절을 방지하기 위해서 수업 시간에 쓴

3쪽의 글과 최종 결과물을 비교해볼 거라는 말을 미리 해두는 것도 좋다. 하지만 이렇게 해도 한두 문단 정도 베껴오는 학생이 있을 수 있다.

셋째, 학생이 쓴 글을 교사가 읽고서 고쳐주며 다시 써오게 하는 과정을 거치면 표절이 10% 아래로 줄어든다. 평가의 대상은 학생이 처음 쓴 글이 아니라 교사가 고쳐주고 난 뒤에 학생이 다시 써낸 마지막 글이다. 노력하면 나아질 수 있다는 믿음을 주기 위한 방법이다.

넷째, 네 사람이 모둠을 짜서 같은 책을 읽게 하면 표절이 예방된다. 여럿이 같은 책을 읽고 서평을 쓰려면 늘 서로에게 물어보며 상황을 파악해야 한다. 작은 공동체에서는 보는 눈이 느껴지고 개인이 무리 속에 숨을 수 없기에 윤리성이 높아진다. 모둠 구성원 중 누군가가 글을 베껴오면 학생들은 금세 알아챈다. 특히 남학생들은 헐뜯는 대화 습관이 많아서, 누군가가 남의 글을 베껴오면 바로 헐뜯고 일러바치기 때문에 분위기상 표절이 거의 불가능하다.

이렇게 하더라도 어디선가 남의 글을 베껴서 과제를 내는 학생이 있다. 그런 학생이 눈에 띄면, 나는 따로 불러서 꾸짖는다. "우리 사회에 부정부패가 있어도, 자라나는 너희가 그러면 우리 사회에 희망이 없잖아. 글은 돌려줄게. 다시 써오면 된다. 그러면 아무런 불이익이 없을 거야." 학생들은 흔히 일부분을 베끼고 일부분을 자기가 쓴 다음, "베끼지 않았다"고 말한다. 정확히는 "베끼지 않고 자기가 쓴 부분도 있다"인데, 말을 줄여서 "자기가 썼다"고 말한다. 이럴 땐 자기가 쓴 부분이 있다고 해도 일부분을 베꼈으면 베낀 것이라고 분명하게 말해줘야 한다.

고쳐쓰기 과정을 거쳤는데도 여전히 베껴서 서평을 제출한 학생에게는 아예 과제를 내지 않은 학생과 같은 점수를 주거나 그보다 낮은 점수를 준다. 그 학생의 생활기록부에는 어떠한 독서기록도 적어주지 않는다. 표절은 부패이기에 절대 가벼이 지나가선 안 된다.

이런 과정을 거치면 보통 한 반에서 서넛을 빼고는 온전히 과제를 제출한다. 단순히 정보를 조사해오는 과제가 아니라 자기가 궁리하고 생각해서 제출하는 과제는 모두 다 해오기가 어렵다. 교사가 수업 과정을 여러 시간 동안 계속 안내했으면, 그 서넛은 교사의 책임이 아니니 마음을 놓아도 된다.

수행평가 채점 요령, 평가 민원은 이렇게!

서평에 대한 평가는 먼저 '잘함' '보통' '못함'의 3등급으로 분류한다. 특별히 등급 나누는 훈련을 받지 않더라도 인간은 직관적으로 3등급까지는 어렵잖게 나눌 수 있다. 이 분류는 학생에게 맡기건 교사가 하건 비슷한 결론이 나온다. 그만큼 일반적인 분류라 할 수 있다. 기본적으로 잘함을 30%, 보통을 50%, 못함을 20%로 정해두고, 활동 내용에 따라 적절하게 비율을 조정하면 된다.

3등급 분류를 한 다음에 '잘함'에서 두세 개를 뽑아서 '아주 잘함'으로 둔다. '못함'에서 두세 개를 뽑아 '아주못함'으로 옮긴다. 이렇게 하면 기본 5등급으로 분류가 된다. 이렇게 5등급 분류를 해두면, 성적 처리를 하는 데는 문제가 없다. 등급 또한 명확하게 나온다. '아주못함' 아래로 과제 분량이 너무 모자라거나 과제를 아예 안 낸 학생들에게 더 낮은 점수를 줄 수 있다.

여러 반을 여러 교사가 가르치는 상황이라면, 학급 평균을 대략 허용 범위 안으로 맞추고, 1, 2, 3등급의 학생 수 역시 허용치 안으로 맞추는 게 필요하다. 반 평균과 상위 세 등급의 학생 수를 대략 정해놓고 채점을 하면 편안하다. 그런데 어느 반 학생들이 더 잘하거나 못했을 때, 반마다 평균을 맞추는 일이 어려울 수 있다. 그럴 때는 한 교사가 들어가는 몇 개 학급의 총 등급별 학생 수를 맞추는 방식으로 학급별 차이를 반영할 수 있다.

채점할 때 교사들이 흔히 겪는 고민으로, 학생의 활동 결과가 등급과 등급 사이의 경계에 있는 경우에 어떻게 하느냐 하는 문제가 있다. '보통'과 '잘함' 사이에 있거나 '보통'과 '못함' 사이에 있는 학생들이 있다. 이 수는 상황에 따라서 10~20% 정도가 되어 반에서 서넛에서 대여섯 정도가 되기도 한다. 적은 수가 아닐 때가 있다.

일단 반 평균과 등급별 학생 수를 정해놓았을 때는 거기에 맞추면 이 문제는 해결된다. 그러나 교사가 혼자 평가할 때는 다음 두 가지 방법을 쓸 수 있다.

첫째, 평소에 그 학생이 어떻게 수업을 들었는지 태도를 돌이켜보고, 한 등급 위로 올릴지 한 등급 낮출지를 판단한다. 평소 학습 태도는 이럴 때 점수에 반영할 만하다. 수업에 얼마나 집중했는지, 교사의 말에 얼마나 호응했는지, 친구를 잘 돕고 친구와 잘 협력했는지 정도를 살피면 무난하다.

둘째, 반 평균에 따라 점수를 준다. 평균이 높은 반에서는 한 단계 낮은 점수를 주고, 평균이 낮은 반에서는 높은 점수를 준다. 반 평균이 낮다는 것은 그 반의 학습 환경이 상대적으로 나빴다는 것이다. 그런 열악한 환경에서 공부했다면, 그 학생의 성취는 조금 높게 잡아주어도 된다. 반대로 반 평균이 높은 반이라면 그 반의 학습 환경이 상대적으로 좋았던 것이므로 그 학생은 낮은 쪽으로 점수를 주어도 된다. 이미 많은 혜택을 좋은 학급 분위기에서 받았다고 보고, 좀더 낮게 점수를 주는 것이다.

교사의 수행평가 채점에는, 채점자가 사람이기에 오차가 있을 수 있다. 그런데도 대부분의 선진국에서 이런 평가를 하는 이유는 그래야 교육이 깊어지고 수준이 높아지기 때문이다. 대학에서 박사 학위를 줄 때 여러 잡음이 있는데도 오지선다형을 쓰지 않는 이유는, 글과 면접으로 심사해야 공부 과정이 깊이 있게 되기 때문이다. 대학의 박사 과정이 그렇듯, 초·중·고등학교의 공부가 깊어지고 풍부해지기 위해서 수행평가를 하는 것이다. 수행평가의 오차는 학급별 평균이나 상위 3개 등급의 인원수를 맞추는 등의 보정 장치를 두면, 적절하게 대응했다고 보아야 한다. 선진국들도 마찬가지로 이런 오차를 무릅쓰고 하는 것이다.

물론 평가에 항의를 하는 학생들이 더러 있다. 나는 그런 경우 만약 '보통'으로 평가를 받은 학생이 찾아오면 '잘함'에 속한 학생이 쓴 글을 보여준다. 물론 잘 쓴 글 중에서 최상위의 글을 보여줌으로써 분란의 소지를 최대한 줄인다. 평가에 불만 있는 학생이 다섯 명 찾아왔다고 하면 세 명은 친구들이 더 잘 썼다는 사실을 알고 돌아간다. 하지만 두 명은 그럼에도 자기가 더 잘 썼다고 주장한다. 이런 학생에게는 차근차근 왜 그들이 쓴 글이 '잘함'에 들지 못하는지 설명해준다. 그러면 둘 중 한 학생은 납득을 하고 돌아간다.

하지만 끝끝내 평가에 승복하지 못하고 화를 내는 학생이 있다. "제가 얼마나 애써서 글을 썼는데요. 친구들은 다 제 글이 좋다고 하는데 선생님만 제 글을 나쁘게 봐요!" 이 학생에게는 논리적으로 설명하는 게 답이 아니다. 학생이 화가 나 있어서 교사의 말이 귀에 들어오지 않는 상태니 말이다. 그럴 때는 논쟁을 해봤자 긁어 부스럼이다. 교사는 그런 학생의 화를 받아주면서 차분하게 마음을 위로해줘야 한다. 학생의 하소연을 끝까지 듣고 그 학생이 그 점수를 받은 이유를 찬찬히 설명해주되 교사가 끝까지 화를 내지 않고 학생의 공격에 반격하지 말아야 한다. 그래야 그 학생과의 상황이 수습된다.

여러 해 관찰해본 결과, 점수에 대한 항의는 상당 부분 심리적 문제이다. 특히 교사가 점수로 학생의 감정에 자꾸 상처를 준 경우에 학생들은 항의를 조금 더 한다. 나는 수업 시간에 지속적으로 학생들을 도와주고, 숙제를 안 했을 경우에도 잔소리를 별로 하지 않으면서 챙겨주려고 하며, 마감하는 날 늦었다고 해서 점수를 깎지도 않는다. 그럼 평가에 대한 저항은 거의 사그라든다.

안타까운 것은 열심히 했는데도 점수를 잘 줄 수 없는 경우다. 열심히 책을 읽고 친구 것도 봐가면서 고쳐서도 써보는 등 애를 썼는데도 낮은 점수를 줄 수밖에 없을 때 마음이 아프다. 하지만 교사가 이런 평가를 하면서 이 정도 상처는 입는 게 인간적인 게 아닐까. 그래서 이런 말도 한다. "행정적으로 해야 하기에 등급을 매겼다. 그러나 나는 너희들 점수를 기억하지 않는다. 점수는 한 번 보고 지나가고, 어떻게 더 잘 배울지를 생각해라."

이제까지 내가 진행한 책 읽기 수업에 대해 설명해보았다. 수업을 해본 교사들은 다 안다. 이렇게 하면 되겠지 생각하고 수업에 들어가지만, 막상 해보면 맥락과 상황에 따라 달리 움직여야 할 때가 많다는 걸. 교사 자신의 느낌을 믿는 게 좋다. 이러저러하게 해야 한다는 수업 안내가 있더라도 어떤 불안이 감지된다면 유연하게 바꿔나가는 여유와 힘이 필요하다.

마지막으로 전할 작고 소소할 팁 하나. 서평을 다 쓴 후 과제를 낼 때는 호치키스로 철심을 박아서 내는 게 아니라 풀로 붙여 내게 한다. 모든 종이는 재활용되거나 흙으로 돌아갈 수 있는데, 종이에 철심이 박혀 있으면 자연의 순환에 방해가 되기에 그렇다. 풀로 붙여 낸 보고서는 철심으로 박아서 낸 보고서보다 온화한 느낌이 든다. 교사가 글을 정리하다가 철심에 긁혀 손을 다칠 염려도 없다. 과제를 쌓아두어도 철심 박은 곳 때문에 높이가 달라서 한쪽으로 무너져 내리는 일도 생기지 않는다. 그리고 다섯 쪽짜리 과제이기에 표지를 만들지 않게 한다. 그건 엄연한 낭비다.

이상, 2교시 설명 끝!

3교시

좋은 사람으로 잘 살기 위한 책 읽기

– 독서교육의 문제 상황 해결

신임 교사 시절, 나는 경기도 남양주시 진접읍 장현리에 있는, 학교 언덕 아래의 포도밭 옆 다가구 주택에서 자취를 했다. 우리 학생들이 쓴 글을 채점하다가, 마침 놀러와 있는 후배들에게 글을 한번 보라고 했다. 그때 국어교육과 대학원에 다니던 후배가 말했다. "형! 제가 요즘 글 평가 방법을 배웠는데요. 그걸 적용해볼게요. 주장에 따른 근거가 몇 개인지를 살피면 돼요." 그런 대화를 나누고 나는 출근을 했다. "그래. 그럼 나는 학교 갔다 올게. 저녁에 갈비 먹으러 가자."

퇴근해서 집에 돌아오니, 후배들이 한탄을 했다. "형, 아이들 글을 보는 데는 아무 이론도 필요 없어요. 글 같은 글, 글 같지 않은 글로 나누면 돼요."

대학 연구실에서 나온 이론들은 학교 현장에서 잘 먹히지 않는다. 연구가 미진해서일까? 그때는 근거 개수를 파악하는 기준을 썼는데, 지금 생각해보면 잘될 리가 없었다. 근거를 한 개만 댔어도 힘 있는 글이 있고, 근거가 여러 개여도 하나하나가

비리비리하면 글이 약해지기 때문이다. 근거 개수로 글의 수준을 파악하는 건 말이 안 된다.

학생들 글을 보면서, 정형화된 기준으로 평가를 제대로 하기 어렵다는 것을 알았다. 실제 학생의 글에는 글의 수준에 영향을 미치는 미세 요소들이 많았다.

교사가 된 첫해에 대학에서 배운 온갖 이론들을 들이대며 수업 시간에 갖가지 글 구성법을 가르쳤지만, 학생들 상당수가 글을 엉망으로 썼다. 반에서 서너 학생만 글을 잘 썼다. 그 시절에 나는 몇몇 글 잘 쓰는 학생들을 보면서 위로받곤 했다. 그러면서도 이런 생각이 들었다. 수준 있는 책을 읽고 좋은 글을 쓰는 건 창조적 소수, 세상의 소금 같은 학생들이 아닐까? 그 소수를 통해 고급문화가 전수되고 사회가 발전하는 게 아닐까? 나머지 다수의 학생들은 고급문화보다는 그냥 즐거움을 주는 대중문화를 즐기면서 사는 게 아닐까?

그렇게 학생들을 고급과 대중으로 딱 나눠놓고 생각을 정리하니, 학생이 글을 못 써도 그게 내 책임이 아닌 것처럼 느껴졌다. 그 학생들은 진지한 사람이 아니니까 깊이 있는 글을 못 쓰는 게 당연하다고 여겼다.

이런 식으로 당시의 상황을 합리화하고 있었는데, 그게 깨지는 순간이 찾아왔다. 우리 동네 한가운데는 장현초등학교가 있다. 그 학교 정문 앞에 있는 장현서점에 갔는데, 거기에 장현초등학교 선생님이 쓴 글쓰기 수업 책이 있었다. 저자가 이중현 선생이었는데, 그분이 해온 글쓰기 수업 이야기가 차곡차곡 책에 화려하지 않은 언어로 담겨 있었다. 거기에 실린 초등학생들의 글에는 그 아이들의 삶이 드러나 있었는데, 느낌이 있었다. 잘 쓴 글이었다. "인상 깊은 경험을 솔직하게 표현하면 모든 사람은 좋은 글을 쓸 수 있다"는 이오덕 선생의 생활 글쓰기 이론과 닿아 있는 지도법이었다.

한마디로 그 책에서 본 초등학생 글이, 그때 내가 가르치던 고등학생이 쓴 글보다 훨씬 더 나았다. 나는 놀라서 대학에서 배운 이론 대신 생활 글쓰기 이론대로 학생들을 한번 가르쳐보았다. 그랬더니 이전에는 글 같지 않은 글을 쓰던 학생들이 갑자기 멀쩡한 글을 써오기 시작했다. 똑같은 학생들인데 어쩌면 이렇게 글이 달라지나 싶었다. 원래 글을 잘 쓰던 학생들만이 아니라, 시원찮게 글을 쓰던 학생들 상당수도 글을 괜찮게 써왔다.

그때 알았다. 내가 못 가르쳤구나. 내가 실력이 없었구나. 부끄럽고 창피한 마음이 물밀듯 밀려들었다. 나에게 배운 학생들에게 미안했다. 못 가르치는 선생이 학생들 흉이나 보고 있었으니 말이다.

그렇게 해서 처음 알게 된 이중현 선생에 대해 다른 이야기를 하나 덧붙인다. 선생은 그 뒤에 전교조 경기지부장을 하고, 경기도교육청 장학관을 하고, 혁신학교 교장을 하고, 교육부의 학교정책실장이라는 초·중·고를 총지휘하는 자리에 있다가 정년퇴직을 했다. 내가 경기도교육연구원에 파견 나가 있을 때 이중현 선생은 교육청 안에서 무언가를 혁신해보려는 사람들에게 등불과 같았다. 일부 고위직 관료들은 누군가의 이야기를 듣고 고개를 끄덕였지만 행동하지 않았는데, 이중현 선생은 이야기를 듣고 고개를 끄덕이면 꼭 현실에서 그 정책을 이루어냈다. 김상곤 전 교육부장관이 경기도교육감일 때 성공한 것은 이중현 선생의 공이 무척 크다. 내 교사 첫해에 만난 책의 저자와 십 몇 년 뒤에 이렇게 다시 만날 줄을 그 젊은 시절에는 몰랐다.

일반적인 지도법, 이렇게 적용하면 실패한다

책을 읽고 글을 쓰게 할 때 남학생들을 확실히 망치는 방법이 있다. "느낌과 감상을 적어보라"고 하면 된다. 그러면 남학생들은 고등학생이라 해도 초등학교 5학년 수준으로 퇴행한다. 되도 않는 말로 이상한 글을 쭈글쭈글 써낸다. 느낌과 감상은 남학생들 중에서 극소수만 길게 써낼 수 있다. 심지어 어른 남성에게 느낌과 감상을 쓰라고 해도 길게 말을 잇지 못하는 경우가 많다. 우리 학교는 남녀 합반이기에, 나는 아예 느낌이나 감상이라는 말을 수업에서 쓰지 않는다.

소설과 평전 같은 이야기책을 읽었으면 그 책과 관련한 경험이나 그 책에 나온 인물과 비슷한 자기가 아는 사람에 대해 쓰라고 하고, 사회과학 책을 읽었으면 그 책 내용과 비슷한 최근의 사회 쟁점을 찾아 비교하며 적으라고 한다. 역사 개론서나 자연과학 책을 읽으면 새롭게 알게 된 사실을 정리하라고 한다. 시집을 읽으면 그 시 중에서 자기 경험과 연관이 있는 시를 한 편 찾아 그 인생 이야기를 써보게 한다.

비판적 읽기는 중요해서 꼭, 잘 가르쳐야 한다. 그런데 과학 사실을 설명한 자연과학 책을 주고 비판을 해보라고 하면 학생이 감당을 못한다. 물은 산소와 수소로 이루어져 있다는 화학 책을 읽고 초·중·고등학생이 어떤 비판을 할 수 있을까? 화학 기술로 독가스 무기를 만드는 것은 옳은가라는 내용을 담은 책을 읽었다면, 저자와 독자의 가치 판단이 들어갈 수 있어서 비판적 읽기가 가능하다. 그런데 세상에 나온 여러 책 중에서는 비판적 읽기를 하기에 적당하지 않은 책들도 꽤 있다. 그렇게 사실 위주로 설명한 책을 읽을 때는 새로 알게 된 사실을 정리하는 것으로 충분하다. 비판적 읽기는 그 개념을 적용하기에 알맞은 때에 써야 하고, 딱 봐서 지식 위주로 읽을 책에서는 안 쓰는 게 좋다.

하나 더 말하자면, 공감적 읽기도 마찬가지다. 공감거리가 별로 없는 책을 주고서 공감하라고 하면 학생은 무척 당황한다. 소설을 읽고 노랫말을 만드는 독서 활동이 있는데, 이를 물리나 화학 지식을 설명한 책을 읽은 학생에게 시키면 난감해한다. 뉴턴의 운동법칙에서 관성의 법칙, 가속도의 법칙, 작용과 반작용의 법칙을 설명한 책을 읽고 공감이 되는 내용을 써보라고 하면 학생은 진짜 깊은 철학을 하게 될 것이다.

대학생이나 연구자에게는 이런 물리법칙을 보고 공감거리를 찾아내게 할 수 있다. 인간관계에서도 저런 법칙과 비슷한 일들이 있으니, 삶과 연관 지을 수 있다. 또는 조직 운영에 적용할 수도 있다. 하지만 어린이나 청소년 중에서 몇 명이나 물리법칙을 보고 공감 독서를 할 수 있을지는 의문이다.

사실적 읽기, 비판적 읽기, 창의적 읽기, 공감적 읽기와 같은 일반적인 독서 개념을 적용할 때는 두 가지를 살펴야 한다. 그 개념을 쓰기에 알맞은 책인가를 보고, 그 책을 읽은 사람이 감당할 만한 개념인가를 살펴야 한다. 이론은, 그 이론이 통하는 상황이 있고 잘 안 들어맞는 상황이 있다.

"글의 구성에는 서론-본론-결론으로 쓰는 3단 구성, 기-승-전-결로 쓰는 4단 구성이 있다." 성공한 글에서 공통 요소를 찾으면 3단 구성이니 4단 구성이니 기승전결이니 하는 개념들이 나오는데, 이것을 우리나라 학교에서 관습적으로 가르쳐왔다. 잘 쓴 글들의 공통적인 구조를 추출해내서 이를 지식으로 정리해 가르치면, 학생이 그 지식을 활용해서 글을 잘 쓴다는 가정에서 나온 교육 방법이다. 그런데 실제로 그렇게 가르쳐보면,

극소수만 글을 잘 쓴다. 학생들 대부분은 이 지식에 눌려 부담을 느끼고 오히려 글을 못 쓰고 만다.

글의 구성법은 이렇게 지식으로 가르치면 효과가 별로다. 이 방법은 학습 의욕이 매우 높고 역량이 뛰어난 소수의 학생들에게만 효과가 있다. 그런 학생들은 글의 구성에 대한 지식을 알게 되면 실제 적용해서 써먹는다. 하지만 글쓰기를 두려워하는 대다수의 아이들에게는 그 지식이 글쓰기의 부담을 더해서 글을 더 못 쓰게 된다. 다수의 아이들에게는 또래 친구들이 쓴 좋은 글을 사례로 여러 편 보여주고, 그중에서 자기 마음에 드는 글을 골라 그 글의 구성을 학생이 직접 자기 손으로 분석해보게 해야 한다.

평소에 나는 학생들이 쓴 글 중에서 잘 쓴 글을 모아둔 뒤, 그런 글 스무 편을 각각 5부씩 복사해서 교실에 가져간다. 그러면 보통 한 학생에게 세 편 정도 글이 돌아간다. 학생들에게 20분 동안 글을 읽게 하고는, 마음에 드는 글을 한 편 고르라고 한다. 이어서 그 글이 어떻게 쓰였는지 구조를 분석해보라고 한다.

학생들은 묻는다. "구조는 대체 어떻게 분석하는 건가요?" 이때 개념 용어를 쓰면, 학생들이 잘 못 알아듣는다. "글이 처음에 어떻게 시작했는지 보고, 다섯 줄마다 무슨 내용이 있는지를 한 줄씩 써서 정리해봐"라고 안내한다. 자기 마음에 든 글을 살피면서, 학생들은 자연스럽게 잘 쓴 글의 구조를 분석하게 된다. 자기 생각이나 경험, 그리고 세상일을 책 내용과 어떻게 엮어서 서평을 써야 하는지도 감을 잡게 된다. 바로 그다음에 말한다. "이제 너희 마음에 든 그 글을 흉내 내서 너희가 읽은 책으로 서평을 써봐."

이때 중요한 것은 사례로 보여주는 글이 또래 아이들이 쓴 훌륭한 글이어야 한다는 점이다. 신영복 선생처럼 저명한 문필가의 울림 있는 글들로 이 수업을 해본 적이 있다. 결과는 어땠을까? 아주 망했다. 신영복 선생의 글은 훌륭하다. 문장이 안정적이고 글의 밀도도 높다. 하지만 그런 글을 주고서 학생들에게 연습을 시키면 뱁새가 황새 따라 걷다가 가랑이가 찢어지는 일이 생긴다. 나이 때에 따라 쓰는 어휘가 다른 법인데, 신영복 선생의 글은 학생들이 쓰는 말과는 거리가 멀다. 그런 문장은 지적 깊이가 있어야 쓸 수 있는데, 학생들이 그걸 흉내 내면 글이 요상해진다.

그렇다면 신문에 실린 분량이 짧은 칼럼은 어떨까? 역시 잘 안 된다. 신문 글은 분량이 짧지만 밀도가 높아서 학생들이 따라하기 어렵다. 글쓰기 훈련을 제대로 받지 않은 아이들에게 그런 압축적인 글을 써보라는 것은 무리다.

나는 고등학교 1학년에게 A4 종이로 5쪽의 서평을 요구한다. 그러면 처음에 학생들은 당황해한다. 그런데 다른 또래 학생들이 쓴 글을 보여주면, 불만이 점차 사그라든다. 비슷한 나이 때인 형이나 언니가 그런 글을 쓴 걸 보고, 학생들은 자극을 받는다. 나도 할 수 있겠다는 생각을 품게 된다.

고등학교는 원래 이런 데란다

학생들은 글쓰기를 두려워한다. 5쪽짜리 서평을 써야 한다고 하면 아우성이 자자할 것이다. 하지만 교사가 학생들에게 끌려다니지 않으려면, 이런 불만은 초기에 잠재워야 한다.

내가 보증한다. 학생들은 충분히 좋은 글을 쓸 수 있다. 못 배워서 못하는 것뿐이다. 1쪽을 쓸 줄 알면, 5쪽도 쓸 수 있다. 글 구성하는 법을 배우면 된다. 교사가 그 방법을 알려주고 글쓰기의 물꼬를 터주면 된다.

글쓰기의 이론과 기술을 잘 가르치는 것만큼이나 학생들이 글쓰기에 대한 마음을 여는 분위기를 만드는 것은 중요하다. 고등학교 3학년인 경우는 글쓰기로 수행평가를 한다고 해도 끝까지 아무것도 안 하려는 학생들이 종종 있다. 사실 이런 학생들은 평범한 애들이 아니다. 하지만 이런 학생들이 아무런 생각도 없고 글도 못 쓴다고 치부해선 안 된다.

한번은 그런 학생들을 그냥 둘 수 없어서, 끝까지 버티던 애들을 불러 모은 후 종이를 나눠주고서 쓸 수 있는 건 뭐든지 써보라고 한 적이 있다. 쓴 글은 나만 보겠다고 약속했더니, 몇몇 남학생들이 야한 생각을 했던 경험을 써내려갔다. 그 학생들의 글을 통해서 나는 그들이 자신의 일상 가운데서 어떤 시점에 성적인 유혹을 느꼈는지를 생생하게 알 수 있었다.

그중 한 학생은 자기 글을 나에게 보여준 다음 이렇게 말했다. “선생님 앞에서 이걸 찢어도 되나요?” 나는 흔쾌히 그러라고 했다. 마음을 열면, 문턱을 낮추면, 학생들은 글을 쓴다. 그리고 나는 그 학생들에게 적절한 수행평가 점수를 줄 수 있다.

어른과 마찬가지로 학생들도 살아가면서 인상적인 경험을 한다. 하지만 추상적으로 그런 경험을 써보라고 하면, 학생들은 생각이 안 난다거나 자기 삶은 따분했다거나 하는 식으로 단답형 답을 내뱉는다. 소수의 학생에게 가닿도록 고상하게 무언가를 가르칠 수도 있다. 하지만 거기서 제외되는 아이들을 참여시키는 방법도 연구해야 교실 전체의 수업을 끌고 갈 수 있다.

책 읽기 수업을 위해서는 교사도 평소에 찬찬히 준비를 해야 한다. 우물 안 개구리처럼 자신의 경험에서 벗어난 것들을 이해하지 못하거나 배제해버리는 사람이 되어선 안 된다. 각종 모임이나 강연에 참여해보면 좋다. 세상은 넓고 훌륭한 사람은 의외로 많다. 평소에 훌륭하지 않은 사람들을 많이 보고 지내면 도리어 세상을 얕보게 된다. 그러니 훌륭한 사람을 찾아다니며 자기 눈을 높이고 시야를 넓힐 필요가 있다.

《작은책》《한겨레21》《녹색평론》 같은 정기간행물을 비롯해 다양한 책들을 읽으면서 일상적으로 교양을 쌓아야 한다. 돈가스 먹을 때 이렇게 자르고, 와인을 마실 때 저렇게 마시고 하는 게 진짜 교양일까? 진짜 교양이란 어떤 대상의 핵심을 파악하고 인식 능력을 발휘해서 좀더 인간다운 것을 찾아가는 능력이다. 글과 책이야말로 교양을 쌓는 지름길이다. 교사가 스스로 그렇게 살고 있을 때 학생들이 그 교사를 알아보고 닮아간다.

자신의 지적인 폭을 넓히기 위해 고민하는 교사라면 요즘에 학교마다 있는 교원 학습공동체에 참여하길 권한다. 자기가 평소에 읽을 만한 책이 아닌데 그런 책을 읽게 되는 경우는 오직 강제된 상황일 때밖에 없다. 숙제여서 보거나 책 모임을 하면서 보는 것이다. 내 취향은 아닌데, 내가 권한 책은 지난 시간에 읽었는데, 다른 사람이 권한 책을 안 읽으면 의가 상하니까, 그렇게 강제된 상황이 만들어져야 비로소 내 취향이 아닌 책을 읽게 된다. 사람은 자연 상태에서 다양성을 확보하기가 매우 어려운 존재다. 다른 취향의 책을 접하면서 내 취향이 아닌 줄 알았는데 재미있다는 것을 느끼기도 하고, 그런 식으로 자신의 생각을 확장시켜나가는 게 교사에게는 필요하다.

그런데 평소에 많은 책들을 접한 교사라 할지라도, 수업 시간에 학생들에게 열다섯 권의 책을 권해주려면 어떤 기준이 필요하다. 나는 그 기준으로 다음 네 가지를 꼽는다.

첫째, 그 분야 사람들에게 인정받는 책을 권한다. 사실 한 분야의 전문가가 아닌 한 그 분야에서 어떤 책이 인정받는지를 알기란 쉽지 않다. 하지만 겁먹을 필요는 없다. 책날개에 있는 필자의 약력을 살펴보고, 인터넷 검색을 하면 대략 알 수 있다.

둘째, 학생들이 소화할 수 있는 책을 권한다. 앞서 말했듯이, 나는 보통 스무 권의 책을 미리 골라둔 후 학생들에게 20분쯤 읽혀보고 못 읽겠다고 하는 책은 과감하게 빼버린다. 학생이 소화할 수 없는 책을 읽히면 학생도 괴롭고 수업도 실패한다.

셋째, 학생 개인에게 도움되는 책을 권한다. 책이 상당히 좋고 학생들이 읽을 수도 있지만, 그 책이 학생에게 별반 도움이 되지 않는 경우에는 과감히 목록에서 뺀다.

넷째, 이 기준은 일종의 덤이다. 학생에게 이 책을 읽혔을 때 세상에도 이로울 것 같은 책을 권한다. 특정한 책은 특정한 역사적 시기에 그 의미가 더 부각되거나 줄어들기도 하는데, 그 맥락을 살펴 학생들에게 권할 책을 고른다.

독서 부진아, 무기력한 학생에 대한 대처법

중학생에게 중학생 책만 권하면 안 되고, 고등학생에게 고등학생 책만 권하면 안 된다. 중학교에는 초등학교에 가도 괜찮겠다 싶은 아이들이 함께 교실에 앉아 있다. 고등학교에는 중학교에 가도 괜찮을 법한 아이들이 같이 교실에 있다. 그래서 그 나이 때 학생들에게 어울리는 책만 소개해주면 못 따라오는 학생들이 꽤 있다. 중학교에서는 초등학교 5~6학년이 읽는 책을 같이 권해야 하고, 고등학교에서는 중학교 2~3학년이 읽는 책을 함께 제시해야 한다.

독서 부진아를 위하겠다고 하는데 실패하는 전형적인 방법이 있다. 바로 '학습지'다. 진단 학습지를 써보면 학생이 대략 어느 정도 읽기 능력을 가졌는지 알 수 있다. 여기까지는 괜찮다. 그런데 진단 결과 독서 부진아로 나온 아이에게, 학교 끝나고 남겨서 독서 학습지를 풀게 하면 문제가 일어난다. 학습지는 물론 잘 만들어져 있다. 그 학습지를 성실하게 꾸준히 잘 풀면, 학생의 독서 실력이 분명히 늘어날 것처럼 보인다. 그러나 학생이 그 독서 학습지를 잘하기가 매우 어렵다.

학습지에는 밀도 있는 글이 짧게 나와 있다. 그리고 학습 활동 문제들이 그 글에 따라 나온다. 짧은 글을 읽고 학습 활동 문제를 푸는 일은, 웬만한 집중력과 끈기가 없으면 지속해서 집중하기가 힘들다. 자기 의지로 몸의 기운을 통제할 수 있는 학생만이 학습지로 공부를 잘할 수 있다. 그런데 그런 학생은 이미 독서 부진아일 리가 없다.

부진아들은 보통 몸을 오래 책상 위에 놓지 못하고, 공부 자세로 앉아 있으면 꿈틀거리고 싶은 아이들이다. 못 떠들게 하고 책상에 오래 앉혀서 글을 읽게 하면, 자꾸 어지럽고 잠이 오고 풀이 죽는 아이들이다. 이런 아이들은 학습지를 몇 번 하고 나면 너무 지루해서 성의 있게 공부하지 않게 된다. 그래서 학습지로 독서 부진아를 도와주려는 노력은 그 뜻이 아무리 좋아도 거의 성공하지 못한다.

대안은 그 아이들이 재밌어하는 책을 권하는 것이다. 아이들이 특히 재밌어하는 주제는 갈등, 욕망, 슬픔, 불안이 담긴 책들이다. 이런 책들은 사실 부진아가 아니어도 대체로 사람들이 다 잘 읽는다. 사회문제, 범죄, 성, 학교폭력, 심리에 대한 책들을 권해주면 대체로 부진아들도 잘 읽는다. 그렇게 계속 책을 읽다보면, 그사이에 어휘력이 늘고 지식이 늘고 가만히 책상에 앉아서 버틸 수 있는 시간이 늘어서 그 학생이 부진아에서 벗어날 가능성이 점점 높아진다.

이런 책으로는 『누나가 사랑했든 내가 사랑했든』이 있다. 이 책 제목을 다시 한번 보면 꽤 의미심장할 것이다. 남동생과 친누나가 한 남자를 좋아하는 파격적인, 또는 아주 관심이 가는 이야기다. 우리 학생 중에서 남성미가 넘치고 강한 남학생이 이 책을 수업 시간에 읽었는데, 일주일째 되던 때 혼잣말을 하는 걸 내가 들었다. 조용히 반 학생 모두가 책을 읽고 있었는데, 갑자기 책을 책상 위에 탁 소리가 나게 놨다. 그러고는 "아, 너무 세! 너무 세!" 말하더니 고개를 설레설레 흔들었다. 모둠별로 모여서 책을 읽는 상황에서 앞 학생이 얼굴을 들어 보니까, 한마디 더 했다. "더러워."

이 정도 책을 권해주어야 아이들이 책에 흥미를 붙인다. 『누나가 사랑했든 내가 사랑했든』은 최근에 나온 동성애 소설로 주목받는 작품이다. 예전의 동성애 소설에 나오는 인물들이 우울한 분위기였다면, 이 소설은 명랑하고 약간 웃기기까지 하다. 동성애에 대한 사회적 분위기가 예전보다 많이 밝아진 것이 반영되었기 때문이다.

범죄에 대한 책도 여러 권 나와 있는데 학생들이 연쇄 살인마에 대한 책을 너무 좋아한다. 《한국일보》에 연재된 글을 묶은 『덜미, 완전범죄는 없다』, 범죄심리학자가 범죄자의 심리를 분석한 『사이코패스는 일상의 그늘에 숨어 지낸다』, 데이트폭력 같은 여성 관련 범죄를 자세히 설명한 『왜 그들은 우리를 파괴하는가』, 범죄심리분석관이 쓴 『한국의 연쇄살인』 같은 책은 고등학생 독서 부진아들이 참 잘 읽는다.

범죄 책만 권하면 조금 그러니까 따뜻한 책으로도 예를 들면, 동물권에 대한 『우리가 외면하고 있는 동물의 행복할 권리』나 『고기로 태어나서』도 아이들이 잘 읽는 책이다. 사회적으로 관심을 부른 페미니즘 책 중에서도 아이들이 잘 읽는 책이 있는데, 여성학자가 쓴 『나의 첫 젠더 수업』, 꿈 연구자가 쓴 『며느리 사표』, 남자 고등학교의 남자 교사가 쓴 『저는 남자고, 페미니스트입니다』가 그렇다.

잘하는 학생은 그냥 두어도 보통 잘한다. 하지만 못하는 학생에게는 교사가 그 학생이 흥미를 갖고 잘 읽을 수 있는 책을 사려 깊게 권해주는 일이 반드시 필요하다. 못하는 아이들의 특징은 도서관에 데려다놓고 마음에 드는 책을 골라 읽으라고 하면 실패한다는 데 있다. 자기가 재밌게 잘 읽을 수 있는 책을 고르는 것이 이 친구들에게는 안 된다는 사실을 잊지 말자. 될 것 같은데 안 되는 게 부진아들의 특징이다. 이 점을 잘 이해해야 이 친구들을 부진아에서 벗어나게 할 수 있다.

만약 이런 책을 권했는데도 학생이 책을 못 읽는다면 어떻게 해야 할까? 그러면 더 쉬운 책으로 과감히 수준을 조정해야 한다. 나는 지금은 사라진 서울의 어느 유명한 고등학교에서 선생님들이 초등학생들이 보는 그림책으로 독서 수업을 한다는 이야기를, 그 학교 교사였던 정윤혜 선생에게 직접 들었다. 그렇게 어린이 책으로 수업을 한 학생들이 나중에 시도 써서, 선생님이 그 시들을 모아 『내일도 담임은 울 뻘이다』라는 책을 펴내기도 했다. 그 학교 선생님은 어린이 책으로 고등학생을 가르쳐서 문제인 게 아니라, 정말 훌륭한 것이다. 그런 교육 실천은 책으로도 나왔는데, 『그림책에서 찾은 책읽기의 즐거움』이 그 책이다.

나는 고등학교에서 어린이 책으로 수업한 사례 발표를 두 군데에서 들었다. 그날 무대에 올라서 했던 그 어떤 발표보다 부진 학생을 데리고 고군분투한 선생님의 발표에 청중들 모두 가장 큰 박수를 보냈다. 학교에 있으면, 부진 학생들의 모습은 교사에게 진심으로 깊은 고통을 느끼게 한다. 그 아픔을 모두 알기에 큰 응원이 터져 나온 것이다.

인천에서 학생들을 가르치는 김병섭 선생이 학생들에게 권하는 책 열 권 중에는 일곱 권이 웹툰일 때가 있다. 부진 학생이 많은 반을 가르칠 때는 웹툰을 넣어서 학생들의 집중을 끌어내는 것이 의미 있다고 보아서다. 텔레비전 드라마로까지 나와서 유명한 『송곳』, 가출 청소년이 겪는 사연을 담은 『나쁜 친구』, 일상생활을 편안하게 그린 『뽀짜툰』, 노인들의 사랑 이야기를 애틋하게 담은 『그대를 사랑합니다』, 국가폭력 피해자들을 고발하는 『조국과 민족』, 재개발 문제를 다룬 『내가 살던 용산』, 10대 아이들의 소외감에 초점을 맞춘 『3단합체 김창남』, 문학 고전을 만화로 정성스럽게 그린 『토지』 같은 만화들은 작품성이 높고 담긴 메시지가 좋아서 수업 시간에 읽고 다룰 만하다.

학생들이 무기력에 빠져 있을 때는 왜 이 활동을 하는지 이야기를 해서 동의를 얻기보다, 구체적인 행동을 지시해서 작은 행동부터 하나씩 바로 세우는 게 낫다. 부정적인 말투가 입에 배어서 투덜이가 되어버린 아이에게 먼저 말로 설명하다가는 기운이 쏙 빠져서 의욕을 잃을 수 있다. 그럴 때는 교사가 자기 판단을 믿고 밀고 나가야 한다. 이유를 구구절절 설명하면 오히려 상대가 피곤해하기도 한다. 모든 활동을 학생들에게 납득시키려 하지 말고, 교사가 원하는 방향으로 작은 행동을 구체적으로 요구해야 그런 학생은 덜 피곤해하며 생활이 바로 잡힌다. 마음부터 잡고 몸을 바로 세우는 방식이 아니라, 몸을 바로 해서 마음을 바로 세우자는 것이다.

초등학교에는 엄청 빨리 책을 읽어치우는데 물어보면 내용은 잘 모르는 학생들이 있다. 주로 남자 아이들이 그렇다. 초등 독서 부진아의 유형 중 하나다. 이 어린이들은 제대로 읽으라고 말해도 잘 나아지지 않는다. 아이는 자기 딴에는 제대로 읽으려고 노력하고 있어서다. 대충 빨리 읽는 게 그 아이의 읽기 수준이다 보니, 제대로 읽으라는 말이 먹히지 않는다.

이때는 동네에서 또래 아이들끼리 모여 독서모임을 하면 상황이 빨리 나아진다. 독서모임을 하면, 아이가 느낀다. 자기랑 비슷해보이는 다른 아이가 자기보다 책을 잘 읽고 이해가 깊은 것을 금방 알아차린다. 자기는 책에서 어떤 내용이 나온 줄도 잘 기억이 안 나는데, 친구는 내용뿐 아니라 거기에 자기 생각도 막 말하는 것이다. 그 상황을 몇 번 겪고 나면, 아이도 느낀다. "내가 좀 떨어지는가 보구나." 그렇게 가슴으로 느낌을 받아야 아이도 자기 문제를 적극적으로 해결하려고 한다.

같이 책을 읽고 또래랑 이야기하면, 자기보다 잘하는 사람을 보고 저절로 배우게 된다. 이때 효과는 어른이 가르쳐줄 때보다 훨씬 크다. 어른이 말할 때는 "어른이니까 당연히 저렇게 말하는 거지. 아이들은 안 그래" 하는 마음이 있는데, 또래 친구가 말할 때는 "이럴 수가! 저렇게 잘 말하다니!" 하고 감탄을 하기 때문이다.

금방 책을 읽어버리는 초등학생에게는 뭐라고 타박하지 말고 "아이고, 잘 읽는구나, 잘했어" 하고 칭찬해준 다음, 다른 책을 열다섯 권 정도 그 아이의 책상 위에 놓아주기 바란다. 빨리 읽어도 다시 책이 쌓이기에 빨리 읽는 의욕이 약간 둔감해질 수 있고, 빨리 읽더라도 계속 많이 읽다보면 그 와중에 배움이 생기기 때문이다.

집에서 아이가 학습만화에만 빠져서 다른 줄글로 된 책을 읽지 않을 때는 어떻게 해야 할까? 학습만화를 여러 번 읽다가 다른 책으로 넘어가겠지 하고 낙관하면 나중에 후회할 수 있다. 학습만화는 머리를 쓰지 않아도 지식이 그대로 전달되게 해놓아서 책 읽기가 무척 편하다. 그래서 거기에 맛들이면, 몇 년 동안은 다른 책으로 넘어가지 않을 수 있다. 아이가 학습만화를 볼 만큼 봤다고 판단되면, 그 책을 집 바깥의 다른 곳으로 옮기는 게 좋다.

학습만화를 통해서는 지식의 조각을 많이 기억할 수 있다. 하지만 이는 근본적으로 요약 정리의 정도가 매우 높은 책이라 많은 내용을 생략할 수밖에 없어서 깊은 배움을 얻기는 어렵다. 어느 정도 보았으면 집에서 치워야 아이들이 다른 책을 읽게 된다. 불교에서 말하는 뗏목처럼, 아이가 몇 십 번 그 책을 보아 그 책에서 얻을 내용을 다 얻었으면 이제 떠나보내야 다른 것을 탈 수가 있다.

책 읽힐 시간이 없다면 지필시험은 1회만 보자

"국영수는 주요 과목이니, 하던 대로 하시면 좋겠어요."

오래전에 지필시험을 학기에 한 번 보겠다고 했을 때 들은 말이다. 중·고등학교에서는 관습적으로 지필시험을 학기에 두 번 보아왔는데, 교육부와 시도교육청 지침은 오래전에 다 바뀌었다. 지필시험은 학기에 한 번만 봐도 되었다.

지금 경기도 중학교에는 1차 지필시험 기간이 하루인 학교들이 꽤 있다. 시험 기간이 하루인 것은 1차 지필시험, 그러니까 옛날 표현으로 중간고사를 보는 과목이 한 과목뿐이어서다. 지필시험을 학기에 한 번 볼지 두 번 볼지는 교과 교사의 재량이기에, 두 번 보고 싶은 교사가 그 학교에 한 분 있는 것이다. 경기도에는 혁신학교가 육백 개가 넘고, 그 역사가 10년도 더 되었다. 게다가 중학교에는 지필시험이 없는 자유학기제가 있어서, 지필시험에서 벗어나는 데 심리적 저항이 적다. 지필시험이 한 번이면 어떻게 성적을 내냐고? 대학처럼 책 읽고 글 쓰고 발표하고 구술평가도 하면서 그 과정을 평가하면 된다.

이렇게 중학교에서 수업과 평가 혁신에 성공한 선생님들이 몇 년 전에 고등학교로 옮겨오면서, '고등학교에서도 개혁을 해봐야지!' 하고 마음먹었다. 그 첫해에 부딪친 벽이 과거에 하던 대로 지필시험을 학기에 두 번 보라는 말이었다. 남녀평등이 법에 명시되었지만 실제 현실에서 이루어지는 데는 시간이 걸렸듯, 평가 혁신도 마찬가지였다.

그리면 지필시험을 학기에 두 번 보는 것과 한 번 보는 것은 무슨 차이가 있을까? 한 학기는 달력을 세어보면 15주가 나온다. 그런데 그 15주 동안 내내 수업을 하는 것은 아니다. 1차 지필시험과 2차 지필시험이 있어서, 13주를 할 수 있다. 그러나 그 13주도 모두 수업을 진행하는 것은 아니다. 대한민국에는 시험 전주에 자습을 하는 전통이 있어서, 두 번 보는 지필시험 앞에 있는 한 주씩이 빠지니 11주가 된다. 여기에다가 연휴와 학교 행사가 몰려서 1주가 더 빠진다. 지필시험이 끝나면 답 맞추고 시험 점수 확인하느라 한두 시간이 또 없어진다. 실제로 10주만 수업을 하게 되고, 그러니까 5주를 공부하고 한 번 시험을 보게 된다는 계산이 나온다.

학교에서 시험 3주쯤 전에 시험 문제를 내라는 연락이 오면, 교무실에서 선생님이 자기도 모르게 입에서 나오는 말이 있다. "뭘 벌써 또 시험 문제를 내래? 가르친 것도 없구먼. 빨리 진도 나가야겠어."

한 학기에 두 번 지필시험을 보면, 교사는 계속 달리게 된다. 무언가를 계속 가르쳐야 한다는 압박에 자기도 모르게 자기 의사와 상관없이 눌려서, 무엇엔가 쫓기듯 멈추지 않고 강의를 하게 되기 쉽다. 경기도에서 혁신학교를 10년 하면서 여러 수업과 평가 혁신의 노력을 해본 결과 알았다. "지필시험을 두 번 보고 수업과 평가 혁신을 하려면 교사가 훌륭해져야 한다. 그런데 지필시험을 한 번만 보면, 보통 교사도 수업과 평가가 저절로 혁신이 된다."

지필시험을 학기에 한 번 보면, 교사에게는 1.5~2주가 더 생긴다. 그 시간이 교육과정을 정상적으로 운영하는 데 도움이 된다. 학기에 10주를 수업하는데 1.5~2주의 시간이 더 생기는 것은 15~20%의 시간이 더 생기는 것이기에 결코 적지 않다. 또한 중간에 지필시험을 한 번 보느라 끊기는 흐름이 없어서, 한 학기 동안 긴 호흡으로 수업을 진행할 수 있다. 그래서 지필시험을 학기에 한 번 보면, 웬만한 교사라면 저절로 수업과 평가가 바뀌게 된다. 그 교사가 대학에서 배운 대로, 국가교육과정에 나온 대로 토론하고 책 읽고 글 쓰고 발표하는 활동을 수업 중에 하면서 그 과정을 평가할 수 있는 시간적 여유를 얻게 된다.

"지필시험을 한 번 보면, 그때 결석하면 어떻게 하나요?" 제일 먼저 듣는 걱정인데, 하나도 어렵지 않다. 지필시험을 두 번 볼 때 한 번 결석하면, 다른 시험 성적을 기준으로 점수를 환산해서 준다. 지필시험에서 1차만 보고 2차를 안 봤다면, 1차 지필시험 성적이 전체 학생 중에서 몇 등인지 살펴서 그 등수에 해당하는 2차 지필시험 학생의 점수를 주는 것이다. 그런데 결석을 했으니까, 질병 결석이면 0.8을 곱해서 20% 점수를 깎는다. 타당한 이유 없이 결석하면 그 점수에 0.5를 곱해서 50%만 인정을 한다. 집안에 상을 당했거나 천재지변, 전염병으로 시험을 못 볼 때만 인정결석으로 기준 점수를 모두 인정한다. 학교에 따라 조금 차이가 있지만, 현재 제도가 대략 이렇다.

지필시험을 한 번만 볼 때는 1차 지필점수 대신 그 학생이 수행평가에서 얻은 점수가 몇 등인지를 기준으로 삼으면 된다. 시험을 안 보면 20% 이상 점수를 깎이기에, 의도적으로 시험을 안 보는 꾀를 부릴 수가 없다. 그러니 수행평가를 잘 보았다고 해서 지필시험을 안 보는 학생이 나오지는 않는다.

"한 번 본 지필시험을 실패하면 재기할 수 없잖아요. 시험에 대한 학생 부담이 커지지 않나요?" 성적을 어떻게 내는지에 대한 민원을 해결하면, 그다음에는 학생 부담에 대한 걱정이 나온다. 한 번 해보면 별일이 아닌데, 안 하던 일을 하려면 원래 걱정이 되는 법이다. 지필시험을 학기에 한 번 보려면, 시도교육청에 따라 조금씩 다르지만 대체로 수행평가가 60%가 넘어야 한다. 그러면 한 번에 10%씩 여섯 번 정도 평가를 하게 된다. 여섯 번 평가를 하기에, 지필시험을 한 번 못 봐도 학생은 열심히 하면 자기 성적을 회복할 기회가 더 많다.

주사위를 세 번 던져서 모두 다 3이 나올 수가 있다. 그런데 주사위를 던지는 횟수가 많아질수록 나오는 숫자는 확률에 귀결된다. 평가 횟수가 여섯 번이 되면, 열심히 한 학생은 점수가 잘 나오게 된다. 지필시험이든 수행평가든 열심히 한 학생이 점수가 나오지, 공부 안 한 학생이 점수가 나올 리는 없다.

수행평가 비율이 낮을 때는 한두 번 채점을 한다. 그런 경우에는 학생이 어쩌다 한 번 실수를 하거나 교사가 어쩌다 한 번 점수를 깎으면, 점수를 회복하기 어렵다. 그런데 수행평가 채점의 횟수가 많아지면, 학생은 성적에 대한 불만이 사라진다. 열심히 한 학생이 좋은 점수를 얻고, 한 번 실수해도 다음번에 잘하면 된다는 것을 학생이 잘 알기 때문이다. "수행평가 비율이 60% 이상이 되면, 성적 민원이 거의 없어집니다." 실제 해본 선생님들이 다 같이 하는 말이다.

주의할 점은 수행평가 비율이 높아졌다고 너무 여러 활동을 하면 안 된다는 것이다. 굵직한 활동을 하나 하면서, 그 과정을 여러 측면에서 평가해야 한다. 그래야 학생과 교사 부담이 적정하게 된다.

우리 학교는 1~2학년 모두 국어과에서 지필시험을 한 번만 본다. 수행평가는 60~70%이다. 그 덕분에 수업 시간에 책 읽고 이야기 나누고 글 쓰는 시간을 얻어 여유롭다. 교과서 진도를 나가느라 수업 시간에 책 읽을 시간이 잘 나지 않는다면, 학기에 지필시험을 한 번만 보는 시도를 해보기 바란다. 경기도교육청과 충청북도교육청에서는 지필시험 1회 실시를 권장한다는 공문이 따로 나갔을 정도이고, 앞으로 이 정책은 점점 더 확산되리라고 본다.

대학에 갈 때 수능 위주 전형으로 가는 학생은 30% 정도다. 70%는 학교에서 얼마나 성실하게 잘했는가를 살피는 학생부 교과와 학생부 종합 전형에 달려 있다. 학생부 전형에서는 학생생활기록부의 과목별 세부능력 및 특기사항에 어떤 내용이 담겼는지가 중요하다. 과거에는 숫자로 나온 성적만 따졌다면, 이제는 각 과목 교사들이 학생에 대해 기록한 서술형 문장이 숫자로 나온 성적과 함께 고려된다. 이 서술형 기록이 내실 있게 되려면, 무엇보다 그 학교에서 다양한 활동을 교과수업에서 해야만 한다. 지필시험을 학기에 한 번만 보고 여러 활동을 하는 쪽이 학생의 대학 진학에도 도움이 된다.

국가교육과정에 나온 대로 수업과 평가를 하기 위해, 수업 시간에 책 읽을 시간을 확보하기 위해, 학생이 대학에 진학하는 데 현실적으로 도움이 되기 위해, 지필시험을 학기에 한 번 보는 것이 필요하다.

과목 특성에 따라, 그리고 교사의 준비 상황에 따라 지필시험을 한 번 보는 것이 어려울 수도 있다. 그러나 준비된 교사 또는 자기 교과에서 할 수 있다고 판단이 되는 교사라면 지필시험을 학기에 한 번 보기 바란다. 그러면 매우 여유 있게 수업을 할 수 있고, 학생도 더 다양한 역량을 기를 수 있다.

책 안 읽는 교사가 독서교육 하는 법

교사라면 당연히 책을 좋아해야 하겠지만, 어떻게 세상이 다 원칙대로 돌아갈까. 본인의 마음과 상관없이, 본인이 책을 읽고 싶어도 이상하게 책이 잘 안 읽히는 교사가 있기 마련이다. 이런 교사가 할 수 있는 독서교육 방법이 있다. 이 수업은 교사가 사전에 어떠한 책도 읽지 않는다는 점이 특징이다. 한마디로 준비하지 않아도 되고, 수업도 편하게 할 수 있다. 그런데 학생들은 배우는 게 있고, 시간이 지날수록 이 수업을 더 인상 깊게 기억하게 된다.

이 수업은 보통 방과후학교에서 교과 관련 책을 읽을 때 한다. 방과후학교는 정규 수업 말고 학교에서 하는 수업으로, 과거에는 보충수업이라고 불렀다. 이 방과후학교에서 책을 활용하는, 아주 매력적이고 쉬운 방법을 소개한다.

"수학 독서반: 학교 도서관에서 수학 책을 읽고 교사와 대화를 나눕니다." 이렇게 안내하는 방과후학교 강의 계획서가 있었다. 수업 장소는 학교 도서관이었다. 수학 독서반을 선택한 학생들은 정규 수업을 다 끝내고 학교 도서관으로 모였다. 수학 독서반을 듣겠다고 한 만큼 수학에 관심 많은 학생 열댓 명이 왔다.

첫날 첫 시간에 교사가 말했다. "자기가 읽고 싶은 수학 책을 골라와서 읽자." 한 시간 내내 책만 읽다가 수업 끝나는 종이 치자 헤어졌다. 두 번째 시간에도 선생님은 별다른 말을 하지 않았다. 그 시간에도 학생들은 자기 마음에 드는 수학 책을 시간이 끝날 때까지 읽기만 했다. 세 번째 시간이 되자, 선생님이 말했다. "한 명씩 나에게 와서 3분간 자기가 읽은 내용을 설명해봐라. 자기가 읽은 책에서 설명할 수 있는 부분을 한 가지 찾아서 거기에 집중해서 이야기해줘."

그러면 학생들은 말한다. "선생님, 20분만 시간을 더 주세요!" 수학 선생님은 그렇게 하자고 했다. 20분이 지나서부터 학생들은 한 사람씩 선생님에게 가서 3분씩 자기가 책에서 본 개념 하나를 골라 설명을 했다. 설명이 끝나면 교사가 알아들었다고 하기도 하고, 때로는 학생의 설명을 못 알아듣겠다고 말하기도 했다. 선생님이 못 알아들었으면 그 학생이 설명을 잘 못한 것이다.

선생님이 설명을 알아들었으면, 학생에게 말했다. "이제 궁금한 점을 한 가지 물어봐." 그러면 설명을 잘해서 합격한 학생이 교사에게 한 가지를 묻고, 교사가 답을 해준다. 이와 같은 방식으로 그 학기 방과후학교가 거의 끝날 때까지 수업을 진행한다. 그러다가 마지막 시간에는 한 학기 동안 각자 수학 책을 읽은 소감을 나눈다.

한 학기 동안 열댓 명 학생들은 수학 책을 여러 권 만지작거리게 되고, 처음부터 끝까지 다 읽지는 못하더라도 몇 권은 보게 된다. 그리고 수학 전공자인 선생님 앞에서 자기가 소화한 수학 개념에 대해 설명을 몇 번 하고, 수학에 대한 질문도 몇 번 하고, 수학 전공자에게 답변도 몇 번 듣는다. 흔히들 질문이 중요하다고 하는데, 질문 방법을 지식으로 가르치고 배우더라도 실제로 질문을 잘하기는 어렵다. 질문은 실제로 많이 해봐야 잘할 수 있다.

이때 학생이 물어본 내용을 교사가 답하기 어려운 경우가 꽤 있다. 그럴 때 교사는 학생을 칭찬해준다. 교사가 답하지 못하는 질문을 하면, 학생이 잘했다고 보는 것이다. 원래 어느 전공 분야든 질문에 모두 답할 수 있는 사람은 없다. 질문 자체를 생각해내는 것을 공부라고 봐야 하고, 답을 해주지 못해도 괜찮다. 한 번 더 말한다. 학생의 질문에 모두 답할 수 있는 사람은 세상에 없다! 이 점을 학생에게 미리 말해두고 시작을 한다.

이 독서 수업은 특별하게 눈에 띄는 활동을 하지 않고, 평가도 없다. 교사가 재주를 부려서 무엇을 가르치지도 않는다. 수학 시간에 익숙한 문제 풀이를 하지도 않는다. 모둠 토론을 하지도 않는다. 학생에게 과제가 있지 않고, 예습과 복습도 하지 않는다. 오로지 정규 수업이 끝나고 방과후학교 시간이 되면 학교 도서관에 와서 책을 읽고, 며칠에 한 번씩 자기 차례가 오면 교사와 5~7분 정도 일대일 대화를 하면 끝이다.

그런데 이 수업이 오래 기억에 남는다. 학생들이 언제 그렇게 한 학기 내내 일주일에 한두 번씩 수학 책을 꾸준히 읽어보겠는가. 학생들이 언제 수학 전공자 앞에서 수학 개념을 말로 설명해보고, 수학 전공자에게 개인적으로 질문을 하고 답을 듣겠는가. 이 모든 과정이 학생에게는 매우 낯선 체험이다.

이때 읽은 책들은 학기말에 학생생활기록부의 교과독서란에 적어주는데, 나중에 그 방면으로 진학이나 진로를 선택한다면 그 서류를 보는 사람의 눈에 뜨일 것이다. 면접에서 그 책에 대한 질문을 받으면, 학생은 선생님과 대화 나눈 기억을 떠올리며 자기 나름대로 소화했던 개념을 설명할 수 있다.

이렇게 독서로 방과후학교를 하는 수업은 수학뿐 아니라 다른 과목에서도 가능하다. 과학 독서반이나 사회 독서반을 만들어서 비슷한 방식으로 할 수 있다. 자연과학 계열로 진학하려는 학생들이 한 학기 동안 과학 책을 읽으면, 거기서 쌓이는 지식이 어느 정도 된다. 과학 지식을 더 알게 되면, 교과서를 공부할 때 관련 내용이 나오면 더 잘 알아듣는다. 사회과학 책 읽기는 꼭 사회 계열로 진학하지 않더라도 두루두루 도움이 된다. 사회과학 책은 논리성이 강해서, 그런 책을 많이 읽으면 머리가 좋아지는 데 도움이 된다. 사회과학 책은 인간의 기본적인 학습 능력을 훈련시키기에 좋은 도구이기도 하다.

외국어 교사가 외국 문화 독서반을 만들어서 여러 나라의 문화에 대한 책을 한 학기 동안 읽히면, 여행 가이드를 하려는 학생들과 외국어 학과에 가려는 학생들이 찾아와서 공부를 할 수 있겠다. 독해와 말하기 연습도 외국어 학습이고, 외국 문화에 대한 우리말 책을 읽는 것도 넓게 보면 외국어 학습이다.

국어 방과후학교로는 EBS 문제풀이반이 관행적으로 개설되는데, 그런 입시문제풀이반과 함께 시집 읽기반을 만들어봐도 좋다. 한 학기 동안 쭉 시집을 읽고 교사와 일대일로 5분씩 몇 차례 이야기를 나눈다면, 그 학생이 시집을 몇 권이나 읽게 될까? 방과후학교가 보통 학기에 15~20시간으로 이뤄지니까 열 권은 넘게 시집을 읽게 된다. 이렇게 한 학기 내내 꾸준히 계속해서 시집을 열 권 읽는다면, 시 문제집 한 권을 푸는 것보다 공부가 못하지는 않으리라고 본다. 수능의 시 문제를 잘 풀려고 문제집을 열심히 푼다고 해도, 문제에 나오는 시 자체를 일단 이해할 줄 알아야 문제가 풀리니 말이다. 시를 많이 읽으면, 당연히 시를 보는 눈이 더 나아지기 마련이다.

방과후학교에서 독서를 하면, 교사와 학생 모두 수업에 대한 부담이 없다. 정규 교과 수업에서 책 읽기를 하기 어려운 사정이 있는 교사는 방과후학교에서 교과 독서반을 열기를 바란다. 그 과목에 애정이 있는 학생들이 모여서 교사도 마음이 참 편안하다.

체육 이론
여가 운동 100선
운동은 과학이다.
DIET

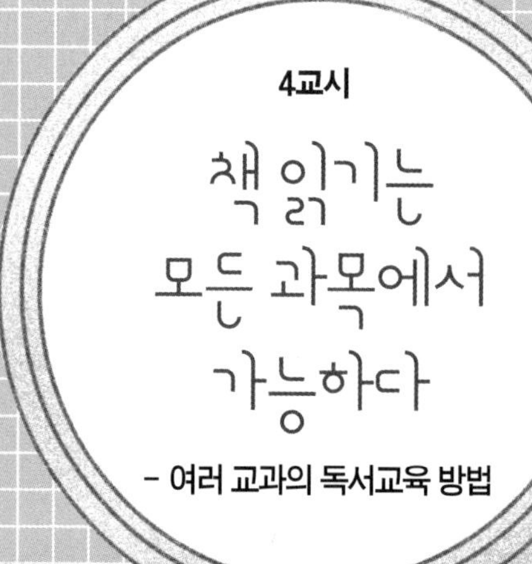

4교시

책 읽기는 모든 과목에서 가능하다

– 여러 교과의 독서교육 방법

책 읽기 수업은 국어 시간에만 하는 거라고 생각하는 이들이 옛날에 있었다. 그때는 호랑이 담배 피우던 시절이다. 지금은 그렇게 말하는 사람이 싹 사라졌다. 대학에서는 어느 전공이든 책으로 공부를 한다. 초등학교, 중학교, 고등학교에서도 마찬가지다. 국가교육과정에서도 교과 수업을 할 때 책을 포함해서 다양한 자료를 활용하도록 해놓았다. 교과 수업에서 책을 읽는 일은 이제 상식이 되었다. 학생생활기록부에는 과목마다 어떤 책을 학생이 읽었는지 각 과목의 교사가 기록하게 되어 있다. 이 기록은 대학에 진학할 때 자료로 쓰인다. 이제 책 읽기는 모든 과목에서 한다.

학생들이 아주 가끔 묻는다. "왜 책을 읽어야 하나요?" 이 물음에 앞뒤 말을 자르고 나는 짧게 답한다. "네가 착하고 똑똑해져야 내가 편하다." 실제로 학생들에게 책을 읽고 서평을 쓰게 하면, 무식한 기운이 사라지고 껄떡거리는 비율이 줄어든다. 생각하는 힘이 생기고, 자기 생각을 표현하는 말주변도 는다.

책 읽기와 글쓰기는 대체 왜 필요한 걸까

교과서에는 바다에서 갓 잡아 올린 물고기처럼 살아서 퍼덕퍼덕 뛰는 싱싱한 작품보다는, 내 맛도 네 맛도 아닌 소금 빠진 김치 같은 글들이 많이 실려 있다. 특히 당대에 쟁점이 되거나 당대의 주류인 관점에 문제를 제기한 글들은 교과서에 채택되기 어렵다. 군사독재 시대에 억압에 저항하며 썼던 글들은 그 시대의 교과서에 못 실리고 그다음 시대에야 실릴 수 있었다. 다음 시대의 교과서에 실리는 우리 시대의 작품은, 지금 교과서에 실리기 어렵다. 그래서 교과서만으로 학생들을 가르치면 학생들은 더 똑똑해질 기회를 잃는다고 하겠다. 지금 우리가 겪고 있고 고민하는 문제를 다루어야 공부가 싱싱해지고 지적으로 예민해진다.

상위권 학생들은 책 읽기 교육을 받아서 윤리적 엘리트로 성장하는 기틀을 마련할 수 있다. 중하위권 학생들은 책 읽기를 통해서 돈 중심으로 돌아가는 자본주의 사회에서 돈을 많이 쓰지 않아도 행복하게 살아가는 마음을 배워서 사회에 나갈 수 있다. 오늘날 돈에 휘둘리지 않으면서 다른 인간을 이해하고 아름다움을 볼 수 있으려면 지성과 교양이 필요하다. 지성과 교양이 있다고 해서 곧바로 행복으로 이어지지는 않지만, 이것이 없을 때 불행해질 가능성이 조금 높아진다. 책 읽기가 몸에 배면, 행복하게 사는 능력을 키우는 데 도움이 된다.

교사는 나라에서 월급을 받는다. 이 불확실한 사회에서 예순 넘어서까지 안정되게 정년을 보장받는다. 그런 만큼 학생들 인생에 뭔가 도움이 되는 걸 해줘야 떳떳한 직업이다. 교사가 스스로 생각해서 "이렇게 가르치면 사실 아이들에게 별로 도움이 안 되지. 그러나 그렇게 하더라도 누가 나에게 책임을 묻지는 않으니, 그냥 세상에 맞추자" 이런 마음이라면 아쉽다.

현대 국가는 민주주의 체제여서 모든 사람에게 투표권이 있다. 국가를 운영하는 권한을 국민들이 n분의 1로 나눠 갖는 것이다. 모든 사람의 생각이 똑같을 순 없기에 사회자원을 배분하는 것이 바로 정치다. 소수의 엘리트가 국가와 조직을 이끌고 자원을 배분한다면 그들만 책을 읽고 지적 훈련을 하면 된다. 하지만 우리가 사는 곳은 그런 세상이 아니다. 그러므로 한 사람 한 사람이 똑똑해져야 세상이 안전해진다. 똑똑함을 포기한 채 욕망에만 휘둘리는 사람이 큰 권한을 갖게 되면 많은 사람의 인생이 고단해진다. 우리가 살고 있는 세상을 구원하기 위해서라도 책을 읽어야 하는 것이다.

인터넷과 스마트폰을 일상적으로 쓰게 되면서 동영상이 우리 삶에 많이 들어와 있는데, 이런 동영상들이 책을 대체할 수 있을까? 내 결론은, 영상으로 책을 대체할 수는 없다는 것이다. 영상은 내용 전달력이 매우 높다. 하지만 사람에게 생각할 틈을 주지 않은 채 새로운 정보들을 밀어넣는 특성이 있다. 영상

연애를 잘하려면 글도 잘 써야지

"좋은 사람을 잡으려면 글을 잘 써야 해. 카톡이랑 글쓰기가 다 연결된 거라고."
학생들이 글쓰기를 배우는 이유로 이만한 게 또 있을까?

은 다소 무비판적으로 제작자의 관점이 수용자에게 주입되는 면이 있다. 책은 읽다가 어느 부분에서 멈추고 생각하고 검토할 수가 있어서 반성적 성찰과 사색을 하기가 쉽다.

그리고 영상물은 정보 전달과 비판을 하기에 좋지만, 방대한 정보를 체계적으로 전달하기는 어렵다. 어떤 지식과 정보는 영상으로 잘 표현하기 어렵고, 글로 표현하기가 훨씬 더 쉽다. 무엇보다 어느 분야든 지식을 깊이 있고 체계 있게 익히려면, 책을 읽어야 한다. 영상과 책은 서로 보완관계로 보는 게 좋다. 영화가 나온 지 100년이 더 지났어도 소설이 사라지지 않았다는 사실을 생각하면 이해가 쉽겠다.

책 읽기는 그렇다 치고 글쓰기도 우리에게 반드시 필요한 걸까? 학생들에게도 이런 질문이 가끔 나온다. "선생님, 왜 꼭 글을 써야 하나요? 전 작가가 될 것도 아니고 대충 살 건데." 그러면 나는 이렇게 답한다. "너 연애 할 거야, 안 할 거야? 연애하려면 마음에 드는 사람한테 카톡도 보내야 하잖아. 책을 읽고 글을 써봐야 그걸 잘하지. 좋은 사람을 잘 잡으려면 글을 잘 써야 해. 카톡이랑 글쓰기가 다 연결된 거라고."

농담처럼 들릴지 모르겠지만, 학생들이 글쓰기를 배우는 이유로 이만한 게 또 있을까? 잘못 연애해서 망한 인생이 어디 한둘인가. 나는 진지하게 이런 게 글쓰기의 좋은 이유가 된다고 생각한다. 연애를 예로 들었지만, 연애를 비롯한 모든 인간관계에서 문제가 바로 표현과 전달 그리고 소통에서 비롯되니 말이다.

청소년기에는 그게 왜 필요한지 모르지만, 성인이 되어서야 비로소 그 중요성을 알게 되는 일은 꽤 있지 않나? 그런 것들을 미리 알려주는 것이 바로 교사의 역할이다.

고등학생 때 나는 왜 음악이나 미술, 체육을 배워야 하는지 납득을 못하는 학생이었다. 어떻게 해야 당시의 입시 제도에서 좋은 평가를 받을 수 있는지에 대해서는 일찍 눈떴지만, 예술·체육에 대해서는 도무지 필요성을 느끼지 못했다. 예술·체육 과목 성적은 매번 나빴고, 그러다 보니 이걸 내신을 깎아먹는 요소 정도로 치부하곤 했다.

그런데 고등학교를 졸업하고 보니 예술·체육의 필요성이 하나씩 다가왔다. 가장 먼저 깨달은 것은 음악의 필요성이었다. 대학에 들어갔더니 사람들은 모두들 노래를 즐겨 불렀다. 노래 잘하는 친구들을 사람들이 좋아했다. 사람들이 이렇게 노래를 좋아한다는 걸 그때서야 처음 알았다. 하지만 나는 노래 부르는 게 두려웠고 부끄러웠다. 중·고등학교 때 음악 좀 잘 배워둘 걸 뒤늦게 후회했다.

미술의 필요성을 느꼈던 건 대학에서 2학년을 마치고 군대에 가서였다. 군대에서는 많은 이들이 다양한 모욕을 겪고 씁쓸해했다. 이런 경험과 맞닥뜨릴 때 사람들은 감수성이 예민해지고 나뭇잎만 굴러가도 마음이 흔들리는 시인 감성이 된다. 대학 동기인 한 친구는 군 복무 시절 그런 마음을 담아 수첩에 그림을 그렸는데, 휴가를 나와서 그걸 나에게 보여주었다. 정말 부러웠다. 나에게도 그런 장면들이 수차례 있었건만, 내 실력으로 그림을 그렸다간 그 느낌 있는 장면들이 도리어 산산이 깨지겠구나 싶었다. 그림 그리는 게 어떤 가치가 있는지 몰라서 그걸 배울 수 있었을 때 그 기회를 놓쳤구나 싶었다.

체육의 중요성은 서른이 넘어서야 깨달았다. 팔팔하던 청춘의 시기를 지나고 나니 몸이 슬슬 아파오기 시작했다. 건강관리가 필요해질 때가 돼서야 체육이 왜 필요한지 알았다. 이런 깨달음은 왜 이렇게 뒤늦게 오는 걸까.

이 책의 1교시에 나의 수업 실패담을 잔뜩 밝혔지만, 경험에서 터득한 방법으로 수업을 하더라도 언제나 잘되진 않는다. 한번은 학교에 교생들이 실습을 왔는데, 1교시 수업이 잘되길래 2교시 때 교생들을 들어오게 했다가 된통 수업을 망친 적도 있다. 수업은 원래 그렇게 실패가 예고 없이 찾아온다. 100% 성공은 없는 울퉁불퉁한 길이다.

교사는 여러 시행착오를 거치면서 평생 동안 실패를 거듭하기도 하지만 그러면서도 계속 가르쳐야 하는 사람이다. 그런 까닭에 교사라면 이런저런 시도를 해보는 걸 두려워하지 않아야 한다. 누구를 때리거나 돈을 크게 받거나 하지 않는 한 교사는 절대 잘리지 않는다. 수업에서 여러 시도를 한다고 불이익이 있지도 않으니, 그런 것들을 해보고 실패한 때는 왜 그랬을까 점검하며 나아가야 한다. 그렇게 이런저런 방법을 찾다보면 어느 순간 점점 더 학생들이 따라오고 성과가 나온다. 처음부터 끝까지 계속 처절하게 망하고 있다면 심각한 문제지만, 어느 정도 되다가 실패하고 또 되다가 실패하는 것은 정상이다.

한편 책을 읽고 글을 쓰는 일이 세속적인 성공에 도움이 된다는 논리는 학생들에게 꽤 먹힌다. 수능 점수를 잘 받는 데 책 읽기 활동이 도움 된다는 이야기를 나도 한다. 학습 능력의 기본은 어휘력과 지식과 사고력과 읽기 능력인데, 책 읽기를 하면 실제로 이 네 가지 능력이 높아진다. 한마디로 책을 꾸준히 읽으면 학교 공부는 물론이고 수능의 오지선다형 문제도 더 잘 풀게 된다. 공부할 줄 아는 몸이 만들어져서 그렇다.

나는 이 거칠고 험한 세상에서 내가 가르치는 것이 앞으로 학생들이 먹고사는 데 도움이 되어야 한다고 본다. 학생들의 인생에 도움이 되도록 세상이 어떻게 돌아가는지 알게 해주고 싶고, 사람의 마음을 읽어내는 눈을 키워주고 싶다. 직장 생활, 창업, 귀농, 그 밖에 어떤 일을 하든 학생들이 무난하게 자기 일을 잘해나가기를 바란다.

배움은 또래 친구들끼리 부딪치면서 얻게 되는 게 열의 일곱이다. 거기에 교사의 도움이 더해지면 열의 아홉이 된다. 자기들 수준에서 배울 수 있는 것들을 충분히 배운 상태에서, 학생들 사이에서 해결되지 않은 걸 교사가 슬며시 도와줘야 학생들이 훌쩍 성장한다.

사실 교과서에 실린 내용이란 결국 배움에 성공하는 방법들이다. 그런데 이걸 그대로 알려준다고 해서 학생들이 배움에 다다르는 것은 아니다. 수사, 수녀, 스님과 같은 수행자들이 어느 정도 수도를 하다가 세상에 나가서 이런저런 일들을 겪으면서 깨달음을 얻는 것과 마찬가지다. 교육에서도 어느 정도 시련을 겪고 스스로 헤쳐 나가는 연습을 하면서 문제의식을 느끼고, 그때 옆에서 스승이 도와줘야 그 공부가 자신에게 피가 되고 살이 된다.

교사가 계속 친절하게 떠먹여주는 방식으로는 학생들을 훌륭하게 키우는 데 한계가 있다. 강의식 수업은 지식 전달 측면에서는 매우 정확하고 효율적이지만, 사람은 지식으로만 살 수 없다. 의사소통 능력, 대인 관계 능력, 공감 능력 등이 함께 있어야 이 세상에서 사람 구실을 하며 살 수가 있다. 교사의 강의식 수업이 어느 정도 필요하지만, 필요 이상으로 강의를 많이 하면 다른 것이 소홀해진다. 수업 방법은 여러 가지가 적절한 비율로 배분되어야 한다.

사실 강의로 하는 주입식 수업이 학생에게는 가장 편하다. 책을 읽히고 이야기를 나누며 글을 쓰면 아무래도 피곤하기 마련이다. 하지만 학생들은 그 번거로움을 뚫고 나가면서 다양한 역량을 쌓을 필요가 있다. 좋은 교육이란, 배울 때는 힘들어도 시간이 지나고 나서 돌아볼 때 가치 있다고 여기는 것이다. 의미 있는 수업은 학생이 편한 수업이 아니라 적절히 불편함을 겪는 수업이다.

체육, 수학, 음악 시간에 하는 발췌독서

어느 날 종례를 하러 우리 반에 들어갔더니, 학생들이 서로 얼굴을 만지고 있다. 자세히 보니 두 손으로 꾹꾹 눌러준다. 뭐 하느냐고 물었더니, 체육 시간에 얼굴이 작아지는 지압법에 대한 책을 읽었다고 한다. 서로 하하하 웃으며 재밌어하는 아이들을 보며, 잘해보라고 덕담을 해주었다.

그 체육 선생님은 비바람이 몰아치는 날이면 체육 시간에 체육 책이 담겨 있는 바구니를 들고 교실로 간다. 그 바구니는 종이팩 우유를 몇 십 개 담는 용도로 만들어진 것이다. 그 체육 책 바구니에는 건강, 운동에 대한 책 100만 원어치가 담겨 있다. 또다른 재미난 체육 선생님은 이 책들을 여행용 가방에 넣어 가지고 수업에 들어가시기도 한다.

학생들은 체육 시간에 운동장 수업을 좋아한다. 하지만 비바람이 몰아치면 운동장에 나갈 수가 없다. 체육관이 있지만, 다른 반이 쓰고 있으면 그곳을 쓰기도 어렵다. 그런 때면 체육 선생님은 책 바구니를 들고 교실에 간다. 학생들은 각자 자기 마음에 드는 책을 골라서 읽는 것이다. 축구 방법에 대한 책을 집어가고, 배드민턴 치는 법이 담긴 책을 가져가고, 줄넘기로 에스라인 몸매 만드는 책도 가져가고, 『맨손 헬스』와 같이 체력 단련을 하는 책도 가져간다. 몸 관리하는 방법과 건강 정보가

여행용 가방에 한가득 체육 책이 들어 있다!

체육 시간에 책 읽기가 가능할까? 물론 가능하다.
이런 여행용 가방에 책이 한가득 들어 있다면, 학생들은 아주 재미있어하지 않겠나.

담긴 책도 가져간다.

그렇게 학생들은 한 시간 동안 운동과 건강에 대한 책을 읽는다. 그리고 수업이 끝났음을 알리는 종이 치면, 책을 반납한다. 선생님은 그 책 바구니를 갖고 다음 수업하는 반으로 간다. 그 반에서도 한 시간 동안 책을 읽고, 그 외에 다른 활동은 하지 않는다. 그렇게 체육 선생님은 하루를 보낸다. 수업 시간에 하는 말은 딱 두 문장이다. 수업 시작할 때 "책 가져가서 읽어라", 수업이 끝날 무렵에 "책 가져와서 바구니에 넣어라." 간단하고 명료하다.

다음 날 비바람이 물러가고, 해가 뜨고 날이 맑아졌다. 어제 한 체육 책 읽기 수업은 단절되고, 평소처럼 운동장에서 몸을 움직이는 수업을 한다. 그러다가 한 달쯤 지나서 다시 비바람이 몰아치는 날이 왔다. 그때 체육 선생님은 다시 책 바구니를 들고 교실에 들어온다. 아이들에게 말한다. "한 달 전에 자기가 읽은 책을 찾아가." 학생들은 한 달 전에 자기가 읽은 책을 거의 모두 기억해서 찾아간다.

두 번째 책 읽기 시간에는 다른 점이 있다. 학생들에게 A4 종이를 한 장씩 나누어준다. 지난 책 읽기 시간에는 그냥 읽었는데, 이번 시간에는 자기에게 도움되는 내용을 체육 책에서 찾아서 정리해보라고 한다. 글만 써도 되고, 그림을 그려도 되고, 마인드맵으로 표현해도 좋다. 종이에 80% 정도는 내용을 정리하고, 마지막 20% 정도는 왜 정리한 내용이 자기에게 도움이 되는지 이유를 서너 줄로 잘 적어보라고 한다. 두 번째 시간은 학생들이 내용을 정리하느라, 교실이 정말 쥐 죽은 듯이 조용하고 볼펜 소리만 사각사각 난다.

두 번째 시간이 끝날 무렵에 종이를 걷는다. 이렇게 학생이 내용을 정리한 종이는 수행평가에 5점으로 반영을 한다. 글자 크기가 새끼손톱보다 작으면서 여백이 10% 이내면 5점 만점, 딱 봐서 여백이 10%가 넘으면 4점, 여백이 20%가 넘으면 3점을 주면 된다. 이 활동은 성실하게 참여하면 점수를 모두 다 잘 받을 수 있다. 수행평가에는 성취에 따라 등급이 뚜렷하게 나누어지는 것이 있는가 하면, 이렇게 열심히 참여하면 그 학습 태도로 점수를 얻는 것이 있다.

실제 해보면 이 수업은 꽤 잘된다. 그 이유는 100만 원어치 책이 있어서 학생이 책을 고르는 맛이 있어서다. 70종 정도 되는 다양한 책에서 자기 마음에 드는 책을 골라서 마음에 드는 부분을 정리하니까, 학생들이 잘 참여한다.

체육 시간에는 독서에 쓸 시간을 많이 내기가 어렵다. 그래서 이렇게 책의 일부분을 읽는 '발췌독서'가 적당하다. 발췌독서는 두 시간 만에 끝나기 때문에 부담이 없다. 학생과 교사 모두에게 수업 준비가 따로 필요 없다. 수업이 끝난 뒤에 교사의 채점 부담도 없다. 가벼운 마음으로 편하게 할 수 있는 책 읽기 수업이다.

편한 만큼 얻는 것도 별로 없을까? 그렇지 않다. 얻는 게 꽤 있다. 학생들은 보통 한 시간 동안 50쪽 정도의 책을 읽는다. 비 바람이 몰아쳐서 운동장에서 체육 수업을 할 수 없는 날은 학기당 한 반에 약 나흘 정도가 나온다. 한 학기에 두 번 정도 이 두 시간짜리 발췌독서 수업을 체육 시간에 하면 무리가 없다. 학기에 두 번을 하면, 학생은 100쪽을 읽게 된다. 1년이면 네 번을 하니까 200쪽 정도를 읽게 된다. 간단해 보이지만, 학생에게는 의미 있는 독서량이다.

수업이 끝나면, 반마다 두 명 정도가 체육 시간에 읽은 책을 빌리고 싶어한다. 그 학생들이 책을 빌려가서 다 읽고 오면, 그 학생들의 생활기록부 체육 과목별독서에 책 제목을 기록해준다. 체육, 경찰, 보건 쪽으로 미래를 준비하려는 학생들에게는 이 기록이 진로와 진학에 도움이 된다.

발췌독서를 처음 생각해낸 사람은 조달현이라는 수학 선생님이다. 나는 그와 같이 여러 해 동안 같은 학교에 있었다. 몇 년 동안 이 선생님이 해마다 100만 원이 넘게 학교에 수학 책을 신청해서, 우리 학교 도서관에 가면 900여 종의 수학 책이 나란히 꽂혀 있다.

조달현 선생은 수학 독서 수업을 할 때면 학생들을 도서관으로 부른다. 도서관 한쪽에 있는 수학 책들을 가리키며 이렇게 말한다. "자, 여기 수학 책 많지? 자기 마음에 드는 수학 책을 한 권씩 가져와봐." 이렇게 얘기하면 일고여덟 명은 책을 고르지만, 나머지 이십여 명은 마음에 드는 책이 없다고 투덜댄다. "그래도 덜 미운 책을 하나 가져와봐라." 학생들은 수학 책을 한 권씩 들고 와서 모두 한 시간 동안 각자 책을 읽는다. 수업을 마치는 종이 치면 자기가 읽던 책을 제자리에 꽂아두고 간다.

여기까지는 체육 시간과 비슷하다. 그런데 체육에서는 한 달 뒤 비 오는 날에 발췌독서를 이어서 하지만, 수학은 거의 날마다 들었기에 바로 다음 날 학생들을 도서관으로 오게 한다. 그런데 학생들의 모습은 조금 다르다.

"어제 읽은 수학 책을 가져와라." 그럼 일고여덟 명은 자기가 읽던 책을 찾아오지만, 나머지 스무 명은 어제 읽은 수학 책을 찾지 못한다. 아이들 입에서는 이런 말이 나온다. "수학 책은 다 그 책이 그 책 같아서 구분이 안 돼요." 선생님은 너희가 그러면 그렇지 하는 눈빛으로 말한다. "대충 자기가 읽었던 책과 비슷한 책을 가져와." 그리고 A4 종이 한 장을 학생들에게 나눠준다.

"자기에게 도움되는 내용을 찾아 정리해라."

조금 있다가 어떤 학생이 교사 눈치를 보며 장난스럽게 말한다. "선생님, 수학 책에는 저에게 도움되는 내용 없어요."

수학 선생님은 눈 하나 깜짝하지 않고 말한다. "도움되는 내용이 없으면, 알아들을 수 있는 내용을 찾아 적어라." 수학 시간에는 체육 시간과 다르게 말해야 한다. 자기에게 도움되는 내용이 아니라 알아들을 수 있는 내용을 찾아 적으라고.

그러면 아이들은 수학 책을 뒤적이면서 알아들을 수 있는 내용을 30쪽에서 몇 줄, 120쪽에서 몇 줄, 320쪽에서 몇 줄, 이런 식으로 찾아 적는다. 몹시 두꺼운 700쪽이나 되는 수학사 책에도 처음부터 끝까지 모르는 내용만 있지는 않다. 여기저기 읽다 보면 군데군데 알아들을 수 있는 내용이 나온다.

종이에다가 80%는 책 내용을 채우고, 20%는 알아들을 수 있는 부분을 정리하면서 들었던 생각을 몇 줄로 쓴다. 수행평가 채점은 체육과 똑같이 한다. 성실하게 참여하면 누구나 점수를 얻을 수 있다. 수학 시간에 이 두 시간짜리 활동을 중간고사 때까지 한 번, 기말고사 때까지 한 번 한다.

처음에 나는 학교 도서관 담당 교사여서 이 수업을 지켜볼 수 있었는데, 오래도록 의문이 들었다. 교사가 너무 하는 일이 없었다. 수업 과정은 단조로웠다. 이 수업은 뭐지 싶었다. 그런데 3년쯤 지켜보던 어느 날 조달현 선생과 이야기를 나누다가 나는 무릎을 쳤다. 이게 의미가 있는, 그러면서 누구나 할 수 있는 수업 방법이구나 싶었다.

당시에 조달현 선생이 가르친 아이들은 경기도 비평준화 지역의 인문계 고등학생이었다. 그 학교에 온 학생이 2차 방정식을 못 푸는 건 있을 수 없다고 했다. 그런데 입학할 때는 다들 분명히 2차 방정식을 풀 줄 알았는데, 신기하게도 2학년이 되면 2차 방정식을 못 푸는 학생들이 일부 나타난다는 것이다. 이런 학생들을 붙잡고서 2차 방정식을 알려준 뒤 일주일을 훈련시키면 학생들은 다시 2차 방정식을 풀 수 있게 된다고 한다.

근데 더더욱 놀라운 건 한 달쯤 지나면 또다시 그 학생이 2차 방정식을 못 풀게 된다는 것이다.

대체 왜 이런 일이 일어나는 걸까? 그건 학생들이 마음을 비웠기 때문이라고 했다. '난 수학을 안 할 거야'라고 마음먹으니 이렇게 퇴행해버리는 것이다. 사람이 마음을 비우면 놀라운 일이 벌어진다. 마음을 비우지 않으려면 그 분야에 애정이 있어야 하고 공부가 밉지 않아야 한다. 그러면 어떻게 그렇게 할 수 있을까?

이런 학생들을 보며 마음 아파하던 조달현 선생이 생각해낸 것이 바로 수학 독서 수업이다. 도서관에서 수학 관련 책이나 수학자들의 인생 이야기를 읽다 보면 수학도 사람이 하는 일이라는 느낌을 받기 때문에 수학 공부를 하는 최소한의 동기가 유지된다는 것이었다.

그리고 반마다 두세 명쯤 있는, 수학을 아주 잘하는 학생들은 교과서와 교재만으로 가르치기에 아깝다. 그 학생들에게 한 학기에 두 번 하는 수학 독서 수업은 진짜 수학자들이 어떻게 생각을 펼쳐가는지, 그 세계를 직접 접할 수 있는 기회다. 이 수업을 한 번 하면 평균적으로 한 반에서 두 명이 수학 책을 도서관에서 빌려간다. 한 학급만 보면 적지만, 여러 반에서 두 명씩 빌려가니까 한 학년 전체를 보면 그 수가 적지만은 않다. 그런 학생들에게 이 수업은 수학에 대한 학습 의욕을 자극하고 수학적 사유를 확장시켜나가는 계기가 된다.

발췌독서는 두 시간 동안 하는 수업이다. 책을 처음부터 끝까지 읽는 활동이 아니어서 부담이 없다. 세상에는 처음부터 끝까지 책을 다 읽어야 하는 때가 있고, 그때그때 자기에게 필요한 부분만 찾아 골라서 읽으면 되는 때가 있다. 발췌독서는 책의 일부분만 읽는 연습이다.

여기에서는 체육, 수학 시간에 어떻게 책 읽기가 이루어지는지 설명했는데, 발췌독서는 음악 시간에 해도 잘된다. 학교 음악실에 음악과 관련된 책으로 70여 종을 갖춘 다음, 두 시간 동안 발췌독서를 진행하면 된다. 고전음악부터 대중음악까지, 그리고 음악인들의 인생 이야기부터 영화음악 만드는 사람의 수필집까지 다양하게 책을 갖춰두고 읽게 하면 학생들은 꽤 흥미로워한다.

발췌독서에서 주의할 점은 학생 수에 딱 맞게 책을 갖추면 재미가 없어진다는 것이다. 꼭, 학생 수보다 두세 배 많게 책의 종류가 있어야 한다.

학교 전체가 발췌독서를 다 같이 해보자고 계획을 세울 수도 있다. 모든 교사가 학기에 2회 발췌독서를 하면, 학생들이 보통 한 학기에 아홉 과목을 배우니 18회 정도 여러 분야의 책을 읽게 된다. 아홉 과목에서 매번 50쪽씩 연 4회를 진행한다고 계산하면, 1800쪽 분량의 책을 읽게 된다. 교사 한 사람이 지는 부담은 최소화해도 전체가 함께하면 교육은 힘이 세진다.

학교에 책이 많다면, 첫 시간에 고른 책을 수업 시간에만 읽지 않고 학생이 대출하게 해서 하루 정도 개인이 갖고 있게 해도 좋다. 책을 개인적으로 수업 바깥에서 읽든 안 읽든, 그것은 학생의 자유다. 아마도 훌륭한 학생만 책을 읽어올 것이다. 그렇지만 책을 자꾸 빌려서 손에 들고 다니는 체험을 시키면서 독서 습관이 들기를 기대할 수 있다. 발췌독서는 학생들에게 독서 습관이 생기게 하는 데 도움이 된다.

영어 시간에 하는 인생 문제 토론, 여행 계획 짜기

영어 시간에는 독서가 꽤 이루어진다. 가장 일반적인 방법은 영어 단행본을 읽는 것이다. 몇 십 권 책을 제시하고, 학생들이 자기가 읽을 만한 책을 고르게 해서 할 수 있다. 또는 교사가 학생들의 수준과 흥미를 고려해서 10종 정도의 책을 제시하고, 그 범위 안에서 진행할 수 있다.

여러 책을 제시하면 선택하는 재미가 있고, 교사의 개입은 약해진다. 책의 권수를 10종 정도로 한정하면, 선택 범위가 줄어드는 대신 교사가 읽기 과정을 도울 수 있는 측면이 늘어난다. 같은 책을 고른 학생들끼리 모둠을 이루어 협력 활동을 기획할 수도 있다. 학생들의 영어 능력 상황에 따라 적절한 방법을 선택하면 된다.

이때 책은 반드시 정규 교과 수업 시간에 읽어야 한다. 집에서 읽어오라고 하면, 학생들 실력이 아주 좋은 특수한 학교에서만 성공한다. 책 읽기 교육은 학교 교과 시간에 책을 직접 읽어야지만 잘된다.

영어 독서는 일주일에 한 시간씩 영어 시간에 영어 책을 읽게 해야 성과가 나온다. 아니, 우리말로 된 책 읽기조차 해당 교과의 수업 시간에 읽어야지만 학생들 다수가 책을 읽는다. 그러니 영어는 말할 것도 없다. 당연히 수업 시간에 책 읽는 시간을 과감히 확보해야 한다. 책을 잘 고르면, 의외로 생각보다 학생들이 영어 책 읽기를 좋아하는 모습을 보게 된다.

상황에 따라 학생들이 영어로 된 단행본 책을 읽는 게 무리인 경우가 있다. 이때는 교사가 1~2쪽 정도 되는, 영어로 된 글을 가져와서 수업하는 방법이 있다. 보통 우리가 책이라고 하면 100~200쪽 정도 되는 것을 말하는데 고작 2쪽이라니 너무한 게 아닌가 싶을지 모르지만, 그저 아주 얇은 책이라고 생각하자.

이때 청소년들이 성장기에 겪는 인생의 위협과 불안에 대한 글을 찾아오는 것이 핵심이다. 영어로 된 글을 해석하고 싶은 마음이 생기게 하려면, 글의 소재 선택이 매우 결정적이다.

데이트 성폭력, 학교폭력, 가정폭력, 빈곤가정, 따돌림, 차별과 같은 내용을 담은 글이 필요하다. 구글에서 검색하면, 영어는 언어 사용자가 많아서 다양한 읽을거리를 구할 수 있다. 주로 상담, 학생생활지도, 사회문제에 대응하는 단체의 홈페이지에 관련 자료가 올라와 있다. 사건이 소설처럼 이야기로 제시되면서 어떤 메시지를 전하는 글이 좋다. 상담 사이트에 올라온 글이 문장 구조가 간단하고 어휘가 쉽다.

예를 들면 이런 식이다. 우선 교사가 영어 글을 어느 정도까지 해석해준다.

"저녁을 먹고 강가에 차를 대고 그 안에서 남자 친구와 음악을 듣고 이야기하면서 분위기가 참 좋았다. 그러다가 서로 뽀뽀를 하게 되었고, 참 좋았다. 그런데 갑자기 남자의 손이 옷 속으로 들어왔다. 당황했다. '그만'이라고 말하려는데, 그 순간 그렇게 말했다가 이 남자가 나를 싫어하면 어쩌지 하는 생각이 들었다. 이 남자 자체는 좋지만, 단지 지금 나아가려는 행동에 대해서만은 아직 마음의 준비가 안 된 건데. 어떻게 하지 잠시 갈등하는데, 그사이에 남자의 손은 점점 더 깊게 옷 속으로 들어온다."

여기까지 해석해주다가 교사가 딱 멈춘다.

"자, 내 해석은 여기까지야. 이다음부터는 너희가 해석해봐. 해석을 잘하고 싶겠지."

이제 학생들은 스마트폰에 있는 영어 사전을 이용해 단어를 검색하면서, 서로 친구에게 물어가면서, 모둠별로 글을 해석해 나간다. 각자 해석하게 하면 포기하는 학생이 생기니까, 네 명씩 모둠으로 해야 한다. 해석한 다음에 학생들끼리 이야기를 나누게 해야 글을 더 깊게 이해하니까, 아무래도 모둠을 만들어 두는 게 좋다.

모둠 대화는 구성원들에게 역할을 분명히 맡겨야 더 잘된다. 모둠마다 내부에서 가위바위보를 하게 해서 '사회' '기록' '발표' '공감'을 뽑게 한다. 사회는 사회를 보고, 기록은 대화 내용을 살짝 메모하고, 발표는 발표를 하고, 공감은 누가 말할 때 호응을 해주는 역할이다.

수업 진행은 이렇게 된다. 첫 시간은 학생의 글 해석 20분, 서로 이야기 나누기 20분을 하면 다 지나간다. 두 번째 시간은 모둠 발표 10분, 학생과 교사 사이의 질문과 답변 10분, 교사의 정리 20분으로 한다.

서로 이야기를 나누게 할 때는 다음 순서를 따라서 하면 학생들이 말을 그럭저럭 하게 되는 모습을 볼 것이다.

① 마음에 드는 한 문장을 소리 내서 읽고 그 이유 말하기.
② 이 글과 관련한 내용 중에서 다른 곳에서 보고 들은 것 말하기. 예) 영화, 드라마, 다른 책, 자기 또는 남의 경험.
③ 궁금한 점 각자 두 개씩 말하기. 그런 다음에 모둠에서 제일 가치 있는 물음 1~2순위를 정해서 거기에 대해 서로 이야기하며 답 찾기.

한 번에 한 사람이 ①부터 ③까지를 다 말하게 하면 안 된다.

그러면 한 사람의 말이 길어져서 분위기가 늘어진다. 네 명 모둠이 한 사람씩 ①을 말하고, 그다음에 ②를 말하고, 그다음에 ③을 말하게 해야 대화가 들을 만해진다. 대화는 물론 우리말로 하고, 발표도 우리말로 한다. 영어로 말할 수 있는 학생들이라면 영어로 해도 되지만, 대부분의 학교에서 쉽지 않다. 그래서 영어 글을 읽고 우리말로 대화하는 것에 만족해야 한다. 영어로 발표할 수 있는 학생은 영어로 해보라고 한다.

마지막으로 다른 나라로 떠나는 여행 계획을 세우는 영어 독서 방법을 소개한다. 학생들에게 500만 원이 있다고 가정하고 보름간 외국 여행을 떠나는 계획을 세워보라는 일이다. 재밌게 부담 없이 할 수 있는 활동이다. 여행 계획을 세우는 데는 조건이 세 가지 있다. 실용적이어야 하고, 재미가 있어야 하고, 배울 거리가 있어야 한다.

외국 여행 계획 세우기 수업을 하려면, 예산이 200만 원 정도 필요하다. 그중에서 100만 원으로는 여러 나라에 관한 영어판 『론리플래닛』을 구입한다. 나머지 100만 원으로는 한글로 된 외국 여행 책을 다양하게 구입한다. 영어로 된 책을 읽을 수 있는 학생은 영어판 여행 책으로 계획을 세우고, 영어로 된 책을 읽기 어려운 학생은 한글로 된 외국 여행 책을 본다.

학생들에게 B4 종이를 한 장씩 준다. 보름 동안의 여행 계획을 마음껏 세운 뒤 종이 앞뒤에다가 보기 좋게 공간을 나누어 여행 계획을 정리해보라고 한다. 저렴하게 비행기 표를 끊으려면 경유하는 비행기를 타야 하는데, 그러면 알아야 하는 생존 영어 표현들이 있다. 그리고 입국 심사를 통과할 때 알아두어야 하는 영어 표현, 여권을 잃어버렸을 때 알아두어야 하는 영어 표현 등도 열두 문장 정도 적어두게 한다.

이 계획서에는 구체적으로 비행기 표, 숙소, 식당, 구경 갈 곳, 예산 계획, 이동 계획이 나와 있어야 한다. 그 나라 문화에 대해 알아둘 내용도 어느 정도 정리되어 있어야 한다. 네 시간 정도 수업 시간을 쓰면, 학생들이 근사하게 여행 계획을 세우게 된다.

그러면 이 수업으로 학생들이 얻는 것은 무엇일까? 영어로 된 책을 읽은 학생들은 영어 의사소통 능력을 연습하게 된다. 영어 책을 읽을 실력이 안 되어서 한글로 된 외국 여행 책을 읽은 다수의 학생들에게는 무엇이 남을까? 그 학생들은 영어를 공부해야겠다는 동기를 얻게 된다. 외국 여행 책을 보고 네 시간 동안 여행 계획을 세우면, 당연히 외국 여행을 떠나고 싶은 마음이 든다. 여행사가 모든 것을 챙겨주는 패키지 여행이 아니라 배낭여행을 떠나서 재밌게 지내다 오려면 무엇보다 영어를 할 줄 알아야 한다는 생각이 자연스럽게 든다. 영어를 더 잘하면 여행이 더 재밌겠다는 생각이 들어서 영어 공부를 하려는 동기를 얻게 되는 것이 이 활동의 주된 목표다. 아, 생존 영어를 열두 문장 정리하니까, 아주 조금 영어 의사소통 능력이 늘었다고도 하겠다.

제2외국어, 한문 시간에는 교양이 되는 내용을 정리하기

요즘 고등학교에서 제2외국어는 중국어와 일본어를 많이 가르친다. 대학 시험 응시는 좋은 성적을 얻기에 유리하다는 소문이 나서 아랍어와 베트남어가 많다. 제2외국어 시간에는 그 나라 글로 된 책을 읽기가 보통은 어렵다. 외국어고 학생이라면 그 나라 글로 된 책을 읽을 수 있겠지만, 일반 학교에서는 우리말로 된 그 나라의 문화에 대한 책을 읽어야 학생들이 따라온다.

제2외국어 시간에 하는 책 읽기는 해당 나라의 문화 교양을 얻는 것을 목표로 한다. 언어 사용능력을 직접 높이는 공부는 수업 시간에 교과서로 하고, 독서는 그 나라의 문화에 초점을 둔다. 그런데 문화 교양이 언어 사용능력과 아주 관계가 없지도 않다. 그 나라의 문화에 대한 이해가 있으면, 그 나라의 글이나 말을 이해하는 데도 조금은 도움이 된다. 그리고 고급스럽게 언어를 구사하려면, 그 나라의 문화 교양에 대한 지식이 꼭 필요하다.

이 수업은 그 나라에 대한 책을 교사가 10종 이상 추천하고, 그중에서 학생들이 마음에 드는 책을 한 권 골라 읽은 뒤 내용을 정리하는 방식으로 진행하면 된다. 1년에 한 권 읽는 것을 목표로 하면 무리가 없다. 1학기나 2학기 중에서 한 학기를 정해서 한다.

학기 초에 책 목록을 나누어주고 학생들에게 미리 책을 준비해두게 하고, 1차 지필시험이 끝난 뒤에 1~2주 정도 시간을 내서 하면 된다. 수업 시간에 책 읽고 활동지를 쓸 시간을 여건에 따라 1~2주 정도 주는데, 이때 교사는 특별한 무엇을 하지 않고 학생들이 잘하는지 챙기고, 간간이 학생들이 물어보는 내용에 대답을 해주면 된다. 수업 중에 교사가 어려운 점은 하나도 없다.

학생들에게 학기 초에 책을 준비하게 하는 것은 미리 책을 읽게 하기 위해서이다. 제2외국어 수업의 특성상 독서에 쓸 수 있는 시간이 많지 않다. 독서 수업 시간이 짧기에, 학생들이 미리 조금이나마 책을 읽어오는 게 필요하다. 잘못하면 1~2주 책 읽고 활동하는 기간이 끝나갈 때가 다 되어서야 학생들의 책 준비가 모두 갖추어지는 경우가 있다.

학생에게 책을 권할 때는 어려운 책, 보통 수준인 책, 무척 쉬운 책, 이렇게 세 부류로 책을 소개하면 좋다. 학생마다 제2외국어 독서에 들이는 관심과 애정의 정도가 다르기 때문에, 위계가 다른 책을 권해주는 것이 현실적이다. 모두 공평하게 부담을 받아야 하기에 같은 수준의 책을 주어야 한다는 생각도 일리가 있다. 하지만 어떤 과목이든 열정과 실력이 다른 학생이 있기 마련이다. 그래서 여러 학생들과 수업할 때는 수준이 다른 책을 권해주는 게 결과가 좋다. 이 부분에서 교사가 완고 하면 더 큰 것을 잃게 된다.

그 나라에 대한 책은 높은 수준으로는 그 나라의 지식인이 쓴 사회 비평이나 문학 작품이 있다. 문학 작품으로는 루쉰, 위화, 중자오정 같은 중국 작가들이나 하이타니 겐지로, 시게마츠 기요시 같은 일본 작가들의 책을 학생들이 잘 읽는다. 또한 그 나라의 지식인이 쓴 사회 비평은 학생들에게 현대 문명을 바라보는 지적 영감을 주기에 부족함이 없다.

이때 교사가 대학 시절에 공부하던 기억을 떠올려, 20세기 초반에 나온 사상가들이 쓴 책 위주로 권하지 않도록 주의해야 한다. 그러면 학생들은 정말 정신줄을 놓아버린다. 아직은 대학생이 아니므로, 고전 저작보다 되도록 최근에 나온 책을 권해 주어야 학생들이 눈을 반짝이며 읽는다.

중간 수준의 책으로는 우리나라 사람이 쓴 외국에 대한 사회 비평이나 문화 비평이 있다. 한국 사람이 쓴 외국에 대한 비평서는 대체로 읽기가 어렵지 않다. 여기에 들어가는 책은 중국 관련해서는 경제인들이 쓴 책이 많고, 일본에 대해서는 문화 비평이 많다. 현재 한국이 무역 거래를 제일 많이 하는 나라가 중국이다 보니, 경제 분야에서 중국에 대한 책이 많이 나왔다. 학생들도 먹고사는 일에 관심이 많아서, 중국 경제나 중국 회사의 문화에 대한 책을 관심 있어 한다. 일본 문화와 관련해서는 여러 분야에 걸쳐 다양한 책이 나와 있고, 현재에도 계속 나오고 있다. 일본 문화는 인기가 높아서, 이 분야의 책 읽기는 호

웅이 좋다. 책을 한 권씩 사라고 해도 학생들이 금방 책을 준비해온다.

가장 쉬운 책은 여행자들이 쓴 여행 기록인데, 누구나 재밌고 편하게 뚝딱 사흘 만에 읽을 수 있다. 배낭여행자가 쓴 책들은 글솜씨가 좋아서 편안하면서 사람이 사는 재미가 무엇인지를 생각하게 한다. 또는 국적이 다른 사람들이 혼인한 뒤에 상대 나라의 문화에 대해 소개하는 책이 있는데, 이런 책들도 재미가 있다. 책 읽기가 서툰 학생들도 이 책들은 재미있게 잘 읽는다.

책을 읽고 난 다음에는 내용 정리를 한다. 항목을 알려주고, 종이 한 장에 앞뒤로 써오게 하면 학생들이 쉽게 한다. 거기에 담을 내용은 다음 항목 정도면 된다.

- 새롭게 안 사실: 그 나라의 문화, 사회 운영 방식, 사람들의 성격, 역사.
- 한국 사회와 다른 점: 사회제도, 문화, 음식.
- 한국에 들여오면 좋은 점: 사회제도, 문화.

학교 예산을 쓸 수 있다면, 책을 학교에서 준비해주어도 좋다. 학생들에게 학기 초부터 책 읽기 수업이 끝날 때까지 두세 달 장기 대출을 해주는 것이다. 책을 오랫동안 빌려주고 중간에 챙기지 않으면, 학생들이 책을 잃어버릴 수 있다. 책 분실을 예방하려면, 매 시간 교과서와 함께 자기가 빌린 그 나라의 문화에 대한 책을 늘 가지고 다니게 하면 된다. 제2외국어 시간에는 교과서 옆에 꼭 책이 한 권 있게 하는 것을 기본 습관처럼 챙겨두면, 책 분실이 예방된다. 이렇게 하면 평소에 책을 들고 다니다가 보게 될 가능성도 많아져서 책 읽기를 유도하는 효과도 있다.

특정한 제2외국어 과목을 선택한 학생이 그 학교의 한 학년에 백 명이라면 예산이 200만 원 정도 필요하다. 학생 수만큼만 책을 준비하면, 학생들의 관심을 끌어낼 수 없다. 학생이 책을 선택할 수 있게 학생 수보다 책의 권수가 충분히 많아야 학생들이 잘 참여한다. 책의 권수는 학생 수의 1.5배로 잡는 게 좋다. 한 번 책을 마련해두면 그다음 해에도 쓸 수 있다.

학생에게 추천한 책을 교사가 다 읽는 것은 불가능하다. 학생들이 읽는 책을 다 따라서 읽어야 한다는 부담을 느끼지 않아도 된다. 그 나라 언어를 전공한 교사에게는 이미 배경지식이 많아서, 그 책들을 읽지 않아도 학생들과 이야기 나누는 데 별 문제가 없다. 문학 작품을 권할 때만 교사가 그 책을 읽어두면 좋다. 문학 이외의 책은 굳이 읽지 않아도 교사의 지식으로 거의 모든 상황을 상대할 수 있다.

한문은 고전에 해당하는 내용을 많이 담고 있는 과목이다. 동아시아 한자 문화권이 쌓아온 내용 중에서 세월을 거쳐서 검증되고 그 가치를 인정받은 것들을 가르친다. 한문 시간에 하는 책 읽기는 한자를 더 알게 하는 어휘력 향상 수준으로 한정하면 옹색해진다. 그러지 말고 한문 교과 내용 전반에 걸쳐서 넓게 책의 범위를 잡아야 한다. 그리고 한문으로 된 책을 권하면 그것을 읽을 학생이 거의 없기에, 당연히 현대 한글로 된 책을 권해야 한다.

한문 교과와 관련해서는 다음과 같은 책들이 읽힐 만하다.

첫째는 우리 옛 학자들이 쓴 글을 현대어로 옮긴 책이다. 안대회 같은 고전 연구자들이 옛글을 번역한 책을 여러 권 펴냈는데, 그런 책들 중에서 학생들이 읽을 만한 책을 골라서 권한다. 이 부류의 책을 읽고는 인상 깊은 구절, 생각에 자극이 되는 문장을 옮겨 적은 뒤 그 이유를 적는 활동을 하면 된다. 조금 수준을 높여서, 현재 자기 삶이나 우리 사회에 적용할 수 있는 문장을 뽑게 할 수도 있다. 전체 글을 다 읽고 모두 다 느낌을 받기는 어렵기에, 글 읽는 사람에게 와닿는 부분을 찾아서 그 부분은 음미하게 하는 방법을 쓰는 게 공부 효과가 난다.

둘째는 한시를 현대어로 옮긴 책이다. 요즘 사람들이 읽기에 괜찮은 한시를 뽑아서 설명해둔 책을 권할 만하다. 기세춘과 신영복이 『시경』을 현대어로 옮긴 내용이 『중국역대시가선집 1』에 담겨 있는데, 번역이 좋아서 학생들이 인상 깊게 읽을 작품이 여러 편이다. 국문학자 정민이 유명한 한시를 골라서 엮은 책도 학생들에게 널리 읽혔다.

한시집을 읽고는 자신에게 와닿는 작품을 골라서 옮겨 적고 그 시를 그림으로 표현해보는 활동을 해도 좋다. 수준 높게 공부하려면, 현대의 노래나 시 중에서 주제가 비슷한 작품을 골라서 표현법, 내용, 생각 측면에서 공통점과 차이점을 쓰게 할 수 있다. 책에 실린 모든 시에서 다 느낌을 받으려 하면 책 읽기가 불편해진다. 자신에게 와닿는 작품을 찾아 거기에 집중하도록 읽기 지도를 해주어야 한다.

셋째는 고전 역사서 중에서 인물 이야기가 나오는 열전 부분에 대한 책이다. 사마천의 『사기』에서 열전 부분을 소개한 책은 여러 종류로 무척 다양하게 서점에 나와 있다. 옛사람들의 이야기가 워낙 인상적이어서 지금 읽어도 흡입력이 있기 때문이다. 『삼국유사』와 『삼국사기』의 열전 부분도 학생들이 재밌게 잘 읽는다.

열전은 인물 이야기이기에, 어느 한 인물을 택해서 이런 질문에 답하게 하면 글을 더 쉽게 읽을 수 있다. 그 인물이 어떤 상황에 놓였는지, 그 상황에서 어떤 선택을 해서 어떻게 행동했는지, 그 선택으로 그 인물이 놓인 상황은 어떻게 달라졌는지, 그 선택으로 인물의 삶은 어떻게 달라졌는지, 그 인물은 사람들에게 어떤 생각거리를 주었는지, 책의 저자가 그 인물을 평가한 관점에 대해 자신은 어떻게 생각하는지, 개인적으로 아는 사람 중에서 그 인물 이야기를 들려주고 싶은 사람은 누구인지?

넷째는 『논어』 『맹자』 『도덕경』 『장자』 『묵자』와 같은 사상서다. 한문 교과서에는 이런 고전에서 널리 알려진 개념을 뽑아서 소개하고 있다. 그런데 교과서는 분량이 제한되어 있어서, 길게 설명하지 않고 아주 짧게 요약이 되어 있다. 예를 들면 『맹자』에 나오는 '무항산 무항심無恒産 無恒心'과 같은 말은 교과서에 한 줄이 나오지만, 그 한 줄과 교사의 몇 마디 설명으로 가르치기에는 너무 아까운 개념이다. 이때 『맹자』에서 그 말이 나온 대화 장면이 실린 원문이 현대어로 번역된 자료를 제시하면, 학생이 앞뒤 맥락을 파악하게 되어 더 깊게 이해할 수 있다.

이 책들은 학생이 전체를 다 읽기에는 무리가 있으므로 교과서에 나오는 개념이 나오는 유명한 장면들을 교사가 선택한 뒤 그 원문을 온전히 현대어로 옮긴 글로 수업하는 편이 무난하다. 또는 동양철학을 쉽게 해설한 책들을 권할 수도 있는데, 이 부류의 책은 학생이 이 분야를 공부할 마음의 준비가 되어 있을 때 권해야 한다.

교사에 따라서는 책 읽기에 여러 시간을 쓸 수도 있고, 아주 적은 시간만 쓸 수도 하다. 여러 시간을 내기가 어렵다면, 세 시간 정도만 내서 처음 두 시간은 책을 읽고 마지막 한 시간 동안은 내용을 정리하게 하는 최소한의 방식으로 해도 된다. 시간이 더 있다면, 활동을 더 하기보다 책 읽는 시간을 늘리는 게 낫다.

여기에 있는 네 가지 종류의 책을 동시에 소개해서 학생에게 고르라고 해도 되고, 어느 한 부류의 책으로 해도 된다. 1학기에는 두 가지를 하고, 2학기에는 다른 두 가지를 해도 된다. 아니면 가르치는 사람에게 와닿는 한 종류의 책으로 쭉 수업을 밀고 가도 좋다.

역사, 과학, 도덕윤리 시간에는 생각문제 쓰기

역사, 과학, 도덕윤리 과목은 수업 시간에 가르쳐야 할 지식과 개념이 많다. 그래서 학생들에게 책 읽기를 시키려 할 때 교사 스스로 심리적인 어려움을 겪기도 한다. 그래서 방법이 간단한 게 좋다.

앞에서 소개한 발췌독서를 이 과목들에서도 그대로 쓸 수 있다. 도서관이나 교과실에 교과 관련 책을 100종 정도 갖추고 하면 된다. 한 시간은 읽고 한 시간은 정리하니 수업이 간단하다. 여기에서는 발췌독서처럼 간단하지만, 그보다 한 단계 더 들어가는 '생각문제'라는 활동을 소개하려고 한다. 발췌독서가 책 내용을 정리하면서 책 자체를 읽는 것에 초점이 있다면, 생각문제는 책 내용과 관련해서 생각하는 데 초점이 있다.

생각문제는 학생이 자기 스스로 문제를 내고, 거기에 답을 쓰는 활동이다. 반쪽 정도로 길게 답을 쓰기에 적당한 문제를 내고, 종이 한 장에 앞뒤로 문제와 답을 쓴다. 앞쪽에 두 개, 뒤쪽에 두 개로 모두 네 개 문제를 내고 적은 후 각각 답을 쓴다. "자기가 잘 쓸 수 있는 문제를 내. 답을 못 쓰겠는 문제는 내면 안 돼"라고 교사는 말한다.

먼저 수업 시간에 적절하게 책 읽기 시간을 확보해서 책을 읽는다. 각자 여건에서 할 수 있는 만큼 시간을 내서 읽으면 된다. 두 시간을 내서 50~60쪽을 읽고 할 수 있고, 네 시간을 내서 100쪽 정도를 읽고 할 수 있고, 그 이상 시간을 내서 한 권을 다 읽고 할 수도 있다. 이렇게 책을 읽은 다음에, 생각문제 활동을 한다. 수업은 책 읽는 시간을 빼고 두 시간이 필요하다.

첫 번째 시간에는 문제 유형을 이해시키고 실제 문제를 낸다. 문제를 어떻게 낼지 유형을 학생들에게 꼭 알려주어야 한다. 그래야 문제가 수준 있게 나와서 이 활동이 의미 있게 된다.

문제 유형은 세 가지다. 책에 나온 내용으로 답을 쓰는 문제, 책과 다른 정보를 연결해서 답을 쓰는 문제, 책과 자기 경험이나 판단을 연결해서 답을 쓰는 문제이다. 학생들은 문제를 네 개 내는데, 각각의 유형이 최소한 하나씩은 들어가 있게 한다.

학생들이 낸 문제의 사례

- 『저는 남자고, 페미니스트입니다』를 읽고 김지윤이 낸 문제(고1)

  가부장제 사회에서 한 남성의 아내가 된다는 것은?

그동안 우리가 아무렇지 않게 여겼던 일상생활 속 여성 혐오 요소는?

만약 주변 남성에게 페미니즘을 권한다면 어떻게 할 것인가?

우리가 현대사회의 여성 혐오 문제에 침묵하거나 외면하면 안 되는 이유는?

• 『자존감 수업』을 읽고 이예준이 낸 문제(고1)

아이를 키우다 보면 유독 말썽을 피우는 시기인 '미운 여섯 살 시기'를 맞게 된다. 이 시기가 왜 찾아오는 걸까?

요즘 '결정 장애'라는 단어가 조명받고 있다. 젊은 세대들이 사소한 것조차 쉽게 결정하지 못하는 것을 빗대어 하는 말인데, 왜 이런 일이 생기는 걸까?

열등감을 자극하여 성공하게 만드는 '악역 공부법'이 유행한 적이 있다. 그렇다면 정말 열등감은 성공을 이끄는 기폭제가 될 수 있을까?

요즘은 옛 세대처럼 빈곤, 전쟁을 겪지 않는데도 삶이 고단하고 힘들다고 하는 사람들이 늘었다. 왜 그럴까?

• 『우리가 몰랐던 노동 이야기』를 읽고 이승주가 낸 문제(고1)

특히 독일에서 노동 인권 교육이 활발하게 시행되는데, 그 방법과 그렇게 실시하는 이유는 무엇일까?

국민 대부분이 노동자임에도, 이들이 언론의 노동문제 보도를 무비판적으로 수용하는 이유는 무엇일까?
미국은 기부 문화가 활성화되어 있지만, 우리나라는 아닌 이유가 무엇인가?
"노동운동의 정당성은 자본주의 경제 자체가 갖는 모순으로부터 나오고, 자본주의의 모순은 노동자들로 하여금 올바른 선택을 할 수밖에 없도록 만든다"는 말이 무슨 의미인가?

- 『벼랑에 선 사람들』을 읽고 조현용이 낸 문제(고1)

빈곤은 개인의 탓인가?
빈곤은 대물림되는가?
경쟁에서 뒤처진 자는 차별받아도 되는가?
빈곤에서 벗어날 수 있는 방법은 무엇인가?

- 『심리학, 열일곱 살을 부탁해』를 읽고 김현지가 낸 문제(고2)

대한민국에서 열일곱 살로 살아간다는 것의 의미는?
속으로는 적대감을 느끼지만 겉으로는 내색하지 않는 10대의 '반동 형성'이란?
고등학생에게 친구란 무엇인가?
열등감은 성공의 에너지가 될 수 있을까?

전에 다른 사람들이 해놓은 사례를 보여주면, 학생들이 문제 내기와 답 쓰기를 어떻게 해야 할지 이해가 쉬워진다. 사례는 여럿 보여주어야 학생들이 빨리 터득한다. 나는 스무 개가 넘는 예를 준비해서 그것을 서너 개씩 출력한 후 학생들에게 보여준다. 한 학생마다 세 가지 정도 사례를 볼 수 있게 해준다.

사례를 다 살펴봤으면, 이제 자신이 직접 문제를 내본다. 친구와 상의하며 답도 써보면서 연습을 한다. 수업이 끝날 때가 되면, 교사는 학생들에게 "집에서 꼭 답을 써봐. 연습해보고 와야지, 그냥 오면 안 돼"라고 말한다.

두 번째 시간에는 교사가 종이를 한 장씩 주고, 학생이 낸 문제만 종이에 옮겨 적게 한다. 그 뒤에는 참고 자료 없이 기억에 의존해서 답을 쓰게 한다. 자료를 못 보게 하는 이유는 누군가 다른 사람이 적어준 답을 옮겨 적는 일을 막기 위해서다.

종이 위 왼쪽에 자기가 읽은 책 제목과 저자를 쓰게 하고, 종이 아래 오른쪽에 이름과 학번을 쓰게 하면, 나중에 교사가 걷어서 볼 때 깔끔하다. 종이 한 장을 앞뒤로 해서 쓰면 충분하다.

이 활동을 평가할 때는 먼저 가가의 문제 유형이 모두 포함되었는지를 살핀다. 의외로 세 가지인 문제 유형을 모두 다 반영하지 못하는 학생들이 일부 있다. 그런 학생들은 책에서 답을 찾을 수 있는 문제만 낸다. 가장 낮은 수준으로 활동을 한 학생들이 책의 내용만 정리한 글을 써내는 이들이다.

그다음에는 자기 의견이나 주장을 적절히 증명하는지를 본다. 누구나 자기 의견을 내고 주장을 펼치지만, 그것을 설득력 있게 증명하는 일에서 수준 차이가 난다. 증명을 잘한 글을 보면, '이 학생이 뛰어나구나' 하는 생각이 저절로 든다. 생각과 주장을 말할 때는 증명을 제대로 했는지가 매우 중요한 판단 지점이다.

마지막으로 자기 경험이나 판단과 연관된 문제와 답을 잘 썼는지를 본다. 자기 경험이나 판단을 책 내용과 연결하는 문제는 이 활동에서 가장 높은 단계의 일이다. 이 문제에서는 자기에 대한 성찰이 나타나기도 하고, 자신이라면 책에 나온 선택의 상황에서 어떻게 했을지 가치 판단을 하기도 한다.

각각의 독서 활동에는 어울리는 책들이 있다. 생각문제를 하기에 알맞은 책은 가치 판단이 담겨 있는 책이다. 단순히 지식이 요약되어서 설명된 책은 생각문제를 하기에 적절하지가 않다. 저자가 가치 판단을 할 만한 이야깃거리에 대해 쓴 책으로 해야 생각문제는 제대로 된다.

이런 책으로는 어떤 책이 있는가 예를 들어본다.

도덕윤리 분야의 책은 대부분 가치 판단이 담겨 있어서 여기에 속한다. 빈곤, 전쟁, 폭력, 차별, 윤리, 노동, 연민, 인권, 장애인, 성윤리, 동물권, 공존, 윤리적 소비, 사회정의, 남북 화해에 대한 책들이 도덕윤리 시간에 읽고 생각문제 활동을 하기에 알맞다.

요즘 학생들이 특히 좋아하는 반려동물 이야기를 담은 『10대와 통하는 동물 권리 이야기』, 우리가 무심하게 먹는 식용 고기가 되는 가축들이 어떤 환경에서 키워지는지를 생생하게 알려주는『고기로 태어나서』, 우리 일상의 여러 측면에서 성차별 요소를 찾아 관점을 바로잡아주는『나의 첫 젠더 수업』, 남북 화해가 왜 필요한지를 전 통일부장관이 논증하는『통일을 보는 눈』, 가정폭력에 시달리는 아내들이 이를 극복하는 이야기를 담은『그 일은 전혀 사소하지 않습니다』, 페미니즘을 논쟁적으로 설명하는『저는 남자고, 페미니스트입니다』, 우리 주변에서 흔히 보는 배달 기사와 전화 상담원이 어떻게 일하는지 알려주는『노동, 우리는 정말 알고 있을까?』같은 책을 학생들이 잘 읽는다. 이 책들을 읽고 나면, 누구나 생각에 잠기고 윤리적 감수성이 자연스럽게 높아지게 된다.

과학에서는 지구온난화, 생명 윤리, 생태 환경, 기술 윤리, 과학 윤리, 종 다양성, 음식 첨가물에 대한 책들이 생각문제 활동을 하기에 적당하다. 여러 가지 과학 상식이 단순하게 나열된 책은 이 활동에 맞지 않다.

환경 파괴를 다룬『시그널, 기후의 경고』『누가 왜 기후변화를 부정하는가』『반기성 교수의 기후와 환경 토크 토크』『앵그리 플래닛』『6도의 멸종』처럼 주제 의식이 뚜렷한 책을 제시하면 학생들이 생각을 이끌어낼 수 있다. 적정기술을 다룬 슈마허의 책을 쉽게 다시 쓴『작은 것이 아름답다, 새로운 삶의 지도』, 종 다양성과 인류의 식량 사이를 설명하는『바나나 제국의 몰락』, 식품에 대한 논쟁적인 입장을 밝히는『솔직한 식품』, 병원에서 건강검진을 할 때 쬐는 방사선과 라돈이 건강에 미치는 영향을 알려주는 『방사능 시대를 살아가는 엄마들에게』와 같은 책들을 읽으면 학생들이 생각을 하지 않을 수 없다.

역사에서는 어떤 시대, 인물, 사건을 다루면서 저자가 자신의 관점으로 가치 판단을 하고 비평을 한 책이 좋다. 시대별로 주요 사건을 건조하게 써놓은 책은 지식을 얻기에는 괜찮지만 생각을 불러일으키는 데는 알맞지 않다.

'위안부' 문제를 다룬 『기억하겠습니다』, 일제강점기 독립운동가들의 노력을 담은 『1923 경성을 뒤흔든 사람들』, 일제강점기에 독립운동가와 친일파 열네 명을 대비해서 보여주는 『일제강점기 그들의 다른 선택』, 학교와 입시와 두발과 나이와 군대 등 청소년과 연관된 사건의 역사를 추적한 『한홍구의 청소년 역사 특강』, 여러 역사학자들이 한국사의 쟁점을 다루어서 지적 무게가 있는 『쟁점 한국사: 전근대편·근대편·현대편』과 같은 책이 생각문제를 하기에 알맞다.

역사 서적만이 아니라 역사 사건을 다룬 역사소설도 좋은 읽을거리다. 6·25를 인민군 포로의 시선으로 그려내서 화제가 된 안재성의 『아무도 기억하지 않았다』, 맨부커상을 탄 한강이 5·18 광주민주화운동에 대해 쓴 『소년이 온다』, 역사적 사건을 소재로 여러 작가들이 쓴 단편소설을 모은 『벌레들』은 역사 시간에 읽기에 부족함이 없다.

생각문제는 서술형 문제이기도 하고, 논술 글쓰기이기도 하다. 학생 자신이 잘 쓸 수 있는 문제를 내고 답을 쓰기에, 다들 답도 잘 쓴다. 구성이 갖추어진 완결된 긴 글보다 이렇게 반쪽짜리 글은 쓰기가 훨씬 쉽다. 막연하게 감상문을 쓰라는 말은 문학 책을 읽었을 때는 할 만하지만, 역사와 자연과학과 도덕윤리 분야의 책을 읽었을 때는 따르기가 어렵다. 지식과 개념과 주장이 담긴 책을 읽었을 때는 생각문제로 독서 활동을 해보자. 무엇을 쓸지가 명확해서 글쓰기가 많이 편하다.

사회, 국어 시간에는 구술평가로 면접 연습을!

사회와 국어 시간에는 학생들에게 책 읽히기가 상대적으로 쉽다. 일단 웬만한 책은 다 사회나 국어 교육과정과 연관된다. 사회는 사람 사는 세상에 대한 이야기다 보니, 참 해당되는 책이 많다. 국어는 내용의 제약이 없이 읽고 쓰고 말하고 생각하는 힘을 기르는 교과이니, 역시 어떤 책이든 다 해당이 된다.

대학에서 입학사정관들이 똑같이 합의하는 의견이 있다. 수능 점수, 학교 교과 성적, 학생생활기록부 등 여러 전형 자료 중에서 가장 신뢰도가 높은 것이 바로 면접이라고 한다. 학생생활기록부에 담긴 내용도 면접을 거쳐보면 진짜 그 학생이 제대로 했는지 부실하게 했는지 다 알 수 있다고 한다. 학교에서 학생들을 봐도, 그 학생이 다른 사람과 이야기 나누는 것을 들어

보면 그 학생의 수준과 역량을 세밀하게 파악할 수 있다. 그래서 기업에서도 오래전부터 면접을 중요하게 봤다.

사회, 국어 시간에는 구술평가로 독서 활동을 해보자. 구술평가는 학생의 말을 평가하는 것이다. 이 평가는 학생이 말하는 내용을 잘 파악하고 있어야 하기에, 실제 학생의 능력이 어느 정도인지 정확하게 알아볼 수 있다. 상대에게 자기가 알고 있는 내용, 자신의 생각을 어느 정도로 전달하는지도 살피게 되기에, 구술평가는 학생의 소통 능력을 알아볼 수도 있다. 혼자 좋은 말을 길게 한다고 해서 그 내용이 상대에게 제대로 전달되지 않는다. 구술평가는 사람과 사람 사이에 일어나는 상호작용에 어떻게 대응하는지 그 능력을 연습시키는 도구이다.

책을 읽고 구술평가만 할 수도 있고, 다른 독서 활동과 함께 구술평가를 할 수도 있다. 사회나 국어 과목은 수업시수가 많은 편이기에, 일주일에 한 시간씩 책을 읽는 방법을 추천한다. 두 달 정도 읽으면 학생들이 책을 다 읽게 된다. 아니면 집중해서 1~2주 동안 책을 읽어도 좋다. 그렇게 책을 읽은 다음에 구술평가를 한다. 한 시간은 연습을 하고, 그다음 시간에 평가를 하면 된다.

우선 문제를 시험 보기 일주일 전에 미리 공개한다. 문제가 미리 공개되어야 구술평가를 하는 순서에 따라, 그러니까 먼저 하는 학생과 나중에 하는 학생 사이에 점수 차이가 없다. 문제를 미리 공개하지 않으면, 자칫 나중에 평가받을수록 점수가 나아지는 현상이 나타날 수 있다. 문제는 총 10문제 정도면 적당하다.

구술평가는 그 준비를 하면서 학생이 공부가 많이 된다. 친구들끼리 서로 마주 보고 질문하고 답하면서 연습하는데, 그 과정에서 학생은 책에서 얻은 지식을 잘 기억하고 있어야 한다. 그리고 그 지식을 어떤 상황에 적용해서 어떻게 활용할지 생각해야 하고, 말을 할 때는 상대가 자기 말을 어떻게 알아듣는지를 살피며 표현을 조정해야 한다. 상대를 편안하게 바라보며, 목소리도 잘 내야 상대가 잘 알아듣는다. 구술평가 연습은 지식의 기억, 지식의 활용, 상대에게의 내용 전달 측면에서 공부가 된다. 수업 시간에 한 시간 정도 구술평가를 연습하게 하면 좋다.

평가는 네 명씩 모둠을 이루어서 한다. 누가 먼저 하고 나중에 할지의 평가 순서는 예민하기에 모둠 대표가 나와서 가위바위보로 정하는 게 좋다. 모둠별 평가 순서를 교사가 정하면 불만이 생긴다. 가위바위보를 해서 이긴 모둠부터 1순위로 하면 된다. 진 모둠을 1순위로 하면, 가위바위보를 한 모둠 대표가 심하게 구박을 받는다. 이긴 모둠부터 1순위, 2순위를 해야 탈이 없다.

순서가 정해지면, 교사가 스마트폰의 스톱워치를 켜고 구술평가를 할 모둠 학생들에게 스톱워치로 각자 자기 문제를 뽑게 한다. 구술평가 문제에는 1부터 10까지 번호가 매겨져 있다. 1초에 1부터 100 사이로 숫자가 바뀌는 스톱워치를 각자 손가락으로 눌러서, 그때 나온 숫자로 문제가 정해진다. 38이 나오면, 3번과 8번 문제에 대답한다. 10이 나오면, 1번과 10번 문제에 대답한다. 11, 22, 33, 88, 00과 같이 똑같은 숫자가 나오면 꽝으로 해서 다시 뽑는다.

모둠 안에서 다른 사람과 문제가 겹쳐도 상관없다. 문제가 같아도, 똑같이 답하는 것이 불가능하게 문제를 냈기 때문이다. 유명한 뉴스 진행자인 손석희 앵커가 말하는 것을 한 번 듣는다고 해서 그렇게 따라할 수는 없는 것과 마찬가지다. 퀴즈처럼 간단한 답이 아니라 길게 생각을 펼치는 문제이기에, 같은 질문이어도 괜찮다.

평가가 시작되면, 규칙이 세 가지 있다고 말한다.

첫 번째 규칙은 학생은 말할 때마다 자기 이름을 말하는 것이다. 그래야 채점하는 교사가 이름을 헷갈리지 않는다.

두 번째 규칙은 구술평가를 시작하면 교사에게 질문을 하지 못하는 것이다. 평가 상황에서 학생들은 불안하니까 자꾸 의미 없는 헛말을 한다. "이제 말해도 돼요?"라는 말을 학생들이 되풀이한다. 그래서 이때는 질문 금지가 필요하다. 구술평가 문제를 일주일 전에 알려주었기에 따로 질문할 게 있지도 않다.

세 번째 규칙은 학생들이 서로 얼굴을 보고 말하고, 교사를 절대 바라보지 못하는 것이다. 네 명의 학생은 서로에게 대화하듯이 얼굴을 보며 말을 하고 듣게 한다. 그래야 서로 교감하면서 말을 더 잘할 수 있고, 교사는 학생의 시선 바깥에 있기에 덜 힘들게 평가할 수 있다.

구술평가를 할 때는 책상 위에 아무것도 없는 상태에서 한다. 종이에 메모해온 내용을 보고 하지 않는다. 정리한 자료를 보게 하면, 그 내용을 그냥 읽게 되어 소통이 나빠진다. 아무것도 볼 자료 없이, 오직 서로 얼굴만 보고 답하게 한다. 책상 위에는 구술평가 문제가 적힌 종이만 한 장 놓여 있다.

학생이 구술평가를 하는 과정은 이런 모습이다. 모둠에서 네 사람이 가위바위보를 해서 이긴 사람이 제일 먼저 하고, 그 왼쪽으로 돌아가면서 순서가 된다. 학생은 자기 이름을 말하고, 자기가 뽑은 첫 번째 문제를 읽는다. 그런 다음에 스톱워치를 눌러서 1분 동안 자신의 답을 말한다. 한 문제에 답변 시간은 기본 1분이고, 20초 정도 많거나 적어도 된다. 답변 시간은 학급 학생 수에 따라 유연하게 조정한다. 네 사람이 한 번씩 말한 다음에, 다시 첫 번째 학생이 자신의 두 번째 문제에 답을 한다. 이때도 자기 이름을 말하고 문제를 읽고, 그다음에 스톱워치를 눌러서 정해진 시간 동안 답을 말한다.

네 사람이 두 번씩 말한 다음에는, 상호 질문·답변을 한다. 첫째 학생이 둘째 학생에게 즉석 질문을 한다. 둘째 학생은 답하고, 셋째 학생에게 즉석 질문을 한다. 셋째 학생은 답하고, 넷째 학생에게 즉석 질문을 한다. 넷째 학생은 답하고, 첫째 학생에게 즉석 질문을 한다. 첫째 학생이 답하는 것으로 구술평가는 끝난다. 한 사람마다 준비된 질문에 두 번 답하고, 학생끼리 서로 즉문즉답을 한 번 하게 된다. 학생이 하는 즉석 질문은 미리 알려준 문제에 없는, 그 학생이 만든 문제여야 한다.

"미리 즉석 질문과 답변을 연습해오면 어떻게 해요?" 이렇게 묻는 학생이 꼭 있다. 나는 1초도 머뭇거리지 않고 답한다. "제발 연습 좀 해오고, 말을 미리 좀 맞춰와라."

구술평가를 하는 과정은 작위적이다. 제한된 시간에 평가를 하기 위해서 그렇게 한다. 구술평가는 평가하는 순간에는 배우는 게 별로 없지만, 그 준비 과정에서 학생이 배우는 게 많기에 의미가 있다. 그래서 준비를 한없이 격려하고 유도해야 한다. 학생들은 연습을 해도 잘 못한다. 연습하지 않고 구술평가를 하면, 정말 슬픈 장면을 보는 수가 있다.

평가 기준은 말에 담긴 내용이 어떤가, 말이 얼마나 귀에 잘 들어오는가, 이 두 측면을 따진다. 한마디로 말의 내용성, 말의 전달성이다. 말의 내용성에는 가치 있는 내용인가, 설득력이 있는가, 근거가 식상하지 않는가와 같은 기준이 들어간다. 말의 전달성으로는 목소리가 듣기 좋았는가, 시선 처리가 적절했는가, 상대의 호흡을 살피며 말했는가 정도를 보면 된다.

학생은 세 가지 물음에 각각 답하는데, 한 답변마다 3점 만점으로 채점한다. 3-2-1로 점수를 준다. 10점 중에서 1점을 기본 점수로 하고, 3점 만점으로 세 번 채점한다. 채점할 때 신경 쓸 점이 있는데, 학생의 말이 무난하면 2점을 주어야 한다. 처음 시작 점수를 3점으로 하고, 단점이 있을 때마다 1점씩 깎는 방식은 교사의 정신 건강에 해롭다. 가운데 점수인 2점을 기본으로 하고, 탁월함이 있을 때 3점을 주고, 단점이 있고 부족할 때 1점을 주는 방식으로 해야 채점하는 교사가 심리적으로 압박을 덜 받는다. 그리고 이렇게 해야 점수 등급이 적절하게 나온다.

마지막으로 점수 보정이 필요하다. 교사가 채점하다 보면, 어떤 학생에 대해 3점을 줄지 2점을 줄지 고민일 때가 있다. 2점을 줄지 1점을 줄지 헷갈릴 때가 있다. 학생의 말이 점수표 사이에 놓인 경우가 있다. 또는 채점하다가 교사가 평가 기준이 흔들리는 것을 느낄 때가 있다. 그런 때는 0.5 점수를 준다. 2.5 또는 1.5로 주고, 나중에 다른 여러 학급의 점수 평균과 상위 1~3등급에 있는 인원수를 참고해 0.5점을 올리거나 내려서 보정한다. 또는 점수에 더하기나 빼기 표시를 해두고 나중에 조정해도 된다. 교사도 사람인지라 채점 과정에서 고민인 때가 있어서, 이러한 보정 장치가 어느 정도 필요하다.

구술평가는 장점이 많다. 우선 학생의 과제 부담이 없다. 무엇을 써내는 과제가 없어서 학생들이 편안해한다. 수업 이외 시간에 교사가 하는 채점 부담도 없다. 정규 수업 시간에 모든 것이 끝나기에, 교사와 학생 모두에게 편하다.

"제가 무슨 말을 했는지 하나도 기억이 안 나요. 머릿속이 하얘졌어요." 구술평가가 끝나면 학생들이 하는 말이다. 그러고는 100미터 달리기를 끝낸 듯 숨을 헉헉 몰아쉰다. 학생들은 긴장해서 자기가 어떻게 말했는지 기억하지 못한다. 기억이 없기에, 구술평가는 성적 민원이 없다. 친구들이 말하는 모습만 기억이 나는데, 잘한 학생이 곧바로 도드라진다. 그 결과가 너무 분명해서 모두가 수긍한다. 대부분 학생들은 자기 생각보다 점수가 잘 나왔다고 여긴다.

성적 민원을 걱정해서 구술 내용을 녹음하는 일은 의미가 없다. 말하기는 표정, 상황, 눈빛이 상대방과 상호작용하기에 녹음이나 촬영은 실제 현실과 다르다. 왕가위나 이창동 감독의 촬영감독 정도가 되어야 실제 상황과 같게 촬영하지, 보통 촬영으로는 말하기 상황의 적절성을 판단하기가 어렵다. 그렇기에 녹음, 촬영은 필요하지 않다.

구술평가는 등급이 뚜렷하게 구분되는 평가다. 말로 하는데, 그 수준 차이가 분명히 드러난다. 수행평가 도구에는 열심히 하는 학습 태도가 점수에 크게 반영되는 방법이 있고, 학생의 성취 정도가 점수에 주로 반영되는 방법이 있다. 구술평가는 성취 정도를 알기에 알맞는 방법이다. 그리고 평소 수업과 과제에 몹시 불성실한 학생도 어느 정도는 성의 있게 참여해서, 웬만해서는 포기자가 없다.

네 명 모둠이 이 방식으로 구술평가를 하면 15분 정도가 걸린다. 수업 한 시간에 두세 개 모둠을 할 수 있다. 스물여덟 명인 학급이라면, 세 시간 정도면 다 평가를 한다. 여기서 소개한 방법은 지금 학교 여건에서 쉽게 할 수 있게 설계되었는데, 상황에 따라 다양하게 변화시켜서 할 수 있다. 더 짧은 시간에 마치려면, 학생의 답을 세 번에서 두 번으로 줄이면 된다. 그러면 한 모둠당 10분이면 끝난다. 이때 채점은 5점으로 두 번만 하면 된다.

한 모둠이 구술평가를 받을 때, 다른 학생들은 교과서 다음 단원을 공부하고 있게 한다. 당연히, 아직 평가를 받지 않은 학생은 모두들 구술평가 준비를 하게 된다. 이미 평가를 받은 학생은 다음에 배울 교과서의 학습 활동을 풀고 있으면 된다.

10~15분 동안 하는 구술평가는 참여하는 학생들에게는 짜릿한 긴장감을 선물한다. 모두들 다른 친구가 한 말은 기억하는데, 자신이 한 말을 기억하지 못한다. 한번 구술평가를 체험하면, 학생들은 의사소통에 대해 오래도록 생각하게 된다. 이 과정에서 길러진 능력이 그 학생을 앞으로 인생에서 더 잘 살게 하리라고 믿는다.

내가 쓰는 구술평가 문제

문제에 답할 때는 왜 그것이 답인지에 대한 설명이 포함되어야 함.

- 이 책을 읽고 의미 있는 질문을 하고, 왜 그 질문이 의미 있는지 설명하시오.
- 책에서 인상 깊은 한 문장을 말하고 그 이유를 설명하시오.
- 책의 저자가 하려는 말을 한마디로 정리하고, 그 한마디가 왜 핵심인지 설명하시오.

- 책과 연관된 자기 경험을 말해보시오.
- 책과 관련된 세상일을 이야기해보시오. 여기서 세상일이란 언론, 예술, 다른 책에서 본 연관된 내용을 뜻함.
- 이 책을 읽으면서 어디에 초점을 맞추면 좋은지 말하고, 왜 그런지 설명하시오.
- 책에서 자기에게 특별히 와닿는 부분을 이유와 함께 설명하시오.
- 책에서 자신의 의견과 다른 점이 있다면 이야기해보시오. 자기 의견과 다른 부분이 없으면, 이 책과 의견이 다른 관점에 대해 설명하시오.
- 책에서 사회문제를 개선하는 데 도움이 되는 내용을 찾아 설명하시오.
- 이 책이 가장 어울리는 사람이 누구인지 이 반에서 찾아 그 이름을 대고 이유를 말하시오. 어떻게 그 친구에게 이 책을 소개해야 그 친구가 읽을지 효과적인 방법을 이야기하시오.

미술 시간에는 작품집으로 안목 넓히기

어느 학교에 갔더니 박수근 화백의 그림체를 따라 해서 학생들이 그려놓은 그림들이 벽에 붙어 있었다. 유명한 작가의 화풍을 본떠서 그림을 연습하는 일은 미술에서 흔히 쓰는 방법이다. 그런데 미술 교과서에 나온 그림은 그 크기가 너무 작아서 느낌이 약하다. 그래서 그림이 크게 나오고 인쇄 상태도 좋은 작품집이 미술실에 있어야 한다.

미술 교과서에는 유명한 작가의 작품이 많이 실리지 못한다. 교과서 지면이 제한되어 있기 때문이다. 미술실에 작가들의 화집을 백 권 넘게 갖추어두면, 학생들은 훨씬 다양하게 예술적 자극을 받을 수 있다. 백 권이 되는 작품집을 보면서 마음에 드는 작품을 찾아 그 그림체를 따라서 자기가 표현하고자 하는 주제를 작업하는 경우와 교과서에 나온 그림을 보고 하는 경우에 학생들의 성취가 다를 것이다.

보통 학교에는 더 이상 숨 쉬며 살아 있지 않은 지난 시대의 작가 작품집들이 많이 있다. 그런데 지금 활동하는 우리 시대의 작가들이 작업한 작품집을 학생들에게 많이 보여주면 느낌이 남다르다. 시대정신이라는 게 있어서, 같은 시대에 나온 그림은 더 잘 와닿는 경우가 많기에 그렇다. 작가가 우리의 현 시대를 어떻게 보고 어떻게 대응하는지, 어떤 방식으로 소통하는지 학생들이 같이 이야기 나누어볼 수 있다.

국내에서 펴낸 책의 범위를 넘어서, 외국에서 출판된 작품집들을 백여 권 넘게 미술실에 갖추어두면 학생의 안목을 더 넓힐 수 있다. 외국 작품집들도 지난 시대의 작가로 한정하지 않고 지금 살아서 활동하는 작가들의 작업이 담긴 책이 충분히 있어야겠다. 그래야 학생들이 자기 시대에 대해 예술가들이 어떻게 반응하는지 생각하게 된다.

다른 나라에 여행을 가서 그곳 미술관에 가보면, 내가 머릿속으로 알던 그 나라 미술이 실제와 참 달랐던 적이 있다. 일본에 여행 가서 미술관에 갔을 때는 거기에 전시된 유럽 화가들의 작품이 내가 생각하던 것과 비슷했다. 그런데 베트남에 여행 갔을 때 그곳 국립미술관에서 본 사회주의 리얼리즘 작품은 그전에 내가 생각하던 수준이 아니었다. 사회주의 리얼리즘의 소재가 조악한 선전물 수준이 아니라 다양한 방식으로 표현될 수 있음을 알고 인상적이었던 기억이 있다. 중국 상해미술관에 갔을 때는 수묵화가 영웅적이고 호방한 기세를 내뿜을 수 있다는 사실을 알고 감탄했다. 한국의 수묵화가 정적이고 자연 친화적이고 점잖다면, 상해미술관에서 본 현대 수묵화는 매우 동적이고 공동체 지향적이고 기운이 넘쳤다.

왜 일본에 가서 본 유럽 미술은 내 생각과 비슷했는데, 베트남과 중국 미술은 달랐을까? 그 이유를 생각해보니, 내가 서양 미술 위주로 교육을 받고 책을 보았기 때문이라는 결론이 나왔다. 누구든 자기 전공의 시야만으로 모든 것을 다 알 순 없다. 자신이 아는 것은 직접 강의하며 가르칠 수 있다. 하지만 가르치는 사람이 알지 못하는 영역은 학생들에게 책을 읽게 해서 견문을 넓혀주는 것이 필요하다. 여러 다른 나라에서 현재 활동하는 작가들의 작품집을 학생에게 보여주는 일은 교사의 경험 안에 갇혀 있지 않고 해방시키는 미술교육이라고 하겠다.

그 밖에 학생들이 쉽게 소화하는 것으로는 어린이 그림책이나 동화책을 활용해서 미술 수업을 하는 방법이 있다. 그림책이나 동화책은 이야기 내용을 작가가 잘 소화해서 어울리는 그림으로 표현해 만든 책이다. 우리나라와 다른 나라에서 굉장히 작품성이 높고 상상력이 뛰어난 어린이 그림책들이 수없이 많이 나와 있다. 그림책을 200여 권 정도 미술실에 갖추어두면 이를 가지고 수업을 할 수 있다.

일단 그림책을 몇 권 읽는다. 그리고 그림책의 작가가 어떻게 독자에게 자기 생각을 전하는지 그 방식을 파악한다. 이때는 교사가 설명을 해주면 좋다. 여기까지의 수업이 한 시간이 든다. 그런 다음에 학생이 자기 이야기를 만들어서, 두 번째 시간에는 그림책을 직접 그리게 한다. 자기 이야기는 창작을 해도 좋고, 자기에게 인상 깊었던 경험의 한 순간으로 해도 좋다.

그림책은 어린이도서연구회 누리집에 가서 초등학생 추천도서 목록을 내려 받은 뒤 거기에 나온 책을 구입하면 된다. 요즘에는 마을마다 공공도서관이 있는데, 그 도서관마다 어린이 장서실을 꾸며놓았다. 미술 교사가 공공도서관에 가서 하루 정도 책을 살펴보면, 근사한 그림책 목록을 어렵지 않게 정리해낼 수 있다.

또다른 방법으로는 사람 사는 이야기가 담긴 산문집을 읽고 거기에 나온 한 장면을 그림으로 그리는 것이 있다. 예전에 우리 반 수업을 하러 들어갔는데, 한 여학생이 크게 소리를 내며 나에게 달려왔다. "선생님, 이 그림 보세요. 제가 그렸어요. 여기에 멋진 말도 적어놨어요. 미술 시간에 했는데 재밌었어요" 라고 자랑을 했다. 김서령 작가가 살면서 겪은 여러 일을 적어둔 수필집 『참외는 외롭다』를 미술 선생님이 수업 시간에 보여주었다고 했다. 그 책을 한 시간 읽고, 거기서 마음에 드는 글을 찾아서 어울리는 삽화를 그렸는데 아이들이 무척 즐거워했다.

사실 그 학생이 그린 그림이 내가 보기에 그리 뛰어나지는 않았다. 하지만 자기가 고른 글에 대해 그림을 그려서 좋았는가 보다. 자기가 고른 멋진 문장을 잘 보라고 손가락으로 가리키던 그 학생의 모습이 기분 좋게 기억난다.

건축가들의 작품집을 사두고, 학생들에게 자기 마음에 드는 집을 그려보게 할 수도 있다. 누구나 자기가 살아온 집이 있어서, 다른 사람의 집을 보는 것에 관심이 있다. 학생들도 집에 관심이 꽤 많다. 앞으로 자기가 살 집을 그려보라고 하면, 다들 선뜻 몸을 움직인다.

이일훈, 정기용, 승효상, 민현식, 루이스 칸, 프랭크 로이드 라이트, 루이스 바라간, 안도 다다오와 같은 유명 건축가들의 작업이 담긴 책을 갖추어두면 된다. 여기에 더해 인터넷 서점에서 '집', '단독주택'으로 검색어를 넣어서 나오는 책을 구입해둔다. 외국 건축가들이 작업한 내용은 외국에서 출판된 책을 구입해야 하는데, 인터넷 서점의 외국도서 쪽에서 건축/디자인 분야로 들어가 'house'를 검색어로 해서 찾으면 다양한 집이 담긴 책이 나온다.

건축가들의 작품집을 보기 전에, 학생들에게 자기가 살고 싶은 집을 그려보라고 하면 학생들은 상당수가 종이에다가 꽉 차게 사각형을 크게 그린다. 그러고 나서 가운데다 거실을 놓고 그 주변에 방과 화장실과 주방을 둔다. 거실에는 한쪽 벽에 벽걸이 텔레비전에 있고 그 앞에 소파가 있다. 창은 무조건 큼지막하게 내고 본다. 한마디로 단독주택을 그리는 데도 학생들은 아파트 도면에서 벗어나지 못하는 경우가 대부분이다. 아파트나 빌라 이외에 집을 본 경험이 별로 없으니, 상상력이 빵점짜리인 디자인이 되고 만다.

그런데 건축가의 주택 설계 작품집을 보고 나면, 학생들은 집이 무척 다양할 수 있다는 사실을 깨닫는다. 책을 보는 내내 놀라고 충격받아서 감탄사가 절로 나온다. 집 주변의 환경과 땅 모양, 가족 구성, 집주인이 어떻게 살고 싶은가에 대한 생각, 건축가가 제안하는 삶의 방법에 따라 집이 얼마나 다채로운 모습일 수 있는지를 알고 놀란다. 집이 사각형이어도 되지만, 꼭 사각형이 아니어도 된다는 단순한 사실을 알게 된다. 집 일부를 허공에 띄울 수도 있고, 집 내부에 안마당처럼 빈 공간을 만들 수 있음을 알게 된다. 최단 거리로 동선이 되어 있어서 편한 집이 있지만, 동선을 한껏 늘려서 그 집에 사는 사람의 삶이 지루하지 않게 하려는 집도 있음을 이해한다.

이렇게 딱 한 시간만 책을 본 뒤에 자기가 살고 싶은 집을 그리게 하면, 학생들은 더 이상 아파트 도면만을 그리지 않는다. 본 게 있어서, 상상력이 머릿속에서 피어나기 시작한다. 집이 한 덩어리로 붙어 있지 않고, 전통 한옥처럼 여러 채로 나누어진 집을 그릴 수도 있다. 실내 공간만 디자인하지 않고, 마당이나 툇마루도 생각하고 2층에 안마당이나 뒷마당을 두거나 옥상을 디자인하기도 한다.

미술 수업에서 얼마나 다양하게 작품을 보여주는가는 참 중요하다.

혹여나 과목별로 각각 책을 읽으면 학생들이 헷갈려하지 않을까 우려하는 사람이 있을지 모르겠다. 근데 걱정하지 않아도 된다. 월화 드라마, 수목 드라마, 주말 드라마를 모두 봐도 사람들은 드라마 내용을 헷갈려하지 않듯, 책도 마찬가지다. 학생들 입장에서 하루에 네댓 권의 다른 책을 읽을 수 있겠지만, 인간이 그 정도는 안 헷갈리고 사는 존재다. 걱정하지 않아도 된다. 단지 책 읽기를 숙제로 내서 집에서 읽어오라고만 하지 않으면 된다. 수업 시간에 충분히 시간을 주고 책을 읽으면, 여러 과목에서 동시에 해도 별 문제가 없다.

어떤 과목이든 책은 이렇게 학생들에게 새로운 세상을 만나게 해주고 자신의 세계를 넓혀줄 수 있다. 교단에 서서 책상에 앉아 있는 학생들을 보면 사실 한 사람 한 사람의 마음이 잘 느껴지지 않는다. 그런데 학생들이 책을 읽고 표현하는 것을 보면, 그들이 모두 살아 숨 쉬며 생각하는 존재라는 게 느껴진다. 나와 마주하는 학생이 인간임을 느끼는 순간에, 교사는 누구나 가슴이 두근거린다. 그리고 학생이 책을 읽고 어떻게 느끼고 생각했는지를 살피면서, 교사는 인간이 어떻게 의미를 구성하는지 그 마음을 들여다보게 된다. 이는 교사에게도 많은 공부가 된다.

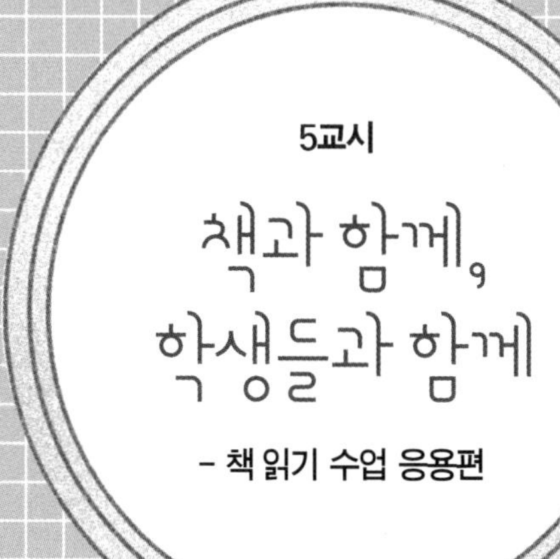
5교시
책과 함께,
학생들과 함께
- 책 읽기 수업 응용편

난생처음 읽어본 시집의 맛

시는 짧은 글이지만 내용이 가슴에 깊게 들어와서 인생살이에서 마음의 양식이 되는 경우가 많다. 그렇다면 중·고등학생들도 시집을 잘 읽을까?

학생들도 일단 시집을 읽기 시작하면 굉장히 잘 읽어낸다. 하지만 시집을 접해본 경험이 적고, 비유법을 과하게 가르치면서 시를 지나치게 분석하는 수업 방식 때문에 시가 자기 삶과 굉장히 멀리 떨어져 있다고 여기는 경우가 적지 않다. 그 결과로 실제 시집을 들고 읽는 청소년은 보기 드물다. 잘 읽을 수 있는데, 잘 읽지 않는 게 현실이다. 이 간극을 교육이 좁혀줄 필요가 있다.

나는 수업 시간에 시집을 읽고 자기 경험을 쓰는 수업을 한다. 시 경험 쓰기는 교과서에서 시를 접해보긴 했지만 시집을 읽어보지 않은 학생들에게 해볼 만하다. 이 수업을 할 때는 수업 전에 학교 도서관에서 백오십여 권의 시집을 교실에 갖다놓으라고 학생들에게 미리 이야기해둔다. 시집을 담을 상자를 도서관에 들고 가서 서가에 있는 시집 한 칸을 통째로 담아오면 그 정도 분량이 된다. 특정한 시집을 고를 필요는 없다. "그냥 아무거나 들고 와라." 이렇게 박력 있게 말하면 된다.

교실에 들어가서는 교탁에 시집을 쭉 늘어놓은 다음 학생들에게 각자 아무 책이나 다섯 권씩 시집을 가져가게 한다. 다섯 권을 집어 들게 하는 건, 그래야 학생들 눈에 들어오는 시집이 한 권이나마 있기 때문이다. 처음에는 세 권을 가져가라고 했는데, 잘 안 됐다. 내 경험으로 볼 때 자기 손에 시집이 네댓 권은 들려 있어야 학생들이 그 가운데서 자기에게 와닿는 시를 만날 수 있다.

수업의 첫 20분은 시집을 자유롭게 읽는 시간이다. 이때 학생들에게 자신이 가져간 시집을 마음대로 읽어보라고 한다. 이렇게 하고서 학생들을 가만히 보면, 다섯 권의 시집을 들고서도 어찌할 바를 모른 채 방황하는 학생들이 있다. 그 학생들을 위해 나는 웬만하면 학생들이 잘 읽는 몇 권의 시집을 미리 준비해두고서 그 친구들에게 슬며시 건네준다. 예를 들면 양정자의 『아이들의 풀잎노래』나 『아내일기』, 박노해의 『노동의 새벽』, 서정홍의 『58년 개띠』, 박성우의 『난 빨강』, 안도현의 『외롭고 높고 쓸쓸한』 같은 시집이다. 이런 시집은 어떤 학생에게 쥐여주더라도 잘 읽어서 활동에 집중하지 못하던 학생들을 다시 집중하게 한다.

20분이 지나면 모든 학생들은 둘씩 짝을 짓는다. 그러고 나서 짝끼리 서로 검지손가락을 맞대게 한다. 서로 눈을, 얼굴을 바라보게 한다. 그 상태로 딱 1분 동안 서로 마주보게 한다. 눈을 얼굴에서 다른 데로 돌리면 안 된다.

아무리 친한 친구더라도 막상 이렇게 하면 몸이 배배 꼬이고 부끄러움이 밀려들게 된다. 그래도 마주 댄 손가락을 떼어선 안 된다. 해보면 안다, 그 느낌을. 시집 읽는 수업에서 이런 걸 시키니 이상하다고 생각할지 모르겠다. 아이들에게 말한다. "나도 안다, 이게 이상한 줄. 하지만 잠깐만 그러려니 하고 넘겨줘라."

이 1분 동안은 눈을 감아서도 안 되고 말을 해서도 안 된다. 1분간 그렇게 있어야 하니 그전에 미리 눈도 깜빡이고 말도 하고 얼굴 근육도 풀라고 학생들에게 말해둔다. 이 1분이란 시간은 짧지만 얼굴을 마주보고 있으면 꽤나 길게 느껴진다. 그러니 교사는 꼭 시간을 재야 한다. 시간을 재지 않으면 30초밖에 안 지났는데 3분처럼 느껴져서 일찍 끝내게 된다. 시계를 보면서 시간이 흐르는 걸 참아야 한다. 이를 명심할 것!

1분이 지난 후에는 학생들에게 5분 동안 짝꿍의 얼굴 느낌과 비슷한 시의 구절을 두세 줄 찾아보게 한다. 처음 시집을 접한 학생들로서는 한 편의 시를 모두 이해하는 걸 어려워한다. 그래서 한 편의 시를 찾는 대신 두세 줄의 구절을 찾게 하는 것이다. 나는 그 5분 동안 간간이 시간이 얼마나 흘렀는지를 학생들에게 알려준다.

그다음은 발표 시간이다. 가위바위보를 해서 발표할 한 줄을 정한다. 짝 지은 두 사람이 모두 일어나서, 한 사람이 발표를 하면 다른 사람은 얼굴을 보여준다. 낭송되는 시 구절을 들으며 친구의 얼굴을 보는 게 청중들의 모습이다. 발표자는 일어나서 아무 설명을 하지 않고서 3초간 침묵한 다음, 자신이 찾은 시 구절을 읽고 다시 3초간 침묵한다. 이 앞뒤의 침묵이 있어야 시 낭송이 잘 들린다. 이어서 그 시 구절을 고른 이유를 설명하면 된다. 시를 읽기 전에 미리 설명을 하면 긴장이 흐트러지기에, 그 전에는 아무 말을 하지 않고 시 구절을 읽은 뒤에 설명하도록 꼭 신경 써야 한다.

학생들은 발표를 할 때 자꾸만 교사 눈치를 본다. 불쌍한 척을 하고 말꼬리를 흐리기 일쑤다. 그러니 발표 전에 미리 교사를 절대 바라보지 말고 전체 학생들을 바라보고 하라고 말해두어야 한다. 교사를 못 보게 하는 것만으로도, 학생들은 일상에서 친구들을 대할 때처럼 거칠게 말을 잘한다. 발표 때는 교사가 눈에 보이면 아이들이 말을 더듬는 정도가 심해진다. 그리고 발표를 듣는 사람들에게 발표하는 친구를 바라보는 게 인간에 대한 예의라고 미리 알려준다. 내가 발표하는데 남들이 딴짓을 하고 있으면, 발표자는 자신이 무슨 일을 하고 있는지 정신이 혼미해지니 말이다.

한 줄 발표가 끝나면, 전체 학생들한테 서로 짝꿍에게 자기가 뽑은 시 구절을 읽어주고 그 이유를 말해주라고 한다.

이 수업 첫 시간에 대한 학생들의 반응은 은근히 괜찮다. 자신이 시를 가지고 친구와 대화도 나눌 수 있다는 걸 자연스레 알게 된다. 교과서와 문제집에 나오는 시만 들여다보다 보면 '뭐 이런 걸 하고 있나' 하는 생각이 드는 게 당연하다. 하지만 이 수업을 하면 학생들이 '아, 시집도 사람이 읽는 거구나' 생각을 하게 된다. 첫 번째 시간은 이것으로 끝!

두 번째 시간에도 첫 번째 시간과 마찬가지로 시집 백오십여 권을 들고 와서 다섯 권을 학생들이 골라 20분 동안 읽게 한다. 이후에도 지난 시간과 똑같이 짝 얼굴을 쳐다보라고 하면 재미가 없지 않겠나? 수업에는 변주가 있어야 흥미가 배가되는 법. 그러니 이번에는 눈을 감고 1분 동안 담임선생님을 떠올려보라고 한다. 이렇게만 말해도 아이들은 재미있어할 것이다. 이후의 과정은 첫 번째 시간과 동일하다. "내가 어둠 속에서 너를 부를 때 / 단 한 번도 평등하게 웃어주지 않은" 같은 기가 막힌 정호승의 시 구절을 찾아낸 학생도 있었다.

세 번째 시간에도 역시 백오십여 권의 시집을 들고 가서 학생들에게 나눠주되, 이번에는 수업 처음에 과제를 던져준다. 자신이 고른 시집 가운데서 자기 인생의 경험과 관련된 시를 두 편 골라서 옮겨 적게 한다. 그러다 보면 한 시간이 다 지나간다.

네 번째 시간에는 지난 시간에 옮겨 적은 시 중에서 하나를 골라서 자기 인생 이야기를 쓰게 한다. 즉 시와 관련된 자신의 사건과 상황을 A4 종이 한 장에 쓰게 한다.

다섯 번째 시간에는 모두는 아니더라도 최대한 학생들이 쓴 글을 고쳐준 후 편집 양식에 맞춰 타이핑하고 출력해서 글을 내게 한다. 이렇게 총 5차시로 수업을 하면, 학생들은 시집을 열다섯 권 넘게 만져보고, 그사이에 이백 편이 넘는 시를 읽게 된다.

사실 나는 중·고등학교 시절에 '시도 사람이 쓰고 읽는 거구나'라는 생각을 하지 못했다. 시란 오로지 입시에 대응하기 위한 문제 풀이의 대상이기만 했다. 그런데 이런 수업을 했더니 학생들은 문제집에 있는 시들도 더 편안하게 읽어나갔다. 교과서의 시 단원을 가르치기 전에 이 수업을 하면 이후의 수업이 훨씬 부드러워진다.

불과 다섯 시간 만에 학생들은 이백여 편의 시를 읽게 되면서 자연스레 시에 대한 안목이 넓어진다. 학생들이 찾은 시를 읽으면서 교사도 시를 읽는 기쁨을 누릴 수 있다. 개인적으로 교사가 시를 접해본 경험이 많지 않은 경우에, 이 수업을 하면 학생들에게 더 도움이 된다. 책 읽기 수업은 원래 교사의 공부 범위를 뛰어넘어서 하는 것이다.

이 수업을 진행했을 때 모든 반에서 매번 같은 질문을 받곤 했다. 초등학교와 중학교에서 9년 동안 학교에서 시를 배운 후

고등학생이 된 학생들이 이렇게 말했다. "선생님, 이거 시 맞아요?" 학생들이 교과서와 문제집에서만 시를 보다가 난생처음 시집을 직접 보니까 시에 대해 가지고 있던 자신의 생각과 실제가 너무 달라서 놀란 것이다.

유튜브에서 영화 비평 영상만 보면서 영화를 안다고 할 수 있을까? 유튜브 요약 동영상으로도 영화를 알 순 있겠지만, 자신이 직접 영화를 보는 것과는 분명 다르다. 내 세대 사람들이 즐겨 보았고 지금까지도 방영되고 있는 〈출발! 비디오 여행〉이라는 텔레비전 프로그램이 있다. 지금처럼 극장에서 영화를 보는 것이 일상화되기 전에, 이 프로그램은 일반인에게 영화를 소개하고 그에 대한 다양한 정보를 제공해주었다. 하지만 이 프로그램을 보았다고 해서 여기에 소개된 영화를 본 것은 아니지 않은가. 세부적인 것들을 날려버린 채 수많은 결들을 압축해서 직선적으로 빼놓은 정보들만 보는 것은 당연히 한계가 있을 수밖에 없다.

전문가들이 애써서 만들었지만, 교과서나 문제집으로만 하는 수업은 문제가 있다. 교과서도 써야지, 교과서만 쓰면 안 된다. 시집 읽기 수업은 이런 한계를 보완하는 의미가 있다. 수업 이후에 학생들이 자신의 일상에서 스스로 시집을 편히 집어 들 수 있기를 바란다면, 더더욱 시 수업이 교과서와 문제집으로 한정되어서는 안 된다.

〈출발! 비디오 여행〉만 보고 영화를 다 알 수 있나?

압축적인 정보만 안다고 해서 책을 다 읽었다고 말할 순 없다.
영화는 극장에 가서 봐야 제대로 볼 수 있듯, 책 역시 그것 자체를 읽어야 제맛 아닐까.

세 시간 독서토론,
무척 쉬운 방법

독서토론은 흔해서 누구나 다 아는 느낌이 든다. 그런데 막상 해보면 이게 쉽지가 않다. 어느 한 사람이 발언권을 독점해서 다른 사람들을 답답하게 만들거나, 두 사람이 싸움이 붙어 그 둘만 많이 말하고 나머지 사람들은 뻘쭘해지는 경우가 종종 있다. 아니면 아예 모두가 말을 아주 짧게 하거나 할 말을 찾지 못해서 눈을 멀뚱멀뚱 뜬 채 시간을 보내기도 한다.

그래서 여럿이 책을 읽고 어떻게 이야기를 나누는지 배워야 한다. 여기서 소개할 수업은 세 시간 동안 함께 책을 읽고 학생들끼리 독서토론을 하는 사례다. 일반적으로 책을 읽고 서평을 쓰는 것은 개인이 의미를 생성하는 과정이다. 개인이 책의 의미를 파악하는 데는 그 개인의 경험, 삶의 태도, 현재 처지가 크게 영향을 미친다. 책에 대해 친구들과 대화하는 일은 다른 사람의 시선으로 내가 만들어낸 의미를 점검할 수 있다는 데 의의가 있다.

같은 책을 읽고 다양한 생각을 펼쳐 나가는 학생들을 보면 때로 경이롭기까지 하다. 이때의 서로 다른 생각은 찬반으로 나뉘는 게 아니다. 오히려 다른 해석에 가깝다. 다른 의미 구성을 통해 찬성과 반대를 넘어서 현실의 인간이 굉장히 복잡한 존재라는 사실을 깨달으며 사고의 풍부함이 구현되는 것이다.

누군가가 보통은 생각하지 못하는 질문을 상대에게 던지면, 거기에서 새로운 사고가 열리게 된다. 『춘향전』을 읽고 "변 사또가 어떻게 해야 춘향이의 마음을 얻을 수 있었을까?", 『흥부전』을 읽고 "놀부는 직업이 뭐였길래 일을 안 하는데도 저렇게 부자인가?", 『소나기』를 읽고 "아무리 아파도 그렇지 비 맞고 죽는 여자애가 어딨어? 이거 남성의 시선 아니야?", 『메밀꽃 필 무렵』을 읽고 "이 소설에 나온 인물들의 인생에서 뭘 배워야 하나?"와 같은 질문을 받으면, 그전과는 다른 생각을 할 수 있게 된다.

우선 교사는 학생들이 골라 읽게 책을 여러 권 준비해서 수업에 들어간다. 네 명씩 모둠을 만든다. 모둠마다 가위바위보를 해서 이긴 사람을 한 명씩 일으켜 세운다. 이 사람은 네 명이 대화를 나눌 때 사회자 역할을 맡는다. 사회자는 모둠 구성원 모두가 골고루 이야기하게 해준다. 모둠 토론을 하다 보면, 누군가는 말을 굉장히 많이 한다. 아는 게 많아서 그럴 수도 있고, 상처가 많아서 말을 함으로써 상처를 치유하려고 그럴 수도 있다. 하지만 한 사람이 너무 많이 말하면 다른 사람이 힘드니, 그럴 땐 사회자가 말려야 한다. 그러지 않으면 대화가 무너져버린다.

그다음으로는 앉아 있는 세 명 중 새로 가위바위보를 해서 다시 이긴 사람을 한 명 뽑는다. 이 사람과 사회자는 마치 바통을 건네주듯 손바닥을 마주쳐 격렬하게 소리를 짝 내준다. 그러고서 사회자는 앉고, 그다음 이긴 사람은 자리에서 일어난다. 근데 왜 이렇게 손바닥을 마주치며 소리 내는 일을 할까? 이걸 하다 보면 학생들은 이유를 생각할 새도 없이 흥분의 도가니에 빠져들면서 현재의 상황에 집중하게 된다. 손바닥 마주치기는 이런 집중이 필요하기에 만든 장치라고 보면 된다.

두 번째 이긴 사람은 자기 모둠에서 나눈 대화를 기록하는 역할을 맡는다. 학생들에게 기록을 시켜보면 기록하는 속도에 맞춰 천천히 말하라고 하는 경우가 있는데, 그래선 안 된다. 대화하는 모든 내용을 기록할 필요는 없으며, 대화에 참여하는 걸 우선시해야 한다. 이렇게 대화 자체를 기록해두어야, 나중에 논리 전개에 대해 점검할 수 있다. 대화의 진도와 흐름도 파악할 수 있다.

역할이 정해질 때마다 사람을 일으켜 세우는 데는 이유가 있다. 학생을 세워두고 교사가 학생을 지그시 한 번 보는 시간이 있어야 학생들이 권력관계에 따라 마음대로 역할을 뒤바꾸지 않는다. 학생에게 어떤 역할을 정해주었을 때 좀 억센 애들이 "나 안 해. 네가 해"라는 식으로 나오고 교사가 이를 제어하지 못하면, 학생들은 "저 선생님은 교실 안에서 이런 것도 못 잡아?"라며 교사 흉을 본다. 학생을 잠깐 세워둔 후 찬찬히 학생들을 보면서 기억하는 척하고 설명을 하면, 실제로는 아무것도 기억나지 않지만 학생들은 눈치가 있어서 역할을 마음대로 바꾸지 못한다.

그다음에 아직 제 역할을 부여받지 못한 두 사람이 가위바위보를 한 후 이긴 사람과 기록 담당이 손바닥을 마주치며 앉고 일어서는 것을 교대한다. 이때 일어선 사람은 자기 모둠에서 나눈 대화를 전체 학생들 앞에서 발표하는 역할을 맡는다. 나는 학생들에게 발표의 핵심은 재미라고 가르친다. 재미없게 발표하는 학생들을 보고 있으면 내가 너무 힘들기 때문이다. 이렇게 말하면 순박한 학생들은 이런 질문을 던진다. "선생님, 발표는 내용이 있어야 되는 거 아닌가요?" 그런 말에는 이렇게 답해준다. "내용은 기본이지. 당연히 들어가야 하는 거고. 발표가 재미있어야 나도 재미있게 들을 수 있어."

학생들에게 실패한 발표의 시범도 보여준다. 이건 아주 간단하다. 한 사람마다 무슨 말을 했는지 나열하는 방식이다. "얘는 이렇게 말했고, 쟤는 저렇게 말했고, 걔는 그렇게 말했고, 저는 뭐라고 말했어요." 이렇게 되면 발표가 끝난 후 청중은 기껏 시간을 들여 발표를 들었지만 머릿속이 하얘지면서 아무런 생각도 나지 않는다. 사람은 첫째, 둘째, 셋째, 넷째 정도까지 기억이 날 뿐 그 이상이 되면 기억을 지우기 시작한다. 그래서 이런 나열식 발표는 하면 안 된다! 이런저런 이야기를 자유롭게 나눈 뒤 제일 근사한 내용 하나를 재미있게 이야기해야 그 발표가 사람들의 기억에 남는다. 이 사실을 나는 학생들에게 꼭 강조하곤 한다.

이제 모둠에는 마지막으로 한 사람이 남았을 것이다. 이 마지막 사람이 다시 손바닥을 마주치며 일어선다. 이 사람은 가장 어려운 공감, 바람잡이 역할을 한다. 아주 어려운 일이라 연습이 필요할 정도다. 고개를 끄덕이며 크게 감탄하는 표정을 지으며 "아!" 하고 말해주는 일이다. 마음에 안 드는 얘기를 들어도 무조건 공감하는 역할, 이게 마지막 사람이 할 일이다. 누가 말을 이상하게 하면 다들 왜 저래 하는 눈치일 때, 이 사람은 더 크게 "아!" 하고 공감을 하는 것이다.

보통 토론의 처음에 사회자가 이야기를 시작해보자고 하면 분위기가 싸늘해진다. 학생들은 나댄다는 얘기를 듣는 걸 조심스러워한다. 그래서 처음 한마디를 꺼내는 걸 어려워하고, 그러다 보면 사회자가 정신적으로 고립감을 느낄 수밖에 없다. 바람잡이는 이때 두 손을 좌우로 흔들면서 "와! 그래! 이제 이야기를 시작해보자!"라고 바람을 잡는다. 원래 이렇게 바람잡이 하나가 있어야 사회자가 할 맛이 난다.

이렇게 각자 역할을 정해서 움직여야 모든 활동에서 인간에 대한 불신이 생기지 않는다. 예전에는 학생들 각각의 역할을 정하지 않은 채 토론을 시켰다. 그렇게 할 때는 열심히 한 학생은 친구들이 안 나선다고 불만이고, 슬렁슬렁 참여한 학생은 쟤가 나서서 다 독점했다고 불만이고, 참 많이도 불만이 있었다. 이렇게 해선 학생들의 인성 교육에 나쁘겠다는 생각이 들었다.

공동 활동에서는 학생들 각각의 역할을 명확히 정해주고 조직이 돌아가게 해주는 게 교사가 할 일이다. 역할을 명확히 나눠주면, 학생들끼리 '네가 있어서 나도 있구나' 하는 협력적 태도가 생긴다.

이제 4인 모둠의 모든 구성원에게 할 일이 주어졌다. 그다음에는 사회자를 콕 지목한 후 다음 내용들을 적게 한다. 학생들에게 그냥 받아 적으라고 하면, 착한 학생만 받아 적는다. 그러니 사회자를 정확히 지목해서 일을 주어야 사회자 옆에 있는 학생들이 "너 쓰라잖아"라고 말하면서 사회자가 받아 쓸 수 있는 분위기를 만들 수 있다.

첫째, 자기가 읽은 책에서 마음에 드는 한 문장을 찾아서 소리 내어 읽는다. 그 문장이 왜 마음에 들었는지 이유를 짧게 이야기한다. 내가 못 가르치던 시절에는 학생들에게 "읽고서 핵심을 얘기해라" "줄거리를 얘기해라" 같은 말을 많이 했다. 그렇게 말하면 학생들은 줄거리를 짧게 한마디 말하고서 "이게 다인데요?"라고 하는 경우가 태반이었다. 그래서 좀더 이야기해보라고 하면 "생각이 없는데요"라는 답변을 듣곤 했다. 게다가 학생들의 4분의 1은 아예 입도 떼질 않았다. 줄거리나 인상 깊은 부분을 얘기하라고 하면 뻔한 말이 나온다. 그런데 마음에 드는 한 문장을 말하라고 하면, 누구든 분위기 있게 말을 하게 된다. 빛깔 있는 이야기가 나와서 그다음 이야기를 풀어나갈 수 있다.

둘째, 자기가 읽은 책과 관련해서 텔레비전, 만화, 책, 드라마, 인터넷, 영화 등등에서 본 비슷한 내용을 이야기한다. 또는 어디서 본 게 아니라 직접 경험한 것을 말해도 괜찮다. 남의 경험도 괜찮다. 자기 경험을 말하기 어려워하는 학생들이 있기도 해서 주변에서 보고 들은 것을 이야기해도 괜찮다며 대화할 범주를 열어두는 게 좋다. 토론에서 경험 이야기가 나오면 확 몰입되는 분위기가 만들어진다. 관련 사실을 이야기하면 정보가 대비되면서 비판적 읽기가 되고, 경험을 이야기하면 성찰적인 대화가 이뤄진다.

셋째, 궁금한 것을 두 가지씩 돌아가면서 말한다. 그렇게 모둠에서 나온 총 여덟 가지 궁금한 것들 중에서 가치 있어 보이는 두 가지를 고른 후 그에 대한 답을 찾으면 된다. 이때도 토론거리나 논제를 말해보라고 하면 오히려 토론이 잘 안 이뤄진다. 이런 경우 학생들은 어디서 배웠는지 자꾸 찬반 토론을 하면서 대화가 조악하게 흘러가는 경우가 많다. 환경 문제를 토론하면서 한쪽에선 환경을 지켜야 한다고 하고, 다른 한쪽에선 환경을 파괴하더라도 지금의 이익을 뽑으면 괜찮다고 하는 경우를 상상해보라. 가정폭력을 이야기하는데 한쪽에서는 가정폭력에 반대한다, 다른 쪽에서는 가정폭력에 찬성한다, 이러면 후자의 학생들 입을 다물게 하고 싶지 않겠는가.

어떤 글을 읽고 논제를 정할 때는 지적인 깊이가 필요하다. 문제 설정을 잘못하면 비교육적으로 이야기가 흘러가는 경우가 생기는데, 학생들 수준에서는 문제 설정을 잘하는 게 어렵다. 그래서 생각해낸 방법이 궁금한 것들 가운데서 가치 있는 질문을 찾아내는 것이다.

여기까지의 과정을 요약하면, 마음에 드는 한 문장, 책과 관련된 세상일 또는 경험, 궁금한 점 두 가지를 찾는 것이다. 첫째, 둘째, 셋째는 각각 학생들이 돌아가면서 해야 한다. 말하다 보면 한 번에 이 세 가지를 모두 얘기하고 싶어지는데, 그러면 한 사람이 말을 많이 하게 되어서 굉장히 지루해지니 끊어서 말하는 것이다.

이때 학생들이 가장 많이 하는 질문은 "궁금한 게 뭐에 대한 거예요?"이다. 그건 책의 내용에 대해서여도 되고, 책을 읽으면서 자신이 어떤 생각이 들었는데 왜 그런 생각이 들었는지에 대한 의문이어도 괜찮다. 한마디로 세 줄 이상으로 답할 수 있는 질문이면 아무거나 다 괜찮다.

여기까지 진행한 후, 바람잡이 역할을 하는 학생이 교실 앞으로 나와서 각각 네댓 권의 책을 들고 들어가게 한다. 재미없는 책을 고르면 고통스러운 시간이 이어지니, 책을 잘 골라야 한다고 말해준다.

각 모둠에서는 5분 가량 네댓 권의 책을 살펴보면서 이들 책 가운데서 1순위부터 3순위까지를 정한다. 그러고서 한 모둠에서 1순위로 고른 책이 무엇인지 확인한다. 다른 모둠에서도 그 책을 골랐을 경우, 가위바위보를 해서 이긴 쪽이 양보를 한다. 그렇게 모둠마다 책을 하나씩 선택하고서 나머지 책들은 모두 교실 앞에 가져다 둔다.

이제 다시 5분 동안 모둠에서 선택한 책의 어느 부분을 읽을지 결정한다. 학생들은 대충 목차를 보고 정하는 경향이 있는데, 그러면 실패할 수 있다. "목차를 참조하되 너무 믿지는 마라." 내가 학생들에게 하는 말이다. 목차를 참조해서 관심 가는 곳을 살피다가 눈에 들어오는 부분을 고르면 된다. 이후 학생들에게 그 부분을 읽을 시간을 준다.

전체 수업을 세 시간으로 잡았을 때, 첫 번째 시간에는 모둠을 짜고 책을 정하고 가위바위보로 역할을 나누고 어디를 읽을지 결정한다. 두 번째 시간에는 온전히 책을 읽고, 교사는 쉰다. 세 번째 시간에는 학생들끼리 토론을 하고, 교사는 어슬렁거리면서 참견이나 좀 하면서 쉰다. 그렇게 교사는 쉬고, 또 쉰다. 이 활동을 하면 교사가 확실하게 쉬게 된다!

이 수업을 하려면 15종의 책이 각각 다섯 권씩, 총 일흔다섯 권의 책이 있어야 한다. 학생 수보다 두 배 넘게 책을 넉넉히 갖춰야 한다. 그 이유는 책을 빠듯하게 준비하면 후반부에 책을 고르게 되어서 선택권이 별로 없는 학생들의 마음이 비뚤어지기 때문이다. 이 학생들은 성실하게 참여하지 않을 수 있다. 그러니 학생 수의 2배수가 되도록 책을 갖다놓고, 마지막에 책을 고른 학생들도 5~6종 중에서 한 권을 고르게 해야 한다.

4인 모둠인데 다섯 권의 책을 갖추는 건, 책을 잃어버리기 때문이다. 교실에 책을 가져간 후 그 시간에 확인을 하고 다 걷어오더라도 희한하게 책이 사라진다. 이게 신경이 쓰인다. 하나가 비면 다음 반 수업이 불가능하니 말이다. 그래서 나는 꼭 책을 한 권 더 사두고서 책이 사라지면 속으로 흐뭇해한다. '내가 그럴 줄 알았어. 나는 당황하지 않아. 한 권 없어질 걸 알았거든. 예상대로야.' 사소한 문제 같아 보이지만, 교사의 정신적 안정을 위해 책은 꼭 한 권 더 사두자.

만약 한 학년을 세 명의 교사가 가르친다면, 세 명에게 각각 100만 원의 학교 예산을 배정하자. 한 교사가 가르친 책으로 다른 교사가 가르치는 것은, 이론적으로는 가능하지만 현실에서는 번거롭다. 교사들이 15종의 책 목록을 모두 통일할 필요도 없다. 자기 취향이 아닌 책을 가르치는 건 힘들다. 그러니 책 선정도, 책 보유도 교사별로 각자 하는 게 좋다.

학교 예산이 없는 경우에는, 교사가 자기 지갑에서 개인 카드로 100만 원을 써야 한다. 이때는 학교 돈을 썼을 때보다 수업이 훨씬 간절해진다. 내 돈 내고 할 때 사람 맘이 이렇게 다른 것이다. 내 돈으로 책을 사서 교실에 가져갔는데 학생들이 책을 안 읽으면 눈물이 날 것만 같다. "너 어떻게 책을 안 읽냐? 내가 어떻게 이 책을 샀는데!" 이게 바로 돈의 힘이다. 남의 돈으로 이 수업을 하는 것보다 훨씬 몰입하게 된다. 나는 다른 교사들에게 돈 쓰는 걸 주저하지 말길 권한다. 한 번 100만 원을 쓰면 3년 정도는 이 책으로 수업을 할 수 있다. 이 정도의 투자는 해볼 만하다.

독서토론은 토론과 두 글자가 다른 만큼, 거기에 담긴 뜻도 다르다. 토론은 쟁점을 두고 공방이 오가는 대화인데, 그 토론에 '독서'라는 두 글자가 붙으면 뜻이 넓어진다. 흔히 토론은 상대를 설득하는 과정이고 대립되는 주장이 있어야 한다고 하는데, 독서토론은 거기에 한정되지 않는다.

책을 읽고 토론할 때는 책 내용이 무슨 뜻인지 더 깊게 이해하려고 탐구해 들어가기도 하고, 자기 주변의 경험을 나누며 삶을 성찰하기도 한다. 때로 책에 나온 문제 상황을 어떻게 해결할지를 논의하기도 한다. 감명받은 부분에 대해 공감하는 이야기를 할 때도 있다. 독서토론에서는 자기주장을 내세우는 쟁점 토론 성격의 대화는 5분의 1 정도다. 독서토론은 토론을 포함하면서, 이를 넓게 아우르는 개념이다.

다른 사람의 생각이 나와 다를 수도 있다는 것, 그 사실을 대화 중에 확인할 때는 기분이 좋지 않을 수 있다. 찜찜하고 언짢기도 하다. 마음 통하는 사람과 대화할 때는 느낄 수 없는 감정이다. 부정적 감정일지 모르지만, 나는 학생들에게 그런 불편함을 귀하게 여기라고 말한다. 성장기에 모두가 나와 같지 않다는 경험을 쌓아나갈 때, 비로소 독선에 빠지지 않는 어른으로 성장할 수 있다. 그러한 이들이 늘어날 때, 우리는 더 유연하면서 토론이 편안한 사회를 만들어갈 수 있다.

책으로

사회문제 다루는 법

인터넷이 대중화되기 전에는 학생들에게 사회문제를 알려주는 것 자체를 금기시하는 문화가 있었다. 그 문화에는 학생들에게 밝고 좋은 것만 보여주어야 잘 성장한다는 배려가 담겨 있었고, 그와 함께 학생들이 사회 모순을 알게 되면 문제의식을 갖게 될까 봐 불안해하며 통제하려는 검열 의도도 깔려 있었다. 그 시절에는 교사가 사회문제를 알려주면 학생들이 뜨겁게 반응했기에, 이를 알려주는 것만으로도 교사가 무언가를 했다는 느낌을 받았다. 그것만으로도 학생들에게 배움이 일어났기 때문이다.

하지만 지금 학생들에게 사회문제를 알려주는 것은 큰 의미가 없다. 인터넷에서 보고 학생들은 사회가 어떻게 잘못되어 있는지 교사보다 더 잘 알 때도 있다. 그런데 교사가 사회의 어떤 면이 잘못되었다고 말하면, 학생들은 안타까워하고 화를 내지만 거기서 멈출 때가 많다. 사회문제를 안다고 해서 곧바로 그 문제를 해결하려는 의욕을 보이는 학생은 많지 않다. 문제가 해결되지 않을 거라고 보고, 어쩔 수 없다고 현실을 받아들이는 경우가 더 많다.

그래서 지금은 문제 해결 방법이 중요하다. 학생들은 사회문제를 알지만 해결 방법을 알지 못하니 낙담하게 된다. 희망이 멀리 있으면 그 희망이 내 것이 아니다. 이때 해결 방법이란 근본적인 말 몇 마디가 아니라, 현실에서 어떤 문제적 상황을 조금이나마 낫게 할 수 있는 즉각적인 수단을 뜻한다. 이렇게 하면 무언가 나아지겠구나 하는 전망이 있을 때, 사람은 부정적인 기운에서 벗어날 힘을 내게 된다.

이런 문제의식을 담아서, 나는 학생들과 책 읽고 대화하며 그 과정을 글로 쓰는 수업을 진행하고 있다. 정규 수업 중 열다섯 시간을 할애해서 4인 모둠을 만든 후 각 모둠마다 두 권씩 책을 구해 읽게 한다. 한 권은 같은 책을, 또 한 권은 각자 다른 책을 읽게 한다. 같은 책을 읽게 한 이유는 대화할 때 공통 요소가 필요하기 때문이다. 다른 책을 읽은 이유는 여러 자료를 살펴봐야 현실에서 쓸 만한 문제 해결 방안을 다양하게 찾아낼 수 있고, 혹시 잘못 책을 골랐더라도 모둠의 다른 친구들 책을 보면서 보완할 수 있기 때문이다. 이때 공통 책은 교사가 책 목록을 알려주거나 교사와 함께 정하고, 개인 책은 학생이 알아서 정한다.

사회문제와 관련해서 어떤 주제를 다뤄야 할지의 문제는 인터넷 서점의 분류를 참고했다. 인터넷 서점의 '사회과학' 분야 중에서 '사회쟁점'과 '사회문제' 분류로 들어가서 학생들이 읽을 만한 책이 있다고 판단되는 주제를 정했다. '가난/빈곤' '인권/소수자' '여성/젠더' '노동' '청소년' '범죄' '노인' '환경/에너지' '통일' '민주주의' '교육' '정치' '언론' '연애/결혼' '자본주의' '복지' '폭력' '차별' '음식/농사' 등 총 열아홉 개의 주제를 추려냈다.

모둠에서의 역할은 '기획' '기록1' '기록2' '편집'으로 정했다. 기획은 모둠을 이끄는 역할로, 대화 과정에서 모둠 친구들의 이야깃거리를 모으고 정리하며 제시하는 일을 한다. 기록1, 기록2는 대화 과정을 기록하는데, 두 사람이 이 역할을 맡은 이유는 대화 기록이 힘들어서다. 대화를 네 시간 했다고 하면, 앞의 두 시간은 기록1이 맡고, 뒤의 두 시간은 기록2가 맡는 식이다.

편집은 기획, 기록1, 기록2가 쓴 보고서를 모아서 완결된 글로 만든 후 제출하는 일을 한다. 제목을 붙이고, 소제목을 달고, 대화 기록의 문체를 통일시키고, 대화 기록에서 군더더기를 뺀 후 밀도 있게 압축·보완해서 읽을 만한 글로 만든다.

나는 학생들에게 편집을 설명하면서 영화의 경우를 예로 든다. "우리가 두 시간짜리 영화를 보지만, 실제로는 수십, 수백 시간을 찍어놓은 후에 그걸 계속 가위질해서 만들잖아. 그래야만 다른 사람들이 재미있게 볼 수 있는 거야. 너희 대화를 모두 글로 옮긴 뒤에 읽으라고 하면 양도 많고 너무 지루할 텐데, 편집은 그걸 가위질하고 꽉꽉 눌러서 재미있게 읽을 수 있게 하는 거야."

편집은 재미있는 내용일지라도 주제에서 벗어나 있으면 과감하게 삭제할 줄도 알아야 한다. 이와 관련해서 나는 패션을 예로 든다. "아무리 예쁜 브로치라고 해도 여러 개를 여기저기에 많이 달면 이상하잖아. 자기 옷과 딱 어울리는 브로치를 하나 딱 달았을 때 폼 나는 거지. 아무리 멋지고 귀하고 그게 마음에 들더라도 전체와의 조화가 안 맞을 때는 빼야 한다." 편집은 여러모로 중요한 역할이다. 이 역할을 할 사람만 잘 뽑아도 보고서가 그럭저럭 나온다.

뛰어난 학생들끼리 모인 경우나 수업 시간에 교사가 전체 학생이 모두 참여하도록 관리 능력을 발휘할 수 있는 상황에서는, 역할을 '기록1' '기록2' '기록3' '편집'으로 할 수도 있다. 이와 달리 좀더 느슨하게 '기록1' '기록2' '사진' '편집'으로 역할을 나눌 수도 있다. 수행평가 과제를 하지 않고 수업을 따라오지 못하는 학생이 있는 경우에는 사진 역할을 두면 좋다. 의욕이 약한 학생들에게는 이렇게 체제 내에서 탈출할 수 있는 통로를 만들어줄 필요가 있다. 쉽게 참여하는 역할을 만들어두어 시 이런 학생이 활동에 동참하게 하는 것이다.

수업 진행은, 서평 쓰기와 마찬가지로 우선 수업 시간에 학생들에게 책을 읽힌다. 서평 쓰기와 다른 점은, 중간에 다섯 시간의 대화 시간이 주어진다는 것이다. 이 다섯 시간 중 첫 번째 시간에는 모둠 친구들과의 대화를 준비한다. 이 시간에 각자 주제와 관련한 이야깃거리를 열 개 만든 후 그중에서 네 개를 골라 답을 쓰게 한다. 대화에 앞서 각자 준비를 하지 않으면 함께 모여도 대화의 수준이 낮아지기에 이와 같은 사전 준비는 반드시 필요하다. 그다음으로는 세 시간 동안 실제로 모둠에서 대화를 진행하며, 마지막 한 시간은 이전에 나눈 대화를 점검하고 보완하게 한다.

예전에는 대화를 준비하는 시간에 스마트폰으로 프랑스와 독일의 논술 문제, 미국의 토론대회 문제 등을 찾아보게 한 뒤 그 문제처럼 친구들과 이야기할 문제를 네 개 만들어보라고 했다. 그런데 학생들이 낸 문제가 신통치 않았다. 그래서 이야깃거리를 각자 열 개씩 만든 후에 그중에서 쓸 만한 물음을 네 개 정도 고르게 했는데, 이게 대화의 사전 준비로는 훨씬 효과적이었다. 이 준비가 잘 되어야만, 나중에 대화의 수준이 괜찮게 된다.

기록을 맡은 학생들에게는 대화 시간에 오가는 이야기들을 손으로 쓰게 하고 스마트폰으로 녹음한 뒤 집에서 이 녹음 파일을 들으면서 컴퓨터의 한글 문서로 입력해오게 한다. 보통 한 시간 동안 대화한 내용을 곧이곧대로 글로 옮기면 A4 종이로 10쪽이 나온다. 따라서 기록을 정리한 한글 문서는 시간당 5~7쪽을 넘지 않게 상한선을 정해둔 후 꼭 필요하지 않은 대화는 빼고 옮기라고 해야 한다.

기록이 정리되면 편집을 맡은 학생은 다른 친구들이 정리해준 파일을 받아서 완결된 글을 만든다. 이때의 최종 보고서 역시 10쪽을 넘지 않도록 하는 게 좋다. 그래야 밀도 있는 기록이 나오고 학생 부담도 너무 크지 않은 선에서 조정된다. 분량 상한선을 두지 않으면 열심히 하는 학생이 20~30쪽을 써서 제출하는 경우가 있다. 분량을 통해 자신의 열정을 보이려는 학생을 내버려두면 나중에 문제가 생긴다. 자기 스스로 너무 힘들게 하고서는 "이건 정말 너무 힘들어요!"라고 곳곳에서 항의를 하는 수가 있다. 분량 제한을 해서 이런 항의를 사전에 막아야 한다. 분량이 많다고 해서 수준이 높은 것은 절대 아니니 말이다.

모둠 보고서를 내기 전에, 자기가 읽은 책과 관련해서 질문을 네 개 만들고 답을 쓰는 생각문제 형태로 개인 보고서를 써볼 수도 있다. 이 경우는 손글씨로 쓴 경우 A4 종이로 앞뒤 한 장을 받으면 된다. 모둠 보고서의 사례는 이 책의 부록 4에 넣어두었다.

교사가 보고서를 읽고 의견을 말해주면 학생들의 수준은 눈에 띄게 좋아진다. 교사의 의견이 학생들에게 의미 있는 지적 자극이 되기에 그렇다. 학생들이 자기들끼리 대화해서 낸 보고서와, 교사가 살펴보고 이야기해준 뒤에 고쳐서 낸 보고서를 비교해보면 차이가 많이 난다. 학생들은 대체로 문제 인식까지는 잘하는데 문제를 성토하느라고 해결 방안을 살피는 데 소홀하다. 또는 뜬구름 잡는 해결 방안이나 생활윤리 수준의 방안을 제시해서 사회적으로 문제를 해결하는 것을 고민하는 데까지 이르지 못하는 경우가 많다. 이에 대해 교사가 대화 과정에서 말을 하고, 대화 기록을 보면서 다시 이야기해주는 일이 필요하다.

각각의 주제마다, 그리고 학생들의 대화 수준과 상황에 따라 교사가 해줘야 할 말이 다르겠지만, 교사가 학생들에게 물어야 할 일반적인 질문은 다음과 같은 것들이다. "그 분야에서 사회문제가 어떤 모습으로 드러나는가?" "그렇게 문제가 생긴 원인은 무엇인가?" "어떻게 해야 문제가 해결되거나 상황이 나아지는가?" "그 방안이 적용되면, 현실이 어느 정도 나아지는가?" "여러분이 쓴 보고서는 어떻게 하면 더 낫게 보완할 수 있는가?"

사회문제를 다룰 때, 학생들에게 책을 읽히는 이유가 무엇일까? 책 없이 토론만 하면, 이야기가 중구난방으로 흘러가다가 결국 사회적 통념 수준에서 논의가 멈출 때가 많다. 책이 아니라 짧은 자료를 읽고 이야기를 나누면, 논의의 초점은 잡히지만 대화가 풍부해지지 못한다. 아는 내용이 별로 없으니, 한 번 어떤 생각에 꽂히면 서로 의견 대립이 잘 해소되지 않았다. 책이 있어야 대화가 깊어지고 논의가 수습된다. 여기에 교사와의 대화가 더해지면 학생들은 문제 해결 방안을 조금씩 구체적으로 찾아 나가게 된다.

요즘 학생들은 다들 말도 잘하고 글도 잘 쓴다. 인터넷과 스마트폰 등의 매체가 발달하면서 그렇게 되었을지 모르겠다. 하지만 문제는 그런 학생들이 다른 사람의 이야기를 잘 못 듣는다는 데 있다. 아이들끼리 대화를 시켜보면 상대방 이야기를 듣고서 거기에 대한 최적화된 이야기를 잘 하지 못한다. 자기 논리 체계가 있으면 계속 그걸 반복만 하는 경우가 많다. 이런 식으로 말싸움을 벌이다 보면 실력은 절대 늘지 않는다. 때로 목소리를 크게 해서 극단적인 논리로 막 우기면 이긴다는 걸 알게 되고 상태가 안 좋아지는 경우도 가끔 있다.

그래서 대화를 글로 기록하는 것이다. 말은 하다가 멈추기 어렵지만, 글은 특성상 읽다가 멈출 수 있다. 자신의 논리에 대한 점검은 바로 그 여백에서 나온다. 또한 대화를 기록하다 보면 무언가를 말할 때보다는 흥분을 덜하게 되고 마음도 가라앉아서 좀더 차분하게 사안을 들여다볼 수 있다. 거기에서 학생들의 생각이 피어난다.

책 대화하기 수업은 사회문제 이외에도 다양하게 응용이 가능하다. 우리 시대의 주목할 만한 저술가 열다섯 명의 이름을 알려준 후 스마트폰으로 검색하게 해서 한 저자의 책을 골라 같은 형식으로 수업을 한 적도 있다. 소설이나 시, 수필 같은 문학 작품을 가지고 대화하면, 학생들은 훨씬 더 이야기를 잘 나눈다. 자유롭게 자기 생각과 해석, 감상을 이야기할 수 있으니 말이 잘 나오는 것이다. 교육 목적에 따라, 책 대화하기는 얼마든지 목적에 걸맞은 책을 선택해서 참신하게 시도해볼 수 있다.

인터뷰로
멋지게 사는 인생 알기

책 읽고 인터뷰하기 수업은 책을 읽고 그와 관련한 사람을 만난 후 내용을 정리하는 수업이다. 책을 쓴 저자를 만날 수도 있고, 저자와 같은 일을 하는 사람을 만나는 경우도 있다. 예를 들어 프로파일러 배상훈의 범죄를 다룬 책을 읽었다면, 저자를 직접 만나기는 힘들 테니 동네 경찰서의 경찰관을 섭외해서 만나는 식이다. 그렇게 학생들은 책을 읽은 후 동네 소방서, 병원을 비롯해 맛집에 이르기까지 다양한 곳을 찾아다니며 사람들을 만난다.

교과서만 가지고 수업을 하다가 책을 읽히면 학생들은 훨씬 수준이 높아지고 똑똑해진다. 하지만 이것도 어느 정도 되면 약간 정체되는 시기가 온다. 학생들이 책을 읽고서 '책이니까 이렇게 좋은 말이 있는 거지'라는 생각이 들 때가 있다. 즉 이건 책을 쓸 만큼 유명한 사람들의 말일 뿐, 실제로 자신이 마주한 현실에서 그렇게 사는 사람들이 있는지에 대해서는 의문을 드러내는 것이다. 인터뷰 활동을 시도한 것은 학생들이 현실에서 건강하고 행복하며 보람 있게 사는 사람들을 직접 만나서 그런 사람에게 있는 삶의 환한 기운을 얻어오게 하고 싶어서였다.

교사가 되어서 학생들에게 책을 읽히는 수업을 5~6년 하고 나니까, 학생들을 똑똑하게 만드는 것은 어렵지 않게 되었다. 똑똑하다는 것은 세상사나 주변 사람들을 보면서 무엇이 옳고 그른지를 분별할 줄 알고 대안을 제시할 수도 있다는 것이다. 하지만 그보다 훨씬 어려운 일은 학생들을 착하게 만드는 것이었다. 여기서 착하다는 것은 본인이 팔을 걷어붙이고 대안이 될 만한 일을 나서서 직접 하는 것을 말한다.

학교에 쓰레기가 많을 때 "쓰레기가 나빠. 더럽잖아. 위생에 안 좋아"라고 생각한다면 그건 똑똑한 것이다. 거기서 더 나아가 그 쓰레기를 치우는 것, 그게 착한 것인데 어려운 일이었다. 옳고 그름을 분별하는 데서 나아가 세상을 가꾸고 다른 사람을 다정하고 상냥하게 대하고 어떤 문제를 보면 불평하고 비판하는 데서 멈추지 않고 그걸 해결하는 데 자신이 조금이라도 기여하려는 태도를 갖추게 하고 싶었다.

이 문제를 어떻게 풀까 고민하다가 생각해낸 것이 학생들에게 좋은 어른을 만나게 하는 것이었다. 신문, 방송, 인터넷에는 나쁜 사람들 이야기가 너무 많이 나온다. 나쁜 짓을 하는 사람을 조명해서 보도하는 것은 언론의 사명이다. 잘못된 걸 고발해야 사회적 관심이 모여 그 잘못을 해결할 수 있으니, 언론으로서는 당연한 제 할 일이다.

그런데 세상에 관심이 많은 학생들에게 이런 환경은 교육적이지만은 않다. 늘 나쁜 짓을 하는 사람만 보다 보면 자기가 나빠도 되는 줄 알기도 한다. '어차피 이런데 뭐.' 은근히 이런 마음이 드는 것이다. 책 바깥의 현실에서 멋지게 사는 좋은 사람들을 직접 만나서 윤리적으로 잘 사는 사람이 있다는 걸 눈으로 확인시켜주면 학생들에게 깨달음이 있지 않을까 싶었다.

저자를 찾아가 인터뷰하는 수업을 진행해보기도 했다. 잘 되었다. 이 수업이 잘 된 것은, 실력이 있지만 아직 세상의 주목을 받지 않아서 외로운 저자들을 찾아갔기 때문이다. 유시민이나 공지영 작가를 학생들이 찾아간다고 생각해보라. 이건 안 된다. 일정이 많고 바쁜 저자에게는 연락하는 것 자체가 민폐다. 그러니 책을 냈지만 아직은 유명하지 않은 저자들을 학생들이 찾아가게 했다.

물론 그런 저자들에게도 그냥 찾아가면 민폐다. 나는 저자를 만나기 전에 반드시 그 저자의 책을 읽고 A4 종이 5쪽짜리 서평을 쓰도록 했다. 그다음에 출판사에 연락해서 저자의 이메일 주소를 알아낸 다음 학생들이 쓴 서평을 첨부해 메일로 보내면서 인터뷰를 청하게 했다.

자신의 책을 읽고 서평을 써 보낸 후 만나자고 하는 학생들을 박대하는 저자는 거의 없었다. 오히려 저자의 마음은 두근거릴 것이다. 자신의 책을 읽고 그런 서평을 쓴 학생들을 만나고 싶어한다. 자신의 글이 사람들에게 어떻게 읽히는지 궁금해했던 저자는 학생들을 만나면 행복해한다. 학생들도 이런 만남을 아주 오랫동안 기억한다. 이런 저자를 찾아 정성껏 서평을 써 보내서 만나야만 인터뷰는 성공한다.

인물 인터뷰 수업은 한 학기 동안 진행하는데, 보통 1학기에는 책을 읽고 서평 쓰는 수업을 하고 그게 익숙해진 2학기에 이 수업을 진행한다. 학기 중반까지는 1학기 때와 마찬가지로 책을 읽고 서평을 쓴다. 이후부터 기말고사 전까지 두 달 동안 인물을 찾아 인터뷰해야 하는데, 이건 학생들에게는 명백한 시련이었다. 방법은 내가 알려주지만, 사람을 섭외해서 만나고 이야기 나누는 것은 방법을 아는 걸로만 해결되지 않는다.

세상은 그리 호락호락하지 않다. 적절한 야생성과 돌파하는 생명력이 없으면 살아가면서 고생하는 경우가 많다. 그런 면에서 적절한 시련은 교육적이다. 인터뷰에 성공해서 누군가를 직접 만나고 돌아온 학생들의 이야기를 들어보면, 학생들이 그 경험에서 한 인간으로서 가지고 있는 능력을 최대한 발산하고 있다는 느낌이 든다. 시련을 겪어야 학생들의 야생성과 생명력이 강해지는 것이다.

그런데 시련을 넘어서려면 그걸 넘어설 수 있는 동기가 필요하다. 나는 한 학기 동안 이 수업을 진행할 때 서평 20점, 인터뷰 30점으로 수행평가 점수를 매긴다. "수행평가로 50점이 들어가. 이걸 안 하면 수시로 대학 가기는 힘들지." 학생들의 강력한 동기를 유발할 수 있는 것은 바로 점수다.

인물 인터뷰 수업에서는 '기획' '외교' '물음' '편집'의 네 명이 한 모둠이 된다. 기획은 영화로 치면 감독의 역할을 맡는다. 외교와 물음은 인터뷰의 특성상 만들어진 역할인데, 외교는 만날 사람을 정해서 섭외를 하고, 물음은 인터뷰를 할 때 어떤 것을 물어볼지 내용을 정한다. 편집은 인터뷰에 대한 최종 보고서를 쓰는 역할이다. 수업을 따라오기 버거워하는 학생이 있다면 '사진' 역할을 맡겨 5인 모둠으로 만들어도 되는데, 6인 이상이 되면 모둠이 잘 운영되지 않는다.

학생들은 각자 자기 역할에 대한 보고서를 따로 써서 낸다. 인터뷰 점수는 각각의 학생들이 각자 맡은 역할을 얼마나 잘 수행했는지에 따라서 개별적으로 매긴다.

이 수업은 사람을 직접 만나야 하기에 학생들에게 가르쳐야 할 게 굉장히 많다. 우선 한 반에서 기획을 맡은 학생들을 전부 불러내서 각 모둠의 진행 상황 전반을 확인한다. 나머지 역할도 마찬가지다. 각 모둠의 외교를 모두 불러낸 후, 만날 대상을 정했는지, 만날 사람의 연락처를 알아냈는지, 연락은 어떻게 할지를 일일이 확인한다. 학생들에게는 전화 하는 법, 이메일 쓰는 법을 하나하나 가르쳐줘야 한다. 안 그러면 학생들은 저자의 이메일 주소를 물어본다며 출판사에 두 줄짜리 메일을 보낸다. "OOO 선생님 연락처 알려주세요. 숙제예요."

나는 출판사에든, 필자에게든 처음 이메일을 보낼 때 내용을 나에게 검사받은 후 보내라고 한다. 메일을 쓸 때는 자기 손바닥보다 길게 써야 한다고 신신당부한다. "너희가 어떤 사람인지, 책을 읽고 어떤 생각을 했는지 구구절절 담아야지만 상대방의 마음이 움직인다. 너희 수준에서 정중한 것과 사회에서 정중한 것의 기준은 엄청나게 달라." 이걸 말해주지만 학생들은 못 따라온다. 그래서 하나하나 메일을 보고 수정하는 과정을 거친 후에 저자에게 메일을 보내게 하는 것이다.

살다보면 나보다 전문성 있고 나은 사람을 찾아가서 부탁할 일이 생긴다. 그때 어떻게 찾아가야 상대방에게 환영받는지를 배워야 한다. 상대방의 세계에 대해 공부한 것을 밝히고 내가 어떤 사람인지를 설명하면서 무언가를 청할 때 상대방도 마음을 열고 나의 청을 받아줄 수 있다. 바로 그것을 학생들에게 가르치는 것이다.

각 모둠의 물음이 하는 일은, 직접 사람을 만났을 때 어떤 물음으로 이야기를 시작해서 재미있게 흐름을 타다가 마무리할지를 짜는 것이다. 그리고 사람을 만나는 동안에 대화 상황을 이끄는 역할이다. 그러니 인터뷰하러 함께 간 친구들과 어떻게 질문을 나눠 맡아서 할지도 물음 역할을 맡은 학생이 챙겨야 한다. "'연봉이 얼마예요?' 이런 말 하면 무식하다는 얘기 듣는다. 그건 상대방에게 매우 결례니까 인터뷰하러 가서 그런 말을 하면 안 된다." 이런 사회적 예의 또한 가르쳐서 세상에 내보내야 한다.

학생들은 이 과정에서 부쩍 성장한다. 사례를 하나 들어볼까. 보통 내 수업에서는 남녀 혼성으로 모둠을 짜기 때문에 남자만으로 모둠이 구성되는 것이 공식적으로는 불가능하다. 그런데도 남학생들만의 모둠이 만들어졌다는 건, 어떤 여학생도 이 모임에 들어가지 않겠다고 아우성을 쳤기 때문이다. 보통 이런 모둠의 학생들은 수업 시간에 딴짓을 하거나 무기력하거나 자기 세계에 빠져 있고 숙제도 잘 안 하는 자칭 '폐인' 남학생들이다.

이들은 내가 권한 책들이 마음에 안 든다면서 책을 계속 바꿔대다가 결국 프란체스카 교황에 대한 책을 골랐다. 교황님은 꽤 진지한 분이라고 설명해줬지만 학생들이 꼭 그 책으로 하겠다니 말릴 수가 없었다. 어찌어찌 서평 쓰는 것까지는 하고서 실제 인터뷰를 해야 했는데, 프란체스카 교황을 직접 만날 순 없지 않나. 그래서 스마트폰을 가져오라고 한 후 몇몇 수도회를 알려주고서 내 눈앞에서 검색을 해보게 했다. 수업 시간에 직접 수도회 중 한 곳에 전화를 걸어서 신부님과 만날 약속을 했다.

나중에 학생들의 인터뷰 보고서를 살펴보니, 섭외에 성공한 신부님은 교황 방한 때 청소년 미사를 집전하기도 했던 꽤 지위가 있는 분이셨다. 그분은 신실한 가톨릭 동아리 학생들이 자신에게 의욕적으로 연락을 해온 걸로 아셨던 모양인데, 그걸 알게 된 학생들은 걱정이 태산 같았다. 자기들은 폐인 소년들이고 서로를 보고 "얘 일베예요"라고 놀리는 처지인데, 상대방은 자신을 신실한 학생으로 알고 있으니 말이다. "우린 어떡해? 우린 망했어!"

이 학생들이 만든 질문지를 가져와보라고 했다. "결혼을 못하는데 외롭지 않으세요?" "야한 생각이 들 땐 어떻게 하시나요?" 이런 질문들이 적혀 있는 걸 보고서, 다시 학생들을 가르쳤다. 보통 질문지를 만들 때 나는 오십 개의 질문을 들고 가라고 한다. 핵심 질문 스무 개와 예비 질문 삼십 개 정도는 만들어 가야 돌발 상황에 대처할 수 있기 때문이다. 몇 차례 질문지를 두고서 실랑이가 오갔고 학생들을 구박했더니, 한 학생이 혼나고 돌아가는 길에 질문지를 쓰레기통에 처박았다. '저걸 혼을 내, 말아?' 내 마음속에서는 부글부글한 기운이 올라왔다.

우여곡절 끝에 학생들은 신부님을 만나고 돌아왔다. 이후 학생들은 수업에 들어가면 성호를 그으면서 나에게 인사를 했다. 정말 웃긴 모양새였지만, 학생들은 신부님을 만나고 와서 감화를 받은 모양이었다. 신부님은 학생들을 만나서 몇 마디 말을 섞어본 뒤 이 학생들의 정체를 파악하셨을 것이다. 그럼에도 조선 후기에 천주교 신자들이 순교했던 절두산 성지에 학생들을 데려가서 이야기를 들려주시고, 명동성당에 데려가서 미사도 함께했다고 한다.

아직까지 나도 기억나는 말이 있다. 학생들이 "여자를 사랑하지 못하는데 외롭지 않으세요?"라고 물었을 때, 그분은 "한 여자를 사랑하지 않는 대신 모든 사람을 사랑할 수 있어"라고 답해서 아이들이 와 하고 감탄을 했다. "언제 가장 힘든가요"라는 물음에는 "남들이 나를 많이 치켜세워줄 때. 그러면 내가 내 수준보다 더 나은 사람처럼 여겨져서 조심해야 하지"라고 말씀하셔서 그 보고서를 읽다가 그만 나마저 옷깃을 꼭 여미었다.

사실 이 모둠 학생들은 학교에서 구박이나 받고 존재감도 별로 없으며 자존감도 낮은 아이들이었다. 그런데 자기들이 보더라도 좀 높은 분이 자기들을 하루 동안 데리고 다니면서 정중하게 이야기를 해주는 데서 감화를 받은 것이었다. 인터뷰 보고서를 보니 신부님의 내공이 느껴졌다. 대화도 살아 있었다.

이런 걸 보면서 나는 인간의 존엄성이란 개념을 생각했다. 사회 책에는 인간이 타고날 때부터 귀하며, 그래서 선거할 때 하나씩 투표권을 준다는 말이 나온다. 하지만 현실에서는 투표권을 빼앗아버리고 싶은 마음이 드는 학생들이 곳곳에 눈에 뜨인다. '재가 저 상태로 크면 안 되는 거 아니야?' 이런 구박데기 학생들이 인물 인터뷰에서 무언가를 해내는 걸 보면, 인간의 존엄성이라는 것이 있기는 하구나 싶었다.

고난을 뚫고 사람을 만나고 온 학생들을 상대평가해서 점수를 매기는 건 참 힘든 일이다. 점수를 매기면서도 이게 굉장히 비인간적이라는 생각이 물밀듯 밀려온다. 이럴 땐 평가를 끝낸 후 학생들에게 솔직하게 말한다. "너희가 서평 쓴 걸 채점할 때는 점수를 깎으면서 하나도 마음이 아프지 않았어. 뭘 못 가르쳐준 것 같아서 내가 좀 속상하긴 했지. 그런데 인터뷰를 채점하면서는 내 마음이 굉장히 힘들었다. 나는 점수를 내야 하는 사람이니 채점을 했지만, 이게 내 마음이라고 생각하지 마라.

나는 이런 인터뷰를 해낸 너희가 다 좋다. 존중한다. 그러니까 이 점수에 대해서는 듣고서 지나가라. 이의 제기도 하지 마라. 그 대신 생활기록부는 아주 잘 써줄게."

마지막으로 덧붙일 말. 이 수업을 진행할 때는 학생들이 인터뷰해준 분에게 최종 보고서를 메일로 보내는 것까지 확인하기 바란다. 상대방 입장에서는 인터뷰의 결과물이 궁금할 수 있고, 그것이 인터뷰에 응해준 분에 대한 예의임을 학생들에게 가르칠 필요가 있다.

인물 인터뷰 수업과 관련한 내용은『송승훈 선생님의 꿈꾸는 국어수업』이라는 다소 부끄러운 제목의 책에서 좀더 자세히 살펴볼 수 있다. 이 수업은 앞서 설명한 여러 수업들에 비해 가장 고난이도이니까, 다른 수업들을 여럿 진행해본 후 가장 마지막에 시도해보는 게 좋다.

교실 안 도서관, 학급문고 만들기

학급문고를 만들어서 학생들에게 책을 읽히는 것은 담임교사가 할 수 있는 대표적인 독서교육 활동이다. 이는 대규모로 수십 년 동안 여러 지역에서 실행되었는지라 이렇게 하면 된다, 안 된다가 거의 사회과학 법칙처럼 정리되어 있다. 그래서 그 원칙들을 잘 기억해 실행하면, 수십 년 간 해왔던 실패를 피해갈 수 있다.

학급문고로 하는 책 읽기는 정규 수업 시간의 책 읽기와는 아주 다르다. 보통 학급문고를 읽는 시간은 아침 조회 시간이거나 어쩌다 불규칙하게 수업이 비는 때인데, 모두 다 정규 수업 시간보다 불안정하다. 아침 책 읽기 시간에는 어쩐지 정규 수업보다 덜 집중해도 될 것 같은 느낌이 있다. 사실 교사도 아침 책 읽기 시간과 자신의 정규 수업 시간에 마음가짐이 다르다. 교과 수업에서는 책 읽는 과정을 가르칠 수 있는데, 학급문고 읽기는 담임 일이 많아서 거기까지 신경 쓰기가 어렵다. 게다가 정규 수업은 강력한 힘인 평가가 있는데, 학급문고 읽기는 평가도 없다.

이런 이유로 학급문고는 책이 엄청나게 매력 있어야지만 성공한다. 매력이 철철 넘치는 책으로만 학급문고를 꾸려야 한다. 책을 집어 들어서 아무 쪽이나 펼쳤을 때 재미가 있어서 저절로 책장이 계속 넘어갈 정도인 책으로만 해야 한다. 그리고 책이 학생 수보다 두세 배 많게 갖추어져야 한다. 책이 학생 수와 비슷하거나 조금 많으면, 학생들은 "아, 읽을 책이 없어"라고 말한다. 그러면 읽는 척하고 있는, 책장이 넘어가지 않는 책을 들고 있는 학생들의 모습을 보게 된다.

학급문고를 확실히 망치고 싶으면, 이렇게 하면 된다. "학생들이 잘 읽지 않지만, 꼭 읽혔으면 하는 책으로 학급문고를 꾸

미겠어요." 그러면 서울에서 부산으로 달리는 고속철의 속도만큼 빠르게 학급문고가 망하는 걸 보게 된다. 학생들이 안 읽을 책을 강제로 읽히는 것은 수업 시간에나 가능하다는 것을 명심하기 바란다.

예를 들면 『어린 왕자』나 『갈매기의 꿈』 같은 책도 학급문고에 들어오기에 적합하지 않다. 이런 책은 차분하게 분위기를 잡고 침착하게 읽어야 내용이 눈에 들어온다. 그래서 집중도가 높은 정규 수업 시간에는 가능하지만, 아침 독서 시간에는 읽기가 쉽지 않다. 『갈매기의 꿈』에 나오는 "높이 나는 새가 멀리 본다" 같은 구절을 읽고서 '높이 나는 새가 멀리 보지. 낮게 나는 새가 멀리 보나? 당연한 말을 하고 있네' 같은 생각이 드는 것이다. 어떤 분위기에서 책을 읽느냐에 따라 같은 글도 다르게 다가온다는 것을 명심하고 책을 골라야 한다.

학급문고 읽기는 집중력이 낮은 상태에서 이루어진다. 이런 시간에 잘 읽히는 책은, 우선 청소년 문학이나 교단 일기처럼 학생들 자신이 나오는 책이다. 인간은 누구나 자기 얘기가 나오는 책을 잘 읽는 법이다. 부산공고 학생들이 등장하는 『도대체 학교가 뭐길래!』나 청소년을 주인공으로 해서 10대의 임신을 다룬 『키싱 마이 라이프』 같은 게 바로 그런 책이다. 오토바이 타고 다니는 문제아들 이야기, 학교폭력을 다룬 이야기, 외모에 대한 고민을 다룬 이야기처럼 10대의 생활 문제를 다룬 책들이 여기에 들어간다.

학생들에게 먹히는 또다른 책은 슬픈 책이다. 원래 텔레비전 드라마도 시청률이 떨어지면 등장인물이 아프고, 그래도 시청률이 안 나오면 등장인물을 죽이고 그런다. 사람은 누군가의 인생이 잘 안 되는 걸 보면 마음이 아프면서 좀더 관심을 갖게 되는 속성이 있다. 아이들은 장애인이나 소외된 사람들, 독거노인 등의 이야기를 잘 읽어낸다. 이런 책들을 통해서 학생들은 슬픔의 힘을 알게 된다. 사람이란 원래 우아하고 멋있게 살고 싶지만 살다보면 어쩔 수 없이 초라한 순간이 있으니, 그런 걸 받아들이면서도 그 상황에서 어떻게 살아갈지를 고민하는 게 필요하다. 그런 걸 이런 슬픈 책을 통해 배우는 것이다.

야한 책도 넣어둬야 한다. 남자 중학교나 방황하는 청소년들이 많은 남자 고등학교 학급문고에는 꼭 이런 책을 넣어야 한다. 물론 학교에서 무턱대고 야한 책을 권할 순 없다. 그러니 세상의 훌륭한 책들 중에서 심하게 야한 내용을 담은 책을 교사가 가려 넣어야 한다. 10대 미혼모 수기집인 『별을 보내다』, 여성학자가 조건 만남을 하는 10대 여자 아이들을 5년간 만나서 인터뷰한 『조금 다른 아이들, 조금 다른 이야기』 같은 책은 학생들이 굉장히 잘 읽어낸다.

성교육 책도 쓸 만하다. 『성교육 상식사전』 『돌직구 성교육』 『니 몸, 네 맘 얼마나 아니?』 『10대와 통하는 성과 사랑』 『사랑을 물어봐도 되나요?』 같은 책들이 있다. 학생들이 성교육 책을 읽고 있을 때 내가 지나가면서 "네 이야기 좀 나오니?" 하고 물으면, 학생이 옆 친구를 가리키며 "저는 아니고 얘 이야기예요" 라고 웃으며 답한다. 하지만 '내가 학교에서 도망 안 가고 학교를 다니는 것만으로도 우리 담임선생님이 나한테 고마워 해'라는 마음을 가진 학생들은 이런 책을 읽어야 책 읽기 시간에 집중을 할 수 있다.

이외에 전략적으로 만화책과 동화책이 필요하다. 그날따라 컨디션이 안 좋아서 책이 눈에 안 들어오는 학생들을 위해 이런 책들이 있어야 한다. 나는 우리 반에 있는 팔십여 권의 학급문고 가운데서 만화책을 열 권, 동화책을 열 권 정도 넣어둔다. 이런 책들이 있어야 만화책을 보면서 '아이씨, 내일 나머지 책 보러 학교에 와야겠다'라는 생각을 하게 되는 학생들이 있다. 만화책으로는 강풀의 『당신을 사랑합니다』나 『26년』이나 『검둥이 이야기』 같은 웹툰들, 『도토리의 집』처럼 좋은 만화들을 추천한다.

『도토리의 집』은 정신지체아를 자녀로 둔 일본 부모들의 이야기를 다룬, 국제적으로도 굉장히 주목받은 만화다. 이 책은 장애인과 비장애인의 통합교육을 하는 학교에서 담임교사가 아이들에게 해주고 싶은 말을 대신 해주는 책이기도 하다. 좋은 책은 인간이 어떻게 살아야 하는지 알려준다. 이 만화책은 나와 다른 사람을 대할 때 어떻게 상대방을 생각하고 배려하고 자신의 충동적인 욕구를 조절해야 하는지 알려주는 좋은 책이다.

중학교나 전문계 고등학교 교사들 중에는 초등학교 5~6학년용 창작 동화를 책 읽기에 잘 이용한 경우가 꽤 있다. 학교에는 제정신이 아닌 것 같은 중학생들이 종종 있는데, 이런 학생들에게는 창작 동화가 잘 들어맞는다. 우선 자기보다 살짝 어린 아이들이 주인공이다 보니, 책을 읽으면서 등장인물의 마음이 훤히 들여다보인다. 그래서 내용을 장악하고 판단할 수 있으니 책이 재미있어지는 것이다. 그리고 어린이책은 특성상 문제를 헤집어놓고 그냥 물러나는 게 아니라 따스하게 감싸며 수습하는 경향이 있는데, 그런 따스함이 꾸러기 학생들에게 정서적으로 편안함을 준다. 이런 동화들을 10여 권 학급문고로 비치해둘 필요가 있다.

독서사회단체로 그 권위를 인정받는 어린이도서연구회 누리집에 가면 권장도서 목록을 내려받을 수 있다. 그 권장도서 목록에는 책의 줄거리가 조금씩 나와 있으니 그걸 보고서 적절한 책을 고르면 된다. 물꼬방 같은 독서교육을 하는 교사 모임에서 만드는 책 목록을 보면, 청소년 추천도서에 동화책들이 들어가 있다.

마지막 성공 비결은 학급문고를 하면서 학생들에게 아무것도 시키지 않는 것이다. 단순하게 학생들이 책을 읽기만 하면 잘한다, 잘한다 격려하며 나아가야 한다. 학생에게 종이 한 쪽이라도 쓰게 하면, 그것을 담임교사가 검사해야 한다. 그런데 현재 학교 담임교사의 업무는 포화 상태를 넘어선 지 오래다. 담임교사는 생활기록부를 써야만 하는데, 한번 생활기록부를 쓰기 시작하면 정말 살고 싶은 생각이 사라진다. 열다섯 명 이상 쓰고 있다 보면 무념무상의 상태에 다다른 채 인생을 체념하게 된다. 그저 한 사람 한 사람 쓰다보면 끝이 오겠지 하는 마음뿐이다. 그런 상황에서 담임교사에게 무언가 일을 더 얹어선 안 된다.

요즘 학생들의 상황도 고려해야 한다. 예전에는 소위 말하는 가정교육이 살아 있었고, 골목 공동체도 있어서 잘못을 하면 동네의 형이나 누나한테 혼나가면서 배우는 문화가 있었다. 자기감정을 조절하지 못하거나 남과 불화를 일으켰을 때 어떻게 응징당하는지 체험하면서, 그 기억을 통해 예전의 학생들은 대인 관계를 조율하는 능력들을 키워나갔다. 반면에 요즘 학생들은 이런 경험이 많지 않다. 자기 욕구와 기분을 통제하는 능력이 많이 떨어진다. 이걸 학교가 다 떠맡고 있다 보니 교사들의 피로도가 대단하다.

그 와중에 아침에 학급 책 읽기를 하고서 독서기록장을 만들게 하고 학생들에게 뭐라도 한 쪽 쓰게 하고 그걸 검사해야 하는 상황에 내몰리면, 교사는 지쳐 나가떨어질 수밖에 없다. 일일이 독서기록장을 검사할 시간도 없어서 결국 다 읽지도 못한 채 억지로 검사 도장을 찍으면서 교사는 자기 인생이 허망하다는 생각을 할 수밖에 없다. 교사가 너무 힘드니 다른 학생에게 도장 찍는 걸 맡기면, 학생은 열심히 임무를 수행하고 교사의 몸도 편해지지만 이렇게까지 하고 살아야 하나 하는 생각이 들

것이다.

현재 담임교사의 업무가 너무 과중하기에 여기에 뭔가를 더 하는 순간 아주 열정적인 선생님들만 이 활동을 하게 된다. 그럼 다수의 일반적인 선생님들은 자기도 모르게 이런 기도를 하게 된다. "부처님, 아침 독서를 없애주세요." "예수님, 이건 아닙니다." 이러다 보면 1년을 못 버티고 활동이 무너지게 된다. 그러니 학급문고 활동은 오로지 그 시간에 책을 읽는 것만으로도 최고의 성취를 거두는 것이라는 생각으로 임해야 한다.

물론 학년 전체가 아니라 교사가 자기 학급에서 혼자 실천할 때는 학급문고를 하면서 여러 독서 활동을 해도 된다. 하고 싶은 사람이 하면 기쁜 일이 될 수 있다. 하지만 내가 성과가 난다고 해서 다른 담임교사에게도 하게 하는 순간 망하게 된다는 것이다. 초등학교의 경우는 교사가 대부분의 과목을 가르치니 가능하지만, 중·고등학교에서는 거의 불가능하다. 단적으로 말하자면, 학급문고 활동의 핵심은 목표를 잡지 않는 데 있다. 목표라는 단어 자체를 지워야 한다.

보통 아침 책 읽기를 시작하면, 담임교사는 애들한테 "야! 책 가져와서 읽어!"라고 말한다. 학생들, 당연히 말을 안 듣고 자기 하던 일을 한다. 다시 한번 교사가 말한다. "가져와서 책 읽어!" 그렇다고 담임의 말을 들을 학생들이 아니다. "야, 너희들 진짜 너무한다. 너 읽어! 너 책 가져와!" 세 번째쯤 잔소리를 해야 학생들은 책을 가져와서 읽기 시작한다. 그렇게 읽기 시작하면 20여 분 책 읽기가 유지될 것이고, 자거나 떠드는 애들을 교사가 진정시키면서 책을 읽는 게 아침 책 읽기 시간의 전부다.

학급문고를 활용한 아침 책 읽기는 학생들이 책을 읽는 동안 교사가 어슬렁거리면서 교실을 돌아다니다가 일대일로 눈을 마주치며 교사가 "어때? 재미있어? 그 책 괜찮니?" 정도의 이야기를 건넬 때 뭔가 다른 느낌이 있다. 이건 담임선생님이 학생의 눈을 보며 말을 거는 것이다. 그럴 때 학생의 몸은 반응한다. 그것 자체에 인간을 성장시키는 게 있다. 물론 뭘 가르쳐줄 때도 학생들은 성장하지만, 때로는 교사가 한두 마디 말을 걸고 서로의 눈길이 오갈 때도 학생들은 조금씩 성장한다.

학급문고는 최소 15분의 시간이 있어야 의미가 있다. 보통 학급문고 책장에서 책을 꺼내오고 책 읽는 분위기를 만드는 데 5분이 걸린다. 10분은 책을 읽어야 효과가 있으니, 최소 시간으로 15분이 필요하다.

1교시 시작 전 아침 담임 시간을 활용하면서 월요일 비는 시간에는 한자, 화요일 비는 시간에는 영어 단어, 수요일 비는 시간에는 안전 교육, 목요일과 금요일 비는 시간에는 책 읽기, 이렇게 짜놓으면 학생들이 무척 피곤해한다. 아침에는 그냥 책 읽기만 해서, 학생들이 생각하지 않아도 그 시간이 되면 습관처럼 책을 가져와서 읽게 해야 한다.

한편 한 반 학생들에게 모두 같은 책을 읽게 하고, 보름에서 한 달 간격으로 옆반과 책을 바꿔 읽는 식으로 책을 읽히는 시도를 해본 경우도 있다. 이 시도는 열에 아홉은 실패했다. 이 방식은 굉장히 카리스마 있는 경력 많은 선생님이 이 활동을 집착해서 물고 늘어진 경우에만 성공한다. 그것도 여고에서만 된다. 남녀공학이나 남학교는 돌려 읽기를 하면 90% 실패한다. 학생들 각각의 수준과 관심사, 기질이 다르기에 그렇다. 이 방식의 또다른 문제점은 책을 읽혔을 때 똑똑한 아이들이 더 못 뻗어나간다는 것이다. 똑똑한 학생들은 학급문고의 다양한 책들을 만지작거리면서 자기 세계를 만들어나간다. 그런 학생들에게 딱 한 권의 책을 읽히는 활동은 자극이 덜 되는 것이다. 결국 한 반에서 한 권의 책을 읽고 다른 반과 돌려보는 아침 책읽기 활동은 실패를 거듭하면서 거의 멸종의 길에 들어섰는데, 아직도 가끔 이 방식으로 하는 모습을 본다.

학급문고의 분실 문제는 그걸 당연히 여기면 된다. 원래 그런 거다. 인생의 많은 것들은 받아들이는 게 답인 경우가 많다. 예를 들면, 노화는 아무리 좋은 음식을 먹고 좋은 화장품을 발라도 해결할 수 없다. 흘러가는 세월을 이길 수 없는 것이다. 냉정하게 말하자면, 내가 세상을 위해 뭔가 노력했다고 해서 세상이 그만큼 더 나아지는 건 아니다. 그저 내 정신을 깨끗이 유지하는 걸로 그치는 경우가 허다하다. 나 하나 잘한다고 해서 세상이 달라지지 않는 걸 받아들여야 우리는 남은 세상을 그럭저럭 버티면서 살아갈 수 있다.

보통 1년이 지나면 30% 정도의 책이 사라진다. 나는 이걸 당

학급문고 분실의 과학

학급문고는 아무리 철저히 관리해도 책이 사라진다. 여기에 신경 쓰는 건 교사의 정신 건강에 해로우니 차라리 책 분실을 자연의 순리로 받아들이는 게 낫지 않을까.

연하게 여긴다. 그렇다고 해서 학생들에게 학기 초부터 이 사실을 밝히는 건 사려 깊지 않다. 학급문고를 만들 때, 나는 학생들에게 이렇게 말한다. "내가 다섯 권을 사오마. 그러니 너희는 두 권씩만 사라."

보통 나는 학생들이 하는 것에 비해 두 배 이상을 한다. 예를 들어 불우이웃 돕기 성금을 걷을 때도 나는 5만 원을 쾌척한다. 그러고는 학생들에게 말한다. "불우이웃 돕기에 동전은 내지 않았으면 좋겠다. 내가 얼마 내는지 이렇게 보지 않았니? 자유는 굉장히 소중한 가치지만, 어려운 사람을 돕는 데 자유 같은 단어를 내세우는 건 좀 염치없는 일이지. 그런 단어는 좀더 멋있는 데 쓰자." 이런 식으로 내가 '선빵'을 날리고 학생들을 유도해간다.

학급문고를 만들 때는 모두 새 책을 사와야 한다. 집에 있는 책을 학급문고로 받기 시작하면, 매력 없는 책들이 많이 쌓여서 평소에 읽고 싶은 마음이 안 생긴다. 학급문고를 구성할 때는 교사가 200종 정도 들어간 책 목록을 조회 시간에 나눠준 후 종례 시간까지 자기가 사고 싶은 책 뒤에 이름을 쓰게 한다. 물론 같은 책에 두 사람 이상이 이름을 써선 안 된다. 그렇게 책을 골라 산 후 교사가 '내 돈으로' 라벨지를 사온다.

'내 돈으로', 이게 중요하다. 이런 데 절대 학급비 같은 걸 써선 안 된다. 좀더 많은 비용을 쓰고 사회적 헌신을 함으로써 교사는 공동체에서 권위를 얻을 수 있다. 물론 돈을 쓰고서는 꼭 학생들에게 말해준다. "이거는 내 돈으로 사온 거다. 4만 원 들었다." 그러면 도리어 학생들이 걱정한다. "선생님, 그러면 어떻게 해요? 선생님 돈인데 괜찮아요?" "나는 그렇게 소심하게 살지 않아." 이렇게 분위기를 만들어주면 학급 도서부 담당 아이들은 담임선생님이 돈도 많이 썼다면서 엄청 성의 있게 라벨지를 붙여준다. 여기에서 힘을 받아 나는 내 돈으로 멋진 책꽂이까지 교실에 사다 놓는다. 20만 원만 쓰면 다 해결된다. 걱정하지 마시라. 내년에는 또 호봉이 오르니까.

그렇게 마음을 쓰며 함께 만들어간 학급문고이기에 책이 사라지면 학생들 사이에서 불만이 터져 나온다. "선생님, 어떻게 해요? 책이 없어졌어요." "저는 다른 반에서 우리 책을 봤어요!" 학생들이 좋아하는 만화책들은 애저녁에 사라지기 일쑤다. 이럴 때마다 나는 말한다. "눈을 부릅뜨고 찾자!" 물론 학생들의 얘기는 반복된다. "또 우리 책이 없어졌어요!" 그럴 땐 또 대꾸해준다. "이럴 수가, 계속 찾자!" 그렇게 학생들의 화난 마음을 응대하며 나는 학생들과의 공감대를 찾아 나간다.

그렇다. 책이 없어지는 일은 누구도 해결할 수 없다. 열 권이 사라지면 세 권쯤은 찾지만 나머지 일곱 권은 어디 갔는지 알 수가 없다. 하지만 교사가 학생들과 함께 안타까워하면, 학생들은 속상해하면서도 나를 원망하지 않는다. 원망의 화살이 다른 반 애들에게 날아가면 나는 또 말한다. "이씨! 어떤 나쁜 애들이 우리 책을 가져갔어!" 이렇게 말하면서 또 지나가는 거다.

이렇게 1학기가 흐르면 2학기가 시작될 때 또 책을 사야 한다. 그때 나는 다시 다섯 권을, 학생들은 두 권씩 책을 구입해서 책장에 새 책을 공급한다. 2학기가 끝나서도 마찬가지로 일부 책은 사라져 있다.

학급문고는 어떻게 운영하든 많은 책들이 어디론가 사라져 버린다. 하지만 학생들이 책을 읽었다면 그걸로 학급문고는 제 몫을 다한 게 아닐까.

담임선생님과 함께하는 독서 활동

학급문고 이외에 학급 담임교사가 반 학생들과 독서를 더 하려면 무엇을 할 수 있을까? 스마트폰 앱인 밴드를 써서, 책 읽기를 더 깊게 해보려는 학생들을 챙기는 방법이 있다. 학급문고는 모두 다 참여하지만, 밴드로 하는 독서 활동은 원하는 학생들만 한다. "선생님과 같이 개인적으로 책 읽는 공부를 하고 싶은 우리 반 학생이 있으면 말해라. 국어 공부에 도움이 될 거야." 이렇게 말하면, 반에서 5~7명 사이의 학생이 참여하겠다고 한다.

이 학생들에게 내가 요구하는 것은 간단한다. 학교 도서관에서 괜찮게 보이는 책을 빌려와서 매일 잠들기 전에 30분 정도 책을 읽고, 자기가 읽은 부분에서 마음에 와닿는 부분을 사진으로 찍어 밴드에 올리면 된다. 여기에 간단하게 자기 생각을 두세 줄 덧붙이게 한다. 30분 정도면 책을 20~30쪽 읽을 수 있다. 하루도 안 빼먹고 하는 건 힘드니, 일주일에 네 번 정도 하면 날마다 한 것으로 인정해준다.

책은 처음부터 끝까지 다 읽지 않아도 된다. 처음 집어든 책이 읽다가 지루하면, 곧바로 다른 책으로 바꾸어서 한다. 새 책을 집어 들면, 새 책 효과로 지루함이 잠시 동안 사라진다. 그 책이 또 지루해지면 걱정 말고 또 책을 바꿔 읽으면 된다. 하루 20~30쪽씩 꾸준히 책을 읽는 것이 목표다.

학생 중 한 명을 밴드 운영자로 만들고서 그 학생이 다른 학생들이 꾸준히 글을 올리고 있는지 챙기게 한다. 교사는 학생들이 올리는 글에 일일이 댓글을 달지 않는다. 교사가 품을 많이 들이면, 교사부터가 하기 싫어진다. 간혹 독서 상황을 올리겠다고 하고서 안 올리는 학생이 있으면 "이제 글 좀 올려야지" 정도의 이야기만 가볍게 하면 된다. 특별히 자기 성장에 열망이 있는 학생에게는 책을 권해주기도 한다. 그런 학생들은 책을 읽고서 교사와 짧게나마 이야기를 나누려고 하는데, 계획 없이 그렇게 학생이 질문해올 때 이야기를 잠깐씩 나눈다. 이때 계획이 없기에 교사나 학생이 지치지 않아, 계속 이 활동을 오래 할 수 있다.

시간이 지나고 살펴보면 꾸준히 글을 올리는 학생들의 생활기록부 독서기록은 굉장히 풍성하다. 소박하게나마 한결같이 읽고 글을 올리면 그 과정 자체가 공부에 많이 영향을 주는 것이다.

그 밖에 학생들이 트위터나 페이스북을 이용해서 좋은 글을 읽게도 해보았다. 좋은 글을 쓰는 작가의 트위터를 팔로우하거나 페이스북에 친구 신청을 해두고 거기에 올라오는 좋은 글을 자주 읽으면, 그게 학생들 인생에 도움이 되겠다 싶었다. 그런데 실제로는 별로 효과가 없었다. 학생들은 트위터를 거의 쓰지 않아서, 거기에 도움이 되는 글이 올라온다고 해도 그것을 들여다보지 않았다. 페이스북은 학생들이 가벼운 방식으로 주로 사용하기에, 거기서 지적 활동이 잘 일어나지 않았다.

학생들이 스마트폰을 즐겨 쓴다고 해서 전자책으로 독서를 하면 잘되겠다고 여기는 분들도 있지만, 실제 해보면 생각처럼 잘되지 않는다. 스마트폰을 들고 있으면, 자꾸 카톡이 오고 해서 집중이 잘 되지 않는다. 게다가 금방 웹툰과 같이 재미난 볼거리로 넘어가기가 쉬워서, 스마트폰이나 전자책에 너무 낙관적인 기대를 하지는 않아야겠다는 게 지금까지 내 결론이다. 만약 다른 교사가 이 방법으로 학생들을 가르치는 데 성공한 사례가 있다면 나에게 들려주시라. 나는 비록 실패했지만 나와 달리 성공한 사례가 있다면 언제든 배울 테니까.

요즘 학생들은 인터넷으로 세상 돌아가는 일들을 보다 보니 험한 사건 사고들을 너무 많이 접하게 된다. 각종 포털 사이트에서는 클릭 수를 많게 하려고 자극적인 기사들이 첫 화면을 장식한다. 우리도 그렇지 않나. 신문 학술면에 실린 저명한 학자의 대담 기사는 잘 클릭하지 않게 되니 말이다. 평소에 험하고 거친 기사들을 읽다 보니 학생들은 사안에 분개를 하긴 하는데 깊이 있는 사고는 하지 못하는 경우가 많다. 그렇기에 이런 기사 외의 다양한 지면 기사들을 학생들에게 접하게 해주는 작업은 교육적으로 필요하다.

요즘은 종이 신문 구독률이 엄청 떨어졌다. 인터넷을 통해 정보가 빠르게 확산되고 접근성도 좋아진 측면이 있지만, 깊이 있는 글을 읽는 것은 후퇴한 측면이 있다. 어찌 보면 사회적 지성이 후퇴하는 면이 있다고 하겠다. 이를 보완하는 용도로 학급에서 신문과 잡지를 정기구독해보는 것은 의미가 있다.

내가 담임을 맡은 반에서는 신문 2종과 주간지 1종을 정기구독 한다. 전체 구독 비용 중 절반을 내가 내겠다고 하고서 나머지 절반의 비용을 학생들에게 내면 어떻겠느냐며 정기구독을 권한다. 신문과 주간지의 연간 구독 비용을 계산하면, 나는 1년에 20만 원 정도를 내야 하고 학생들은 한 사람마다 5000원 정도를 내야 한다. 학생들에게 이렇게 제시하고서 한 명을 불러 칠판에 비용을 계산해보라고 하면, 미적거리던 학생들도 대부분 신문과 잡지를 보자고 한다.

이렇게 보게 된 신문과 잡지에 대해 나는 학급에서 따로 지도를 하지 않는다. 정기적으로 신문과 잡지가 교실에 비치되면,

전체 학생들 중 6분의 1가량이 이걸 읽는다. 그리고 이 학생들이 똑똑해진다. 학급에서의 정기구독은 딱 이 정도를 목표로 잡는다. 가끔 사회 시간에 신문 기사를 스크랩해오라는 숙제를 내주는 경우가 있다. 그러면 우리 반 학생들은 굉장히 좋아한다. 평소 교실에 쌓여 있었고 별반 관심 없었던 신문과 잡지에 학생들이 관심을 갖게 되고, 다른 반 학생들은 우리 반을 완전 부러워한다.

어떤 신문이나 주간지를 선택할지는 학생들과 논의를 하되 교사가 개입할 필요가 있다. 학생들에게 맡기면, 상상을 초월할 정도로 학생들이 대충 선정을 한다. 언론에 대해 아는 게 없는 경우가 많아서다. 신문을 관리할 학생을 몇몇 뽑은 다음, 그 학생들에게 언론 신뢰도를 조사해서 신문을 선택하게 해오는 것이 좋다. 그런데 이렇게 언론 신뢰도를 조사해오라고 해도, 정확한 내용을 잘 찾지 못한다. 인터넷에는 하도 정보가 많아서 정확한 정보 검색이 어렵기 때문이다. 그래서 교사가 검색어 조합을 해서 먼저 찾아보고, 적절한 검색어를 알려주어야 한다. '언론학자 신문 신뢰도' '자기 소속사를 뺀 언론사 신뢰도 조사' 정도를 넣으면 괜찮은 자료가 나온다.

학급에서 신문을 구독하는 것에는 학부모 민원이 없는데, 방과후학교 시간에 특정한 신문으로 수업을 한다는 이유로 민원이 들어온 적이 있다. 이때 교사는 당당해야 한다. 약한 모습을 보일수록 상대방은 비이성적인 수준으로 기고만장해진다. "저는 제가 공부한 내용으로 판단해 공정성 지표가 높은 신문을 선택해서 수업을 했습니다." 이 정도의 단단한 기세로 임할 필요가 있다.

교사가 된 지 10년이 되었을 때 어느 교장 선생님이 나를 불러 이렇게 말씀하신 적이 있다. "이게 뭐야! 이런 거 하니까 편향됐다고 민원이 들어오잖아요. 이런 거 하지 마세요!" 그래서 나는 이렇게 되물었다. "제가 신문 활용 교육을 하지 말라는 말입니까? 아니면 여러 신문을 골고루 활용하라는 말입니까? 어떤 건지 말씀해주세요!" 그랬더니 "여러 개로 하라는 얘기지요!"라는 답변이 돌아왔다. 그래서 나는 "앞으로 여러 신문으로 하겠습니다"라고 점잖게 말한 후에 《경향신문》과 《한겨레》와 《한국일보》를 같이 두고 수업을 진행했다.

사실 민원은 어떤 신문을 고른다고 해도 들어올 수 있다. 이건 우리나라뿐만 아니라 외국도 마찬가지다. 민원 자체를 부당하다고 여겨서는 안 된다. 좋은 의도로 어떤 걸 했는데 누군가에게 문제 제기를 받으면 화가 난다. 하지만 누구든 자기 생각을 말할 수는 있다. 이런 문제 제기를 받았을 때는 일단 그러려니 하는 마음이 필요하다. 그러지 않으면 교사가 화가 나서 '그냥 대충 가르쳐야지' 하고 마음먹기 쉽다. 거의 모든 민원은 적절한 근거를 대는 것으로 사안이 종료된다. 내가 언론의 공정성 지표를 제시한 것도 하나의 근거다.

비슷한 문제로 후배 교사들이 상담을 청해오면, 나는 맞서지 말고 비판을 부드럽게 비껴가라고 한다. "교감 선생님이 뭔가가 절대 안 된다고 하시면 거기에 꼬박꼬박 대꾸하지 마세요. 그럼 화만 더 돋워요. 정중하게 끝까지 교감 선생님 이야기를 경청하고, 그만 하겠다는 답변은 하지 않으면서 계속 들으세요. 그러고 나서 인사를 잘 하고 나오세요. 그렇게 너댓 번 하면 상대도 자기 말을 들어주었다는 생각이 들어 마음이 순해집니다. 여러 번 잘 들어줬기 때문에 윗분도 이만하면 본인이 할 만큼 했다고 생각하게 돼요."

자기가 말 몇 마디 한다고 해서 뜻대로 되지 않으리라는 건 윗분들이 더 잘 안다. 세상이 자기 뜻대로 안 되었던 경험은 그분들이 더 많은 것이다. 하지만 민원이 들어오면 그분들 입장에선 자기가 일단 뭔가를 해야 한다. 그래야 마음이 놓이니 말이다. 불러다놓고 이야기를 하면 경청하고, 그런 상황에서 상대가 선을 넘으면 잠깐 정색을 하고서 몇 마디 짧게 말하면 된다. 윗분들은 신경 쓸 게 많기 때문에 어느 한 문제에만 너무 오래 시간을 쓸 수 없다. 그러니 그 몇 차례의 실랑이가 오가는 시간을 유연하게 견디며 넘어가야 한다.

물론 학부모 외에 편향된 일부 학생들이 반발할 수 있다. 하지만 이런 경우에 나는 학생들 말을 듣되, 내 판단대로 한다. 일반적으로 교사는 학생들보다 더 공부를 많이 한 존재다. 나는 학생과 내 의사결정권이 n분의 1로 동등해야 한다고 생각하지 않는다. 어떤 자료를 선택해서 어떻게 공부할지에 대해 학생과 교사의 판단이 다르다면, 어떻게 해야 할까? 교육에 대해 교육받고 훈련받은 교사의 판단을 따르는 게 당연하다. 학생의 의견을 존중하는 것과 교사의 소신을 지키는 일을 헷갈려서는 안 된다.

부모와 자녀에게 책을 읽히려면

40대 전후의 여교사들은 종종 이런 불만을 토로한다. "저는 어떻게든 아이에게 책을 읽히려고 애쓰는데, 남편은 집에만 오면 항상 드러누워 있어요. 도무지 아이를 이끌어줄 생각을 하질 않아요." 주변에서 흔히 듣는 이야기다. 가정에서 아버지가 책을 읽을 때 자식들에게 미치는 본보기 효과가 큰데, 현실은 그렇지 않은 경우가 많다.

내가 남자 교사이고 책 읽기를 가르치다 보니 이런 상황에 어떻게 대처해야 할지를 묻는 분들이 꽤 있다. 그럴 땐 이렇게 말해준다. "남편이 관심 있어 하고 열망을 가지고 있는 분야를 다룬 책들을 집안 잘 보이는 곳에 두세요." 축구를 좋아한다면 축구와 관련한 책을, 직장에서 상사와 갈등이 있다면 사람의 심리를 들여다볼 수 있는 책을, 돈을 벌고 싶어한다면 물론 이에 관한 허황된 책들이 꽤 있긴 하지만 개중 잘 선별해서 그와 관련한 책을 갖다놓는 식이다.

이렇게 말하면 달랑 책 한 권을 사다놓는 분들이 있는데, 그래선 안 된다. 남편이 솔깃할 만한 책을 다섯 권쯤은 갖다놓아야 그중 본인의 흥미를 끄는 책을 한 권쯤 들여다보게 된다. 또한 그 책을 읽으면 다시 다섯 권쯤 책을 갖다놓는 일을 몇 차례 반복해야 한다. 그래야 어느 정도 책에 길이 들게 된다.

자녀 교육으로 들어가면 상황은 더더욱 복잡해진다. 현장에서 선생님들을 만나 자녀의 독서교육 이야기를 나누다 보면, "남의 자식 가르치다가 내 자식을 못 가르쳤다" "학교에서 하는 독서교육을 집에서는 할 여력이 없다" 같은 말을 많이 듣는다. 학교에서 만나는 학생들은 내 자식과 조금 다르다. 부모의 사회적 권위가 어떻든 간에 가정에서는 자녀들이 부모의 권위를 쉽게 인정하지 않으려 한다. 그래서 교실에서는 학생들을 잘 가르치는 교사, 직장에서는 직원들을 잘 지휘하는 고위직이 집에서는 자녀들을 다루기 어려워하는 경우가 생긴다.

아직 학교에 가지 않은 아주 어린 아이들은 부모가 하는 일을 다 따라하려고 한다. 설거지도 해보려 하고 방 청소도 해보려고 한다. 그럴 때는 아이에게 설거지도 하게 하고 걸레도 손에 들려주면서 가사노동을 경험하게 하는 게 좋다. 초등학교에 입학하기 전 시기에 흙장난도 하고 더러운 것도 좀 만지고 집안 청소도 하고 걸레도 빠는 게 다양한 감각을 자극해 발달에 도움이 되기 때문이다. 어렸을 때 그렇게 더러운 것들을 만져야 면역 질환에도 걸리지 않는다. 적당히 더러운 걸 체험하면서 그걸 이겨내야 몸에 항체들이 만들어지는데, 너무 깨끗하고 위생적인 환경에서 크다 보니 나중에 위험한 병에 취약한 경우가 있다.

초등학교 저학년 시기에는 동네의 부모와 아이들이 함께 모여 책 읽고 대화하는 모임을 해보길 권한다. 이때 아이들에게 무슨 책을 읽히고 어떻게 대화를 이끌어가야 하는지에 대해서는 조금 공부가 필요하다.

일단 아이들이 이야기할 수 있을 만한 책을 읽혀야 한다. '물은 100℃가 되면 끓는다'와 같이 단순한 사실을 정리해놓은 책은 아이들 수준에서 대화를 나누기 어렵다. 그런 책을 읽고 이야기를 나누려면 지적 깊이가 필요하다. "기압에 따라 물의 끓는 온도가 달라질 수 있다. 산에 가서 물을 끓여봤더니 집에서 물을 끓일 때와는 다르더라. 또 어떤 경우에는 100℃보다 높은 온도에서 물이 끓더라. 이물질이 들어 있어서 그런 게 아닐까." 이런 대화는 어른일지라도 관련 소양이 있어야 나눌 수 있다.

아이들의 눈높이에 맞는 책을 고르고 싶을 때 좋은 기준은 아이들이 자기 경험을 이야기할 수 있는지 여부다. 이런 책을 고른 후, 가장 먼저 마음에 드는 한 문장을 소리 내서 읽게 해라. 그리고 왜 이 문장이 마음에 드는지 이야기하게 해보자. 그렇게 시작하면 아이들이 책에 대해 말하면서 입을 뗄 수 있다. 그다음에는 책에서 읽은 내용 중에서 자신이 비슷한 경험을 한

적이 있거나 텔레비전, 인터넷, 다른 책에서 그와 관련된 내용을 본 적이 있으면 그걸 이야기해보게 하자. 세 번째로는 지금까지 이야기한 모든 것, 그러니까 책의 내용이나 자신의 경험이나 주변에서 본 것과 관련해서 궁금한 것을 두 가지씩 이야기해본다. 이때 네 명이 함께 책을 읽는다면 총 여덟 개의 궁금함이 나올 것이다. 이 중 두 가지 궁금함을 골라 답을 찾아 나가다 보면 아이들의 말이 짧긴 할지라도 책 내용은 어느 정도 정리할 수 있다.

모임에 참여한 어른들은 아이들의 대화가 무난히 진행되도록 바람을 잡아줘야 한다. 모임이 끝나갈 때쯤 작품의 교훈을 잘 이야기해주면 아이들에게 도움이 되지만, 이를 너무 들이대듯이 또는 틀에 박힌 듯이 알려주면 도움이 되지 않는다.

그런데 많은 어른들은 교훈 없음을 참지 못하는 경향이 있다. '세 번 중에 두 번은 내가 아무 말도 안 한 채 진행만 하고, 한 번만 내가 하고 싶은 얘기를 하겠다.' 어른들은 이렇게 마음을 단단히 먹고 모임에 참여해야 한다. 그래야 그 공부모임이 결과가 좋다. 실제로 내가 학교에서 학생들을 가르칠 때도 구구절절 설명을 많이 하는 것보다 말을 줄였을 때 훨씬 성과가 좋다.

초등학생 책 읽기의 결정적인 시기는 5학년이다. 이때가 괜찮은 책들을 본격적으로 읽어낼 수 있을 만큼 아이가 자라 있을 시기다. 이때 책 읽기가 손에 익으면 이후에 흐름을 잘 타게 된다. 이 시기에 고급스러운 창작 동화를 잘 읽어내게 되면 어휘 능력도 높아지고 글을 읽는 몸이 만들어진다. 세속적으로 말하면, 이때의 책 읽기가 대학입학시험에 영향을 미친다고 하겠다. 그만큼 이 시기가 책 읽기의 기틀을 마련하면서 이후의 책 읽기에 영향을 미치는 때다.

아들들은 엄마가 권하는 책을 좋아하지 않는 경우가 꽤 많다. 남자 아이들은 감성적인 글을 잘 읽지 못한다. 감성에 대한 서술이 길어지면 정신이 혼미해진다. 관념적 서술이 길어지면 온몸에 두드러기가 난다고 아우성친다.

예를 들면 분단 소설을 읽힐 때 최인훈의 『광장』처럼 관념적인 문장이 많이 담긴 소설은 잘 읽어내질 못한다. "남한은 자유가 있지만 질서와 도덕이 없어. 그래서 북한으로 넘어갔더니 거기엔 질서와 도덕은 있지만 자유가 없어. 답답해. 그래서 나는 어디로 갈지 모르겠어." 남자 아이들은 이렇게 방황하고 고뇌하는 주인공의 생각을 따라가지 못한 채 대번 이렇게 말한다. "이게 무슨 소리야? 하나도 못 알아듣겠어."

반면에 심리 묘사가 적고 빠르게 사건이 진행되고 사건 사고가 자꾸 일어나는 조정래의 『태백산맥』이나 『불놀이』 같은 소설은 남자 아이들이 잘 읽어낸다. 영화로 치면 액션 영화 같은 느낌의 책이 남학생들에게 먹힌다. 그러니 남학생들에게 책을 읽히려면 부모의 취향을 넘어서 따로 아이들이 잘 읽는 책 목록을 확보해야 한다.

자녀가 초등학교 5학년을 지나서 중학교에 들어가면 청개구리가 된다. 이 시기는 어른이 되어가는 준비기여서 자기 스스로 판단하려는 경향이 강해진다. 그 부작용으로 일단 부모가 말하는 것은 모두 다 하기 싫어하고 반대로 하려고도 한다. 하던 일도 멍석을 깔면 안 한다는 말이 딱 이 시기에 어울린다. 이 상황이 되면, 부모가 자녀에게 직접 책을 권해도 잘 먹히지 않아서 다른 방법이 필요하다. 다 큰 아이들에게 부모가 책을 읽히고 싶으면 가장 좋은 방법은 집에 새 책이 계속 들어오게 하는 것이다.

일단 괜찮은 추천도서 목록을 확보하시라. 한 이삼백여 권이 들어 있는 목록이면 된다. 여기서 '괜찮은'이라는 말은 좋은 책이면서 아이가 잘 읽는 책 목록이라는 뜻이다. 서울대 권장도서 같은 걸 가져오면 안 된다. 중학생이면 송수진이나 이민수 선생의 책 목록이 학생들에게 공감을 많이 얻는다. 또는 전남 광주에 독서 소모임인 상캐 선생님들이 만든 상황별 권장도서 목록을 찾으시라. 전국국어교사모임의 독서교육 분과인 물꼬방, 책으로 따뜻한 세상 만드는 교사들, 《학교도서관저널》에서 만든 권장도서가 이때 쓰기에 좋다.

그다음에는 이 책 목록에서 우리 집 아이가 잘 읽을 만한 책들에 형광펜으로 표시를 한다. 쭉 여러 권을 한다. 그리고 일주일에 두 권씩 그 책들을 집에 사다놓는다. 책장에 책들이 가지런히 꽂혀 있으면 효과가 떨어진다. 집 여기저기에 책들이 놓여 있는 게 제일 좋다. 그러고는 아이에게 그 책을 읽으라는 눈치를 전혀 주지 않는다. 여섯 달쯤 지나면, 집에 책이 꽤 쌓여 있게 된다. 일주일에 두 권씩 사니까 여섯 달이면 50여 권이 된다. 1년이면 백 권이 된다. 그렇게 책이 여러 권 쌓이면 어느 날 아이가 묻는다.

"이 책 저 읽으라고 사는 거예요?"

간단하게 대답하시라. "아니."

"그러면 엄마나 아빠가 읽으려고 사는 거예요? 안 읽으시는 것 같은데."

"아니."

"그러면 왜 책을 자꾸 사세요. 읽지도 않으면서."

"그냥."

이렇게 대화를 끝내고, 또 계속 일주일에 두 권씩 책을 산다. 이렇게 3년을 하면, 집 곳곳에 괜찮은 책이 놓여 있게 된다. 어느 날 아이가 아무 책이나 집어 들고 읽다가 흥미가 생기지 않아, 다시 놓는다. 그러다가 어느 날 다른 책을 집어 들었는데, 어! 이 책은 눈에 들어온다. 그러고 보니 집에 책이 많다. 몇 권 집어 들어서 읽어보니까 재미가 있는 책이 보인다. 다른 책도 읽어보고 싶어진다.

부모가 학교 선생님보다 더 자녀지도에서 유리한 점은 만나는 시간이 길다는 것이다. 아이가 점점 커가면서 부모의 권위가 낮아지기에, 직접 책을 읽으라고 말해봐야 점점 그 말은 힘을 읽는다. 그래서 아이 주변에 좋은 책이 새롭게 계속 쌓이게 하고, 어느 순간에 아이가 자기 마음에 드는 책을 만나는 순간이 생기도록 연출을 해주어야 한다. 이것이 청소년 자녀에게 부모가 해줄 수 있는 독서와 관련한 최고의 선물이다. 한 번에 백 권을 사주면 효과가 반의반으로 준다. 반드시 일주일에 두 권씩 3년 동안 한결같이 책을 사주어야 이 방법은 효과를 본다. 어쩌다 한번 사랑을 시원스럽게 베풀기는 쉽지만, 이렇게 꾸준히 한결같이 일상에서 사랑을 실천하기는 쉽지 않다.

어쩌다 한번 마음을 내서 책을 여러 권 사주거나 몇 십 권짜리 전집을 사주는 일은 쉽다. 어려운 것은 긴 시간 동안 꾸준히 일상 속에서 사랑을 실천하는 일이다. 그 어떤 방법보다도 이 방법이 아이들의 독서교육에 의미가 크다고 나는 여긴다. 공부는 체계적인 과정 속에서 성장이 있지만, 우연한 순간에 번쩍 눈이 뜨이기도 하는 것이다.

내가 이때까지 해온 모든 공부를 합쳐서, 이 방법이 가장 위력적인 가정 내 독서교육 방법이라고 말한다. 이렇게 자기 마음에 드는 책을 스스로 만나게 해주는 체험은 사람에게 미치는 교육 효과가 무척 크다.

가정에서 자녀에게 글쓰기를 도와주고 싶어하는 부모가 많다. 요즘 학교에서는 글쓰기를 엄청 시키니까 말이다. 그런데 책 읽기에서 글쓰기로 넘어가는 과정은 더욱 험난하다. 책 읽기는 그래도 습관을 들이면 누구든 해낼 수 있지만, 글쓰기를

아이에게 너무 많은 서비스를 해주지 말아야 한다. 그게 습관이 되면 오히려 아이가 자기 삶을 잘 살아가지 못한다. 부모가 해줘야 할 것은, 스스로가 한 사람의 어른으로 멋있게 살아가는 모습을 보여주는 것이다. 아이들은 부모가 어떤 일을 하면서 어떻게 사는지를 보면서 생각보다 많은 것을 배운다. 자기 스스로 멋진 삶을 살아갈 때 자녀는 정신적으로 건강하게 잘 성장한다.

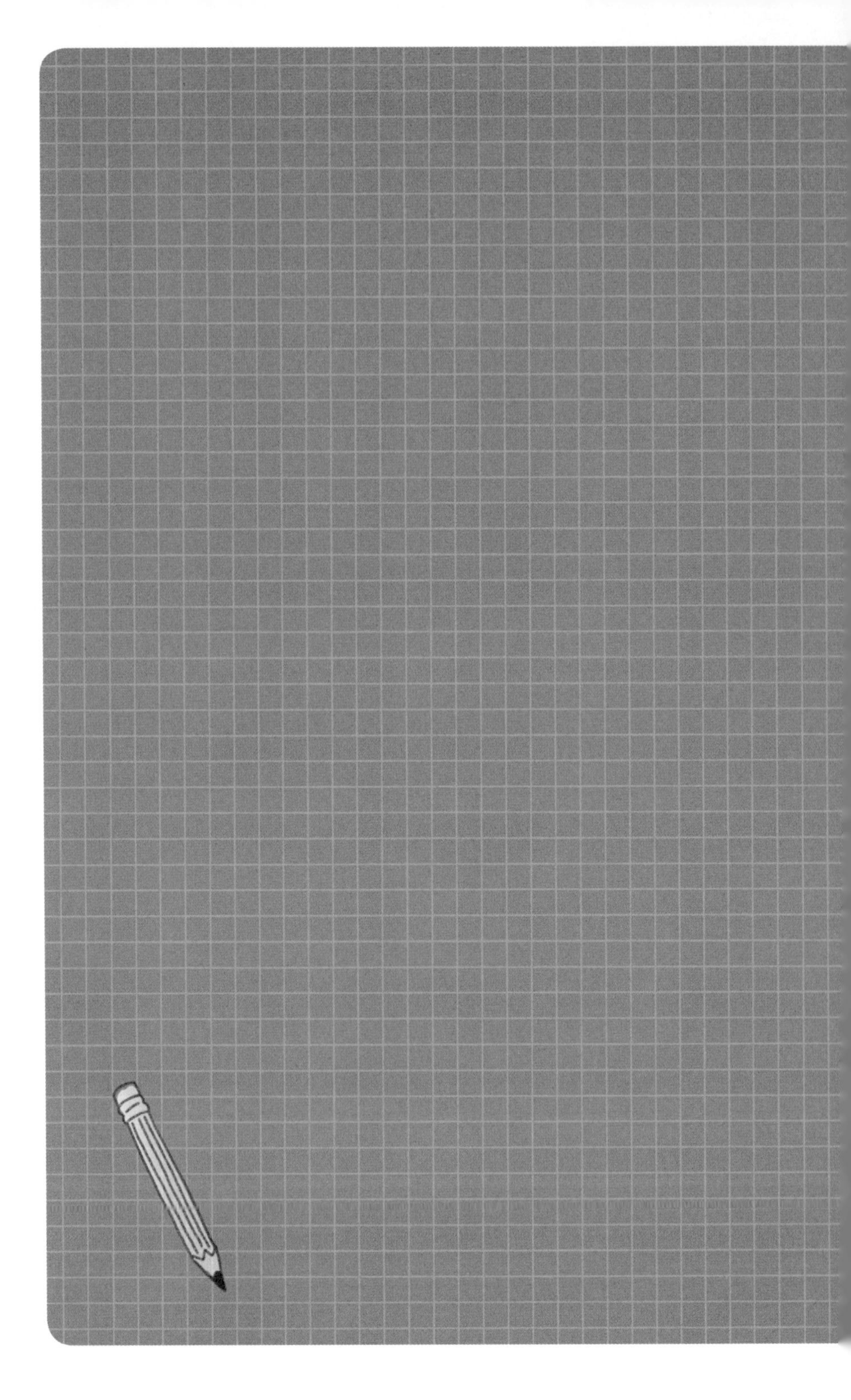

부록

책 읽기와 글쓰기 수업을 위한 참고 자료

서평 쓰는 법:
학생에게 주는 설명서

이 자료는 이 책의 2교시에 설명한, 책 읽고 서평 쓰는 수업을 할 때 학생들에게 나눠주는 설명서이다. 학생들에게 서평 쓰기는 어떻게 써야 하는지 방법을 모르겠거나 엄두가 안 나는 일로 다가갈 수 있다. 그런 학생들을 위해 차근차근 서평 쓰는 과정을 한 단계씩 설명해주어야 한다. 또한 학생들이 서평을 쓰면서 곧잘 실수하는 점을 일러주고, 과제로 제출할 때 문서 편집 과정까지 상세히 밝혀둔 자료다.

1. 서평 쓰는 과정

먼저 책을 다 읽어야겠지요.
그다음에는 3단계로 준비를 하면 됩니다.

1단계 이야깃거리 만들기: 책을 다 읽고 시작해야지요.

① [책 자체를 읽기] 책에서 인상 깊은 내용을 다섯 가지 쓰고 각각 세 줄씩 설명을 답니다.

② [세상과 연관 짓기] 책과 관련된 세상일을 세 가지 찾아서 각각 네 줄씩 설명을 씁니다.

② [자신과 연관 짓기] 책과 연관된 자기 경험이나 생각을 두 가지 쓰고 각각 다섯 줄씩 설명을 씁니다.

→ 이렇게 하면 모두 열 가지 이야기 조각이 만들어집니다. 책 자체

에서 다섯 개, 책과 관련된 세상일에서 세 개, 책 관련 경험이나 생각에서 두 개, 이렇게 해서 열 가지이지요.

2단계 구성하기: 위에서 만든 열 가지 이야기 조각을 가지고 작업합니다.

① 이 열 가지에서 네 가지를 뽑아서 한 줄로 늘어놓았을 때, 흐름이 자연스럽게 이어지는 '배열'을 찾습니다. 이야기 조각 네 개로 만들어진 배열을 이렇게도 만들어보고 저렇게도 만들어보면서 가장 느낌이 좋은 것을 고릅니다.
② 이야기 조각 네 개로 만들어진 배열을 찾으면, 그 이야기 조각 하나마다 1쪽씩 글을 씁니다. 그러면 4쪽짜리 글이 써집니다. 이야기 조각 하나가 소제목 한 개가 되는 겁니다.
③ 글 맨 앞에 들어갈 '머리말'에 해당하는 글을 반쪽 분량으로 씁니다. 그리고 글 맨 뒤에 들어갈 '맺음말'을 반쪽으로 씁니다. 머리말은 전체 글의 맨 앞에 붙이고, 맺음말은 맨 뒤에 붙입니다.
→ 이야기 조각 네 개로 이루어진 배열에서, 조각 한 개마다 1쪽씩 글을 쓰면 4쪽 분량으로 글이 나옵니다. 여기에 머리말과 맺음말을 반쪽씩 앞뒤로 붙이면 5쪽짜리 글이 됩니다.

3단계 고쳐쓰기: 친구와 바꿔서 읽어보고, 아래 내용을 서로 점검해줍니다.

① 소제목이 너무 많이 나오면 글이 수준이 낮아 보입니다. 한쪽에 소제목이 두 개 나오면 통합하는 게 좋아요. 한쪽에 소제목은 한 개만 나오게 해주세요.
② '…' 'ㅋㅋㅋ' 같은 표시는 채팅에서는 어울리지만 학교 과제로 내는 서평과 같은 공식 글쓰기에는 어울리지 않는답니다. 말줄임표

는 그 줄임표 안에 함축된 내용을 다 풀어 써야 글솜씨가 늡니다.

③ 문단이 적절하게 되었는지, 맞춤법과 띄어쓰기는 맞게 되었는지 살펴주세요. 주장을 하면 꼭 증명을 해야 한답니다. 일반화해서 싸잡아서 말한 부분이 있으면 고치세요. 그러면 글이 좋아집니다.

2. 서평 쓰기와 관련해서 학생에게 하는 말

- 컴퓨터로 글을 쓸 때, 문단이 끝날 때 엔터키를 한 번만 칩니다. 문장이 끝날 때마다 엔터를 치면 글이 흐트러집니다. 새로운 문단을 시작할 때는 한 글자 들여쓰기를 합니다. 이 한 글자 들여쓰기는 사이띄개(스페이스바)를 누르기보다 [문단모양]으로 가서 '들여쓰기' 기능을 이용합니다. 그래야 나중에 글 고칠 때 편집이 깨지지 않아서 편합니다.
- A4 용지 5쪽짜리 글을 쓴다면, 소제목을 네 개 정도 쓰면 좋습니다. 소제목들끼리 자연스레 이어지도록 쓴 다음에, 소제목 하나마다 1쪽짜리 글을 쓴다고 생각하고 1쪽씩 글을 씁니다. 그러면 4쪽짜리 글이 나오지요. 이렇게 한 다음에, 전체 글의 맨 앞에 들어가는 글을 반쪽 쓰고, 맨 마지막에 붙일 글을 반쪽 써서, 앞에서 쓴 4쪽짜리 글의 앞뒤에 붙이면 5쪽짜리 글이 나옵니다.
- 책 제목을 그대로 서평 제목으로 쓰면 안 됩니다. 서평은 책을 읽고 난 다음에 책에 대해 자기 생각을 적는 글입니다. 그러므로 자기 생각에 어울리는 제목을 따로 만들어 붙입니다. 서평 제목을 자기 글에 어울리게 만들어 붙인 다음, 그 아래에 작은 글씨로 어떤 책을 읽고 썼는지를 밝힙니다.

- 자기 이름을 쓸 때는 소속보다 자기 이름을 앞세웁니다. 공동으로 기획해서 쓰는 글이라면 단체 이름을 쓰지만, 서평은 한 사람이 책을 읽고 쓰는 글입니다. 그렇기에 이름을 소속보다 앞세웁니다. 이름을 먼저 쓰고, 그 뒤에 어느 학교 몇 학년 몇 반인지를 씁니다. 학급번호는 쓰지 않습니다. 번호를 쓰면 사람이 아니라 꼭 깡통 번호 같은 느낌이 들어 격이 떨어집니다.
- 글 맨 앞부분에는 소제목을 붙이지 않는 게 예쁩니다. '들어가는 말'과 '나가는 말'이라고는 적지 않아도 됩니다. '들어가는 말'은 제목 없이 그냥 쓰면 됩니다. '나가는 말'은 '나가는 말'이라고 적지 말고 그 '나가는 말' 내용에 어울리는 제목을 따로 만들어 붙이면 좋습니다. 맺음말이 아주 짧으면, 따로 소제목을 붙이지 말고 그냥 한 줄 떼어 써도 세련된 느낌이 납니다.
- 여러분이 쓴 글은 한 편 한 편 다 꼼꼼히 교사들이 읽겠습니다. 다 읽은 다음에, 한 사람 한 사람에게 길지 않지만 짧게라도 한마디씩 해주겠다고 약속합니다. 글을 한 번 써서 내면 끝이 아닙니다. 교사가 읽고 몇 마디라도 도움말을 해주면, 여러분은 글을 고쳐서 다시 써와야 합니다. 사람은 고치면서 성장합니다. 서로 피곤하지만, 글쓰기는 실습을 하고 고쳐쓰기를 해야 온전히 배울 수 있기에 이렇게 합니다.
- 책 내용과 세상일을 연관 지어서 생각하기 바랍니다. 책의 어떤 부분이 이때까지 살아온 삶의 어느 부분에 가닿는지 돌아보는 일이 필요합니다. 그 책을 읽어서 여러분이 무슨 생각을 얻을지, 그 책 읽기를 여러분이 삶에서 어디에 쓸지를 생각하는 일이 중요합니다. 책 자체만 읽어서는 얻는 게 적고 덧없습니다.

3. 글 쓸 때 살필 점들

① 판단에 대해 증명하고 있는지 확인하세요. 판단을 하고 있는데 혹시 그 판단에 대해 증명하고 있지 않은 부분이 있는지 글 전체를 살펴보세요.

(예) 좋아. 교육은 받아야지. 우리나라는 누구에게나 교육의 동등한 기회를 제공하잖아. 그러나 그 교육이란 게 실상은 교육이 아닌 거지. 교육이란 이름의 세뇌랄까.

이 부분을 보면, 우리 교육을 세뇌라고 주장합니다. 그런데 왜 그런지 이유를 이야기하지 않았어요. 이렇게 하면 안 됩니다. 어떤 판단을 내리면, 꼭 거기에 대해 증명하는 습관을 들이세요. 친구와 서로 글을 바꾸어서 읽고 어떤 부분에 증명이 더 필요한지 이야기를 들으면 도움이 됩니다.

② 맺음말이 멋지면 좋습니다. 전체 내용을 정리하면서 깨달은 점을 쓰면 좋겠지요. 그런데 상투적으로 뻔하게 쓰는 경우가 있습니다. 단어들은 화려한데 가슴을 울리지 않는 글이 되고 맙니다. 글 맺음을 어떻게 할지 고민합시다.

③ 책 내용이 둔하게 들어가 있는 경우가 있군요. 책 내용을 어떻게 전체 글 속에 담아야 자연스러울지 궁리하기 바랍니다.

④ 소제목을 붙일 때 '이 책을 읽고 나서 느낀 점'과 같은 식으로 붙이면 안 됩니다. 느낀 점이 무엇인지 구체적으로 풀어 쓰는 게 좋은 소제목입니다. 추상적인 표현은 할 수 있는 데까지 구체적인 표현으로 바꾸세요.

4. 문장 쓰기 익히기

① '~것 같다'는 정말 헷갈릴 때만 씁니다. 자기 판단을 분명하게 할 때는 이 말을 쓰지 않아야 글이 좋습니다.

② 우리말은 문장의 끝이 길게 늘어지면 힘이 없어집니다. 말끝을 짧게 치려고 노력하세요.

〔예〕 그런데 소설 대화라는 것을 하고 나니 책의 내용이 독후감을 쓰는 것보다 기억에 더 오래 남을 수 있었던 거 같다.

→ 그런데 소설 대화를 하고 나니 책의 내용이 독후감을 쓰는 것보다 기억에 더 오래 남을 수 있었다.

③ 말줄임표 '…'는 줄일 수 있는 데까지 줄이세요. 그 표시들은 어떤 말이 함축되어 있다는 뜻인데, 글을 쓸 때 함축 표시를 많이 하면 글이 편안하지가 않습니다. 카톡을 할 때야 호흡을 하고 있다는 표시가 되지만, 종이에 인쇄되는 글을 쓸 때는 말줄임표 표시는 되도록 안 쓰는 게 글이 매끄러워집니다.

④ 한국어는 '의'를 적게 쓸수록 문장이 다채로워집니다. 글쓰기를 배울 때 '의'를 적게 쓰도록 노력하세요.

⑤ '~에도 불구하고'는 '~했는데도'로 고치면 글이 부드러워지지요.

〔예〕 학교폭력 피해자가 계속해서 생겨나고 있음에도 불구하고

→ 학교폭력 피해자가 계속해서 생겨나는데도

5. 띄어쓰기 익히기

"고등학생이 한글 띄어쓰기를 틀리다니!" 하고 말할 수 있지만, 사실 선생님들도 많이 틀린답니다. 띄어쓰기가 어려운 것인지 아니면 우리가 우리글에 무심한 것인지 모르겠네요. 먼저 보고서를 보낸 학생들 글에 나타난 잘못된 띄어쓰기 부분을 적습니다. 이 글에 나온 띄어쓰기 정도는 제대로 알고 바로 쓰면 좋겠습니다.

- 책이 하나라 돌려 읽을 시간이 안돼서 포기하였다.

→ 책이 하나라 돌려 읽을 시간이 안 돼서 포기하였다.

('안'이 부정을 나타낼 때는 언제나 띄어서 씁니다.)

- 어디에서 그런 걸 찾은거야?

→ 어디에서 그런 걸 찾은 거야?

- 난 더러워서 생각은 했어도 실천은 안했을텐데.

→ 난 더러워서 생각은 했어도 실천은 안 했을 텐데.

- 나는 학생 이다.

→ 나는 학생이다.

(이상하게 '~이다'를 띄어 쓰는 학생이 있습니다. 명사 뒤에 '이다'가 올 때는 언제나 붙여 씁니다.)

- 책을 읽은지 한참이 지났어. 내가 책을 잘 읽을 수 있을 지 모르겠어.

→ 책을 읽은 지 한참이 지났어. 내가 책을 잘 읽을 수 있을지 모르겠어.

('지'는 불확실을 나타날 때는 붙여 쓰고, '시간'을 나타낼 때는 띄어 씁니다.)

6. 서평 편집 요령

① 맨 처음 [F7]을 누르세요.

용지여백이 나오지요. 거기서 위쪽은 20, 아래쪽은 15로 하세요. 그다음으로 머리말은 15, 꼬리말은 15로 하세요. 왼쪽과 오른쪽은 30으로 맞춥니다.

② 글자모양이에요. [Alt]+[L]을 누르세요.

글자크기는 11로 하고요. 장평은 97로 합니다.

자간(글자간격)은 -7로 맞춥니다. 글꼴은 '양재다운명조'나 '함초롱바탕'으로 합니다.

양재다운명조가 없을 때는 '신신명조'나 '휴먼명조'나 '신명조'로 합니다.

③ 문단모양이에요. [Alt]+[T]를 누르세요.

줄간격은 167로 하세요. 들여쓰기는 10으로 맞추고요.

정렬방식은 양쪽혼합으로 하고, 문단간격은 위·아래 모두 0으로 합니다.

여백은 왼쪽·오른쪽 모두 0으로 합니다.

④ 글 전체 '제목'은 이렇게 하세요.

글꼴은 'HY견고딕'이나 '나눔고딕'으로 해주세요. 글자크기는 24로 해주시고요.

자기 서평에 어울리는 제목을 붙입니다. 책 제목이 아니라 자기가 만들어 붙입니다.

그 아래에 줄을 띄지 말고 바로 붙여서 어떤 책을 읽었는지 적습니다.

〔예〕 **마주보는 창이 있어야 바람이 생긴다**

이일훈 외, 『제가 살고 싶은 집은』, 서해문집, 2012.를 읽고 쓴 서평

⑤ 글쓴이 이름을 소속보다 먼저 쓰세요.

제목과 부제 아래로 두 줄 띄어서 아래처럼 이름을 쓰세요.

이름은 문서 맨 왼쪽에 놓이게 하세요. 아래에 예를 적어놓습니다.

〔예〕 이상용 / 광동고 ○학년 ○반 wintertree91@naver.com

그리고 이름 아래 한 줄을 띄고, 본문을 시작합니다.

⑥ 소제목 위아래로 한 줄만 띄세요.

소제목은 똑같이 'HY견고딕'이나 '나눔고딕'으로 하고, 글자크기만 12로 맞춥니다.

소제목과 본문을 위아래로 한 줄씩만 뗍니다.

⑦ 절대 해서는 안 되는 일이 있어요.

문단을 시작할 때 사이띄개를 눌러서 칸을 띄는 행위입니다. 자동 들여쓰기 기능을 이용하면 저절로 칸이 생깁니다. 만약 누군가가 사이띄개를 눌러서 칸을 비워놓았다면, 나중에 자기가 쓴 글을 모을 때 컴퓨터 화면을 눈이 충혈되도록 보면서 하나하나 찾아서 다시 한 칸 한 칸 지워야 합니다. 엄청나게 지루하고 단순하고 힘든 노동입니다.

편집 기술은 처음 볼 때 귀찮고 번거롭고 힘듭니다. 그러나 한 번 익혀두면, 컴퓨터 문서작성기 편집에서 두고두고 써먹을 수 있는 기분 좋은 기술입니다.

글을 다 쓴 다음에는 자기가 쓴 글을 인쇄해서 종이로 내고, 동시에 이메일로도 보냅니다. 이메일로 파일을 보내라고 하는 이유는 여러분이 자료를 잘 간직하게 하기 위해서입니다.

- 이메일 보낼 곳: 송승훈 wintertree91@hanmail.net
- 이름 붙이는 법: 파일 이름은 '(글종류) 책이름_자기이름_소속_글쓴연도' 이렇게 붙입니다. 예를 들어서 『묵묵』이라는 책을 읽고 광동고 '이상용'이 2019년에 서평을 썼으면, '(서평)묵묵_이상용_광동고_2019'처럼 하는 겁니다. 파일로 낼 때 이메일이나 인터넷 게시글의 제목도 파일 이름과 똑같이 합니다.

학생들이 함께 책 읽고 각자 쓴 서평 사례

이 서평은 광동고등학교 1학년 학생을 대상으로 한 학기 동안 진행한 서평 쓰기 수업의 결과물이다. 학생들은 네 명이 한 모둠이 되어 같은 책을 읽은 뒤 각자 5쪽의 서평을 썼다. 지면 제약으로 한 편만 소개하는데, 좀더 많은 서평을 살펴보려면 구름배 블로그(wintertree91.blog.me)에서 '학생글: 서평' 게시판을 찾아보면 된다.

학교라는 이름의 '동물의 왕국' 톺아보기

김경욱 외, 『이 선생의 학교폭력 평정기 특수전』, 양철북, 2017.을 읽고 쓴 서평

이예준 / 광동고 1학년 2반

〈동물의 왕국〉이라는 텔레비전 다큐멘터리 프로그램이 있다. 이 프로그램을 시청하면서 볼 수 있는 자연의 세계는 때로는 잔인하고 무자비하다. 강자는 약자를 잡아먹고, 약자는 강자의 먹이가 되는 약육강식의 법칙이 눈앞에 펼쳐진다. 약자는 살아남기 위해 달리지만, 결국은 강자의 먹잇감으로 전락하고야 만다.

우리가 사는 사회에서도 '동물의 왕국'을 쉽게 볼 수 있다. 절대적인 강자가 무리를 지배하고 약자는 강자의 먹잇감으로 전락하는, 잔

인하고 무자비한 약육강식의 현장이 우리 앞에 여실히 존재하고 있다. 바로 학교가 지금 그런 모습을 보여주고 있다.

배움의 전당이어야 할 학교는 어느새 '동물의 왕국'으로 변질되었다. 약자로 규정된 아이들은 강자들의 놀잇감과 먹잇감으로 철저하게 이용되고 있다. 아이들은 약해 보이지 않기 위해 학교폭력과 담배, 반항과 같은 센 척을 일삼고, 이 과정에서 이미 약자가 되어버린 아이들은 센 척의 희생양이 된다.

모든 학생은 언제 어디서 내가 약자가 될지, 내가 괴롭힘을 당할지 모르는 학교라는 동물의 왕국에서 살아가고 있으므로, 학생들에게는 '학교폭력' 관련 주제가 관심사가 될 수밖에 없다. 지피지기면 백전백승이라고 했다. 동물의 왕국이 된 학교에서 살아남기 위해서는 먼저 그 동물의 왕국을 잘 이해하는 것이 필요할 것이다. 이것이 우리 모둠이 학교폭력이라는 주제를 고른 이유이며, 내가 학교폭력에 관해 다룬 책인 『이 선생의 학교폭력 평정기 특수전』을 선택한 이유이기도 하다.

사냥당하는 약자의 모습

유독 내 중학교 1학년 때 반은 사건 사고가 잦았다. 여러 가지 사건이 있었지만, 내가 눈으로 직접 목격했던 왕따 사건이 가장 기억에 남는다.

중학교 1학년 때 우리 반에서 '약자', 즉 왕따가 되었던 아이는 말솜씨가 부족하고 목소리 톤이 좀 높았다. 그 아이는 다른 아이들에게 말을 자주 걸곤 했지만, 그 타이밍이 기묘하고 말솜씨가 부족해서 어떨 때는 불쾌하게 들릴 때도 있었다. 그로 인해 우리 반 아이들은 그 아이에 대해 불쾌한 감정이 있던 차였는데, 그때 그 아이가 교실에서 자위행위를 했다는 소문이 퍼졌다. 사실이든 거짓이든 간에, 그 소문은 일파만파 퍼져 나갔고 그 아이는 '학교에서 자위행위를 한 변태'가 되어버렸다. 이후로 아이들은 그 아이를 노골적으로 무시하고 따돌리기 시작했고, 곧이어 다른 헛소문도 추가로 퍼져 나갔다. 거울로 여자 아이들 다리를 몰래 엿본다든지, 선생님이나 여자 아이들을 보고 자위행위를 했다는 소문들 말이다.

그 아이는 마치 동물의 왕국에서의 약자처럼 아이들의 먹잇감이 되었다. 아이들은 그 아이를 보란 듯이 무시하고 괴롭혔다. 나도 이를 방관했던 입장이라서 그 아이를 앞장서서 괴롭히고 소문을 냈던 아이들을 욕할 수는 없지만, 적어도 집단 괴롭힘이 사람을 크게 망쳐놓을 수 있다는 것은 확실하게 느꼈다. 왕따로 전락한 이후, 그 아이는 다른 아이들에게 말을 거는 횟수가 급격하게 줄었다. 그렇게 그 아이는 학교에서 완전히 매장되었다. 그 파장은 졸업할 때까지 이어졌으며, 결국 그 아이는 이 지역에서 벗어나 좀 멀리 떨어진 고등학교로 진학했다.

그 모습을 보면서 나는 학교에서 약자가 되는 것, 그리고 약하게 보이는 것이 얼마나 위험한 일인지에 대해 느꼈다. 이 일 때문에 아이들은 조금이나마 약하게 보이지 않으려고 센 척을 하며 사건 사고를 일으켰던 것은 아닐까. '나도 저렇게 될 수 있다'라는 불안감이 사건 사고로 이어진 것은 아니었을까. 지금도 그 아이를 생각하면, 동물의 왕국에서 먹잇감이 되는 악순환의 고리를 끊을 수는 없는 것인가 생각하게 된다. 그 아이가 당하는 것을 방관하고 있던 죄책감에, 내가 이 책을 읽게 되었을지도 모르겠다.

약자라는 프레임, 교사도 피해갈 수 없다

앞서 내가 학교를 '동물의 왕국'이라 평했지만, 사실 학교는 텔레비전에서 보이는 동물의 왕국보다 훨씬 더 위험하다. 학교에서는 어제까지만 해도 강자였던 아이들이 어느새 약자로 전락하여 공격을 받거나, 반대로 약자가 강자가 되는 경우도 생기기 때문이다. 이젠 그 누구도 '약자가 될 위험'에서 벗어날 수 없다. 절대적 강자로 보이는 교사조차 이를 피해가지 못한 채 약자로 전락하기도 한다. 도리어 '약자가 된 교사'는 더할 나위 없이 좋은 공격 상대다. '교사'라는 지위 때문에 아이들이라는 '관객'에게 자신이 '선생한테도 대들 수 있을 만큼 강한 존재'임을 더 선명하게 확인시켜줄 수 있으니 말이다.

> 그중에서도 서연은 젊은 여교사에 새내기인 데다 장애인이기까지 한, 최상의 조건을 갖춘 대상이었던 셈이다(148쪽).

『이 선생의 학교폭력 평정기 특수전』에 등장하는 교사 서연은 장애인이라는 것 때문에 아이들에게 약자로 찍히고 만다. 이 때문에 서연은 교실이라는 동물의 왕국에서 약자가 되지 않기 위한 아이들의 '몸부림'에 철저하게 이용된다.

교실에서 지배자처럼 군림하는 근수는 자신의 권력을 공고히 하기 위해 서연을 이용한다. 근수는 '팔등신 선생님', 즉 팔이 등X인 선생님이라는 별명을 서연에게 붙이고 놀리거나, 서연이 걷는 모습을 바로 옆에서 그대로 따라하는 등 아이들 앞에서 그녀를 공격한다. 이는 비단 근수 한 사람의 문제로 끝나는 것이 아니다. 다른 아이들에게도 약하게 보이게 되면서 서연은 결국 많은 아이들에게 반항과 공격을 당하고야 만다. 교사일지라도 약자가 되어버리면 예의 따위는 집어치우고 자신의 생존에 철저히 이용하는 아이들. 교사를 이용해 자신을 더 돋보이게 하고 싶은 아이들 가운데서 교실 속 약자가 되어버린 '교사'의 모습은 『이 선생의 학교폭력 평정기 특수전』에 여실히 드러난다.

강자도 영원히 강자가 아니기에, 모든 학생은 언젠가 자신도 약자가 될 수 있다는 불안감을 가지고, 생존하기 위해 약자를 끝없이 이용한다. 약자는 계속해서 피해를 받고, 강자는 계속해서 약자를 괴롭히는 악순환이 이어지는 것이다.

서연의 사례를 통해서 이제 더 이상 교사도 약자가 되는 위험에서 벗어날 수 없다는 것을 알 수 있다. 학생 간의 문제에만 국한되던 학교폭력이 이제 그 범위를 더욱 키워나가고 있는 것이다. 영원히 '사육사'일 줄만 알았던 교사는 어느새 동물의 왕국 속 먹잇감이 되어가고 있었다.

현 학교폭력 대응 체계, 변화가 필요해

이제 그 대상이 교사로까지 확대될 정도로 학교폭력은 날이 갈수록 그 강도, 수위, 범위가 더 강해지고 높아지며 넓어지고 있다. 하지만 이렇게 학교폭력의 심각성이 떠오르고 있는데도 현재의 학교폭력 대응 체계는 너무나 미약하다. 현재의 체계는 학교폭력대책자치위원회를 통한 처분으로 학교폭력을 다루고 있는데, 그 처분이 솜방망이처럼 미약하다는 것이 문제다.

2011년 9월 1일, 우리를 충격에 빠뜨리게 했던 사진이 한 장 있었다. 아직 중학교 2학년밖에 되지 않은 여자 아이가 피투성이가 된 채 무릎을 꿇고 있는 사진이었다. 쇠파이프 같은 흉기를 이용하여 폭행한 것뿐만 아니라 입에 담지 못할 성적인 욕설까지 내뱉는 그들의 행동은 머리로 이해하기가 어려울 정도였다. 그런데도 그들에 대한 처벌은 미약했다. 검찰은 최대 징역 5년을 구형했지만, 판결은 보호처분으로 종결되었다. 전 국민을 공노케 했던 끔찍한 사건이 보호처분으로 끝나버린 것이다.

2011년 대전의 한 여고에서 있었던 대전 여고생 자살 사건 또한 그렇다. 피해자는 동급생에게 집단 괴롭힘을 당하다가 결국 극단적인 선택을 하고야 말았지만, 이 사건의 가해자들은 교내봉사 정도의 징계를 받는 것으로 끝났다.

학교폭력에 대한 솜방망이 처벌은 이 사건뿐만이 아니었다. 통계에 따르면 가해 학생의 39%는 보호처분을 받았으며 34%는 교내봉사·특별교육 처분을 받았다(전국 중학교 학교폭력대책자치위원회 선도 조치 유형, 교육과학기술부). 과반수의 가해자가 미약한 처벌을 받는 데 그친 것이다. 학교폭력에 대한 미온적 대처는 학생들 역시 인식하고 있다. 학생들은 39.5%가 학교폭력 원인으로 엄중한 처벌 부족이 원인이라고 지적했다(고교생 대상 학교폭력이나 학교 내 문제 발생 이유 조사, 법률소비자연맹). 엄중한 처벌 부족 문제가 심각하냐는 질문에 학생은 90.1%, 학부모는 97.8%가 심각하다고 지적했다(한국교육개발원 조사). 정부에서 조사한 결과에서도 학교폭력에서 안전하지 않은 이유로 가해자 처벌과 재범방지 노력 미약을 1위로 꼽았다(74.9%). 또한 현재의 학교폭력 대책에 대해서는 학생들의 과반수가 효과가 없다고 답하였다(50.0%).

이러한 사례와 통계를 통해 학교폭력 피해자가 계속해서 생겨나고 있음에도 불구하고 그 처벌은 제대로 이루어지지 않는다는 것을 알 수 있다. 지금의 대책 방안은 피해자를 위하기보다는 피해자에게 더 큰 고통만을 안겨주고 있다. 또한 이러한 상황이 추가적인 학교 폭력의 양산으로까지 이어질 수 있다.

위의 예시는 그저 일부일 뿐이다. 지금의 학교폭력 대책 상태는 문제가 많고 고쳐야 할 점도 많다. 현재의 해결책으로는 약자들의 고통만 더 늘릴 뿐이다. '동물의 왕국'에서 벗어나게 할 '대책의 진화'가 필요한 때다.

'이 선생'의 해결책, 실효성은 글쎄?

늘어가는 학교폭력의 심각성이 말해주듯 지금까지의 학교폭력 대책은 그 실효성을 보이지 못하고 있다. 이러한 의견에 부응하듯 『이 선생의 학교폭력 평정기 특수전』에서는 이경원 선생의 좀 다른 학교폭력 평정 전략을 보여준다. 그는 이전의 고질적이고 일시적인 해결책과는 차이가 있는 해결책을 제시한다.

이경원 선생은 아이들의 싸움이 일어났을 때 해결을 위해 학생들과 토의를 진행한다. 사건에 대한 여러 아이들의 다양한 시각과 견해를 듣고 의견을 공유한 것이다. 이를 통해 사건의 본질을 파악하고자 노력하고, 토의 결과를 바탕으로 '우정계약서'를 비롯해 학급 규칙을 만들었다.

셔틀 사건은 종수가 성민에게 심부름을 시키거나 폭행한다는 사실이 이경원 선생에게 알려지면서 시작된다. 이경원 선생은 이 문제의 해결을 위해 '진실과 화해 위원회'를 결성한다. 이를 통해 가해자인 종수와 피해자인 성민의 생각을 듣고, 아이들의 증언을 들으며,

사건에 관해 토론하고, 서로 간의 대화와 설득으로 학교폭력 문제를 해결하고자 한다. 이러한 이경원 선생의 방법은 당사자뿐만이 아니라 다른 아이들까지도 적극적으로 참여하는 방식이었다. 많은 아이들이 참여하여 주제에 대해 토론하고 이를 통해 사건의 본질을 파악하며 처벌보다는 교화와 화해에 중점을 두었다.

기존의 학교폭력 해결 방식은 위에서 언급했듯이 많은 문제점을 가지고 있다. 학교폭력 대책에 많은 변화가 필요한 시점에서 이경원 선생의 사례가 보여주는 대화와 토의 중심의 해결책은 큰 도움이 될 수 있다. 하지만 이것이 학교폭력 문제의 해결책을 대체할 수 있을 만큼 이점을 갖고 있는가에 대해서는 아쉬움이 남는다.

먼저 이경원 선생의 해결책은 많은 아이들 참여에 기반을 두고 있기에 아이들이 입을 열지 못하면 실패하게 되는 구조다. 책에서는 남자 아이들 중에서 힘이 세고 세력을 갖추고 있던 상우가 이경원 선생의 방법에 적극적으로 협력해주어 어느 정도 무마되었지만, 그렇지 않은 상황에서 학생들의 협력을 끌어내기란 상당히 어려운 일이다. '튀는 것'에 대해 민감한 10대 아이들 특성상 침묵하는 분위기를 깨고 말문을 열기란 매우 어려운 일이다. 자기 역시 말문을 열었다가 약자가 되어 희생될지 모르는 처지이기 때문이다.

또한 모두가 함께 토론하는 특성상 보복의 가능성도 크다. 이러한 문제는 청소년폭력예방재단에서 조사한 설문에서도 확인할 수 있다. 학교폭력을 방관한 아이들에게 왜 방관했느냐고 물었을 때 30.6%는 '나도 당할까 봐' 말리지 못했다고 답했다. 따라서 이 대책을 학교폭력 해결책으로 사용할 때 과연 실효성이 있을지 의문을 가지게 된다.

동물의 왕국 탈출을 향해

학교폭력이라는 단어와 함께 이에 대한 심각성도 퍼졌지만, 아직 해결은 제자리걸음이다. 학교폭력 해결책의 문제점은 그대로 남아 있고, 그동안 여러 학교폭력 사건이 터졌는데도 개선책은 보이지 않고 있다.

그런 면에서 『이 선생의 학교폭력 평정기 특수전』은 학교폭력에 대해 다루는 얼마 안 되는 책 중 하나로, 교사들의 경험을 바탕으로 만들어졌기에 교사들의 실제 고충에 대해 알 수 있다는 점에서 그 가치가 높다. 그뿐만 아니라 교사 입장에서 바라보는 학교폭력과 현 교육 실태의 문제점도 엿볼 수 있다. 또한 우리 주변에서 일어날 수 있는, 사소해 보이지만 엄연한 학교폭력 사례 역시 담아내어 독자들의 공감을 불러일으킨다. 학교폭력의 심각성을 상기시켜주면서 그 해결책에 대한 실마리를 제공해준다는 점에서, 『이 선생의 학교폭력 평정기 특수전』은 학교폭력이 사회문제로 떠오른 지금 이 시대에 정말 필요한 책이다.

학교폭력이라는 주제를 선택하고 책을 찾는 과정에서 꽤 시간이 오래 걸렸다. 이 말은 곧 학교폭력과 관련된 책이 별로 없다는 것을 의미한다. 아직도 학교폭력의 심각성을 인지하지 못하는 사람들이 많은 상황에서 학교폭력에 관한 책이 이렇게 적고 찾기도 어렵다는 것은 실로 안타까운 일이다. 학교폭력 대처 방안의 대대적인 뜯어고치기가 필요한 시점에 학교폭력에 관한 책들이 많이 나오게 되어서 더 많은 사람들이 그 심각성을 알고 해결 방안을 같이 고민할 수 있기를, 그리하여 학교가 '동물의 왕국'에서 벗어나 진정한 배움의 전당으로 돌아갈 수 있기를 바란다.

학생들이 스스로 문제 내고 답을 쓰는 생각문제 사례

생각문제는 학생들이 책을 읽은 후 자기가 문제를 내고 답을 쓰는 일이다. 이 책의 4교시에서 소개했다. 모두 네 문제를 내고 답을 쓴다. 과제를 내주어 컴퓨터 워드로 해오거나, 수업 시간에 직접 손글씨로 쓴다. 워드로 할 때는 글자가 작고 여백이 좁은 문서 양식을 주고, 종이 1쪽에 네 가지 질문과 답을 빽빽하게 쓰게 한다. 손으로 쓸 때는 앞쪽에 두 문제와 답을 쓰고, 뒤쪽에 두 문제와 답을 쓰면 적당하다.

연애 문제를 묻고 답하기

『그들이 그렇게 연애하는 까닭』, 아미르 레빈 외, 랜덤하우스코리아, 2011.
『징글맞은 연애와 그 후의 일상』, 김호정 외, 중앙북스, 2017.

이민지 / 광동고 2학년 5반

대부분의 로맨스 영화는 왜 결혼식으로 끝나는 것일까?

대부분의 로맨스 영화는 마지막 장면으로 행복한 결혼식을 선택한다. 드라마 또한 마찬가지이며, 심지어는 동화에서도 행복한 결혼생활로 이야기의 끝을 맺는 경우가 많다. 해피엔딩으로 결혼식을 선택하는 것은 마치 연애의 끝을 결혼으로 보이게 만든다. 그리고 행복해지기 위해서는 결혼을 해야 한다고 강조하는 듯하다. 그렇다면 왜 이렇게 결혼을 강조하는 것일까?

전통 사회에서는 15살쯤 되면 혼인을 맺도록 되어 있었다. 그것은 자손을 낳아 가문을 잇기 위해서였다. 과거부터 그래왔으니 지금까지도 결혼을 일찍, 꼭 해야 한다는 생각이 존재하는 것은 당연할지도 모른다. 하지만 현재 우리 사회에서 연애의 끝이 결혼이며 결혼을 꼭 해야 한다는 생각은 점차 사라지고 있다. 결혼 연령이 높아지고 있으며, 많은 미혼 남녀들이 경제적인 이유에서 결혼을 부담스러워하며 일에 집중하고 싶다는 생각을 가지고 있기 때문이다.

그러니 영화에서도 결혼으로 맺는 결말보다는 성격이 맞지 않거나 바람을 피워서 이별하게 되는 결말을 선택해보는 것은 어떨까? 사랑을 해봤던 사람이라면 누구든 공감할 수 있는 솔직한 감정을 담아서, 이별이라는 현실적인 결말로 이어지는 영화를 봤으면 한다.

바람을 피우는 애인과의 관계를 어떻게 해결할까?

애인이 있는 사람이 바람을 피우는 이유는 간단하다. 다른 사람에게 마음을 빼앗겼기 때문이다. 그렇지 않다면 나쁘게 말해서 현재 사귀고 있는 사람에게 약간 싫증이 날 때 다른 사람을 만나는 것이다. 사회적으로는 바람을 부정적으로 바라보는 시선이 있다. 그리고 애인이 바람을 피울 때는 대부분 헤어지라고 말한다. 그런데 바람을 피우는 애인과 헤어지는 것이 문제를 해결하는 것일까? 이 방법 외에 애인과의 관계를 해결할 수 있는 다른 방법은 없을까?

상대방의 바람 때문에 상처를 많이 받은 사람이라면 그 사람과 헤어지는 것이 나을 것이다. 배신감이 느껴지고 다시는 그 사람과 대하하고 싶지 않을 수도 있다. 하지만 몇몇의 경우는 아닐지도 모른다.

그 사람이 왜 바람을 피우게 되었는지 궁금할지도 모른다. 많은 사람의 인정을 받긴 어렵겠지만, 나는 바람을 피우는 것이 자연스러운 현상이라고 생각한다. 어떻게 이 세상에서 평생 한 사람만 사랑할 수 있을까? 가능한 사람도 있겠지만 불가능한 사람도 있다.

그렇기에 애인이 바람을 피우는 것을 알게 되었을 때, 상대가 실수로 바람을 피운 것인지 아니면 원래 바람을 피우는 성격인지 알아봐야 한다. 그리고 바람을 피운 이유가 내가 질려서 인지 내가 무슨 실수를 해서인지도 알아야 한다. 그러고 나서 상대를 용서해줄 것인지 생각해봐야 한다. 이런 일이 한 번 더 일어난다면 그 사람과 헤어지는 것이 낫겠지만, 그렇지 않다면 애인을 용서하고 한 번 넘어갈 수도 있지 않을까?

계속 상처받으면서도 사랑하는 사람과의 연애를 이어가야 할까?

책에서 읽은 이야기다. 어떤 여자가 완벽한 남자와 사귀게 되었다. 그런데 남자가 여자에게 계속 자기에게 맞춰달라며 여러 가지 지적을 했다. 여자는 자책을 하며 그것들을 고치려고 노력하다가 결국 자기 자신을 잃게 된다. 이렇듯 자기 자신을 포기하면서까지 사랑하는 사람과의 연애를 이어가야 할까?

나는 아니라고 본다. 정말 사랑한다면 애인에게 "이것 좀 고쳐라" "넌 이게 별로다" 같은 말을 계속 하기는 어렵다. 가끔 말하는 것은 충고라고 생각할 수 있겠지만, 지속적으로 말한다면 그냥 내가 마음에 안 들어서 그런 것일지도 모른다.

위에서 말한 책에서는 남자가 마치 병이 있는 것처럼 강압적으로 여자에게 강요를 한다. 자신에게 맞춰달라는 것이다. 그렇지만 여자는 쉽게 헤어지자고 말하지 못한다. 서로 사랑하고 있다고 생각했기 때문이다. 이런 걸 사랑이라고 할 수 있을까? 상처를 주고받으며 전혀 행복하지 않은데 말이다.

연애는 서로 좋아하기 때문에 그 감정을 나누려고 하는 것이다. 그런데 과도한 사랑이 집착, 괴롭힘 등으로 이어진다면, 그것은 사랑이 아니다. 그 사람의 욕심이다. 사람을 대하다 보면 누구나 상처를 입을 수 있다. 하지만 계속 상처받으면서 그 관계를 유지할 필요는 없다. 그러면서까지 사랑한다는 이유로 연애를 이어갈 필요는 없다고 생각한다.

연인과 좋게 헤어지는 방법, 그리고 그 후의 적절한 행동은 무엇일까?

대부분의 연인들은 헤어질 때 오랫동안 만나고 애정을 가져온 만큼 이별의 슬픔이 크다. 사실 좋은 이별이란 가능하지 않는 것처럼 보인다. 물론 서로에게 이미 애정이나 관심이 눈곱만큼도 없다면 가능할지도 모르겠지만 말이다. 나는 이별을 할 때 상대에게 피해를 주지 않고 미련 없이 보내주어야 한다고 생각한다. 요즘 이별 통보를 이유로 상대를 폭행하고 위협하는 일이 심심치 않게 일어나고 있다. 좋은 이별은 상대를 배려하면서 그 이별에 동의해야 가능할 것이다.

연인과 헤어지고서 많이 겪는 일 중 하나는 술을 마시고 옛 연인이 연락을 해오는 것이다. 많은 사람들이 이로 인해 힘들어하고 있다. 헤어진 후에도 옛 연인에 대한 행동은 중요하다. 그럼 우리는 헤어진 연인에 대해 어떤 행동을 취해야 할까?

먼저 헤어진 연인에게 질척거리지 않아야 한다. 술 마시고 전화하는 일도 마찬가지다. 실제로 내 친구는 남자 친구에게 이별을 통보했는데, 남자 친구가 잘해주겠다며 다시 사귀자고 며칠간 매달렸다. 그래서 잠깐 다시 사귀게 되었는데, 결국 그 끝은 좋지 않았다.

헤어진 연인에 대해 남에게 쉽게 얘기하는 것도 조심해야 한다. 내 친구의 경험을 예로 들면, 최근 그 친구가 남자 친구와 헤어졌는데 남자 친구가 친구에 대한 이상한 소문을 내기 시작했다고 한다. 내 친구가 바람이 나서 헤어진 거라는 둥 있지도 않은 얘기를 해서, 내 친구는 학교에서 한동안 오해의 눈빛을 받고 욕을 먹었다고 한다. 이처럼 헤어졌다고 뒤에서 상대에 대해 안 좋은 얘기를 하거나 사귀던 때 알려준 비밀 등을 퍼뜨리는 것은 상대에 대한 예의가 없는 것이다.

부록 4

학생들이 함께 책 읽고 나눈 대화를 정리한 보고서 사례

이 보고서는 이 책의 5교시에 소개한 책 대화하기 수업의 결과물이다. 최종 보고서는 분량이 너무 길어서 여기에서는 그 결을 엿볼 수 있는 간략한 중간 보고서를 소개한다. 최종 보고서에는 참여자의 이름을 모두 밝히지만, 중간 보고서이기에 기록 담당의 이름만 적어두었다. 어른의 눈으로 볼 때 학생들의 의견이 어설프고 때로 문제가 있지만, 학생들은 논의 과정에서 자신의 생각을 다른 친구들의 생각과 견주면서 다듬어간다. 이 보고서를 그러한 과정의 산물로 읽어주길 바란다.

한국인이 되어야 하는 사람들

난민 문제를 다룬 『내 이름은 욤비』(욤비 토나, 이후, 2013)를 읽고 나눈
책 대화 기록 보고서

김하민 / 광동고 1학년 3반

2018년 7월, 제주도에서 오백 명 이상의 예멘 사람들이 난민신청을 했다. 이 때문에 난민에 대한 사회적 관심이 높아졌으며, 난민신청 반대에 관한 청원에 70만 명이 넘는 국민이 참여하기도 했다. 나 역시 예멘 난민에 대해 부정적인 인식을 가지고 있었는데, 왜 예멘 난민에 대한 인식이 유독 좋지 않은 것일까?

예멘 난민, 받아들여야 할까?

책 대화하기, 두 번째 시간이다. 첫 번째 시간에 우리는 난민을 찬성하는지 반대하는지에 대해 이야기하면서 구체적인 사례로 대화해보고 싶다는 생각이 들었다. 그래서 이번에는 '예멘 난민'에 대한 내용을 공부해왔다. 우리는 다 같이 신문과 잡지를 보면서 난민에 대한 자료를 조사했고, 각자 집에서 인터넷을 통해 관련 내용을 살펴보았다.

하민 얼마 전 500여 명의 예멘 난민이 제주도에 들어와 난민신청을 했고, 우리나라 사람들이 난민반대 청원까지 벌이는 일이 있었잖아. 만약 너희들이 제주도에 살고 있다면 어떤 입장을 취할지 궁금해.

재영 만약 내가 제주도민이라면 반대할 거야. 왜냐하면 나는 그 사람들에 대해 잘 모르는데, 주변에서는 난민들이 범죄를 저지른다든가 목적이 있어서 입국했다든가 하는 좋지 않은 이야기가 들려오거든. 난민을 많이 수용하는 나라에서 성범죄가 높아지는 등의 나쁜 사례도 있어서 난민이 당황스럽고 부담스러워.

정환 나 역시 반대할 것 같아. 500여 명의 난민이 들어오면 일자리를 뺏긴다는 생각도 들고, 내가 살던 곳에 갑자기 많은 외국인들이 들어오면 당황해서 더 반대할 것 같아.

성민 솔직히 반대하지. 제주도 사람들 입장에서는 무서울 거야. 한꺼번에 예고 없이 낯선 사람들이 몰려와서 체류하고 있으니까 난민을 수용했을 때 좋은 점은 생각할 겨를도 없이 나쁘다고 생각할 거야.

하민 나도 역시 반대할 것 같은데. 그런데 너희 혹시 왜 제주도에 난민들이 많이 있는지 아니?

재영 · 정환 · 성민 아니.

하민 제주도에서는 무사증 제도라고 비자 없이 일정 기간 체류할 수 있는 법을 시행하고 있어서 난민들이 제주도에 머무는 거야. 제주도 사람들 입장에서는 불안할 수밖에 없겠지. 난민들은 체류 기간 동안의 일자리와 잠자리를 요구하지만, 우리나라 사람들은 난민에 대한 경험이 없기 때문에 왜 그 요구를 들어주어야 하는지 필요성을 잘 못 느끼니까 반대할 거라고 생각해.

그런데 우리가 지난번에 이야기했을 때는 분명 난민 수용 문제에 찬성하는 친구들이 세 명이나 있었는데, 왜 예멘 난민 문제에는 모두가 반대하는 걸까?

우리는 하민이의 질문에 잠깐 생각을 했다. 첫 번째 책 대화하기 시간까지만 해도 우리는 난민 수용 문제에 찬성했다. 그런데 오늘 예멘 난민의 사례를 가지고 대화해보니 우리는 반대하는 입장에 서 있었다. 누구 한 명 선뜻 말을 꺼내지 못하다가 재영이가 말했다.

재영 하민이 말을 듣고 보니 그렇네, 예멘 난민들이 믿는 종교가 이슬람교인 이유가 큰 듯해. 히잡을 쓰고 다닌다든가 명예살인처럼 기본적 인권을 침해하는 규율들이 많다고 들어서 부정적인 인식이 있거든. 그래서 뭔가 꺼려지게 돼.

정환 이슬람교는 우리가 쉽게 접하기 어려운 종교이고, 우리나라 사람들에게는 일정 시간을 정해놓고 기도하는 문화나 돼지고기를 먹지 않는 문화가 어색하고 이상하다고 느껴져서 더 반대하는 경향이 있어.

하민 나는 인종적 문제도 있다고 생각해. 만약 이 사람들이 유럽이나 미국에서 온 백인들이었다면, 나는 이렇게까지 부정적으로 생각하지 않았을 거야. 나도 모르게 인종차별을 하고 있는 거지. 책에서 욤비 씨도 "흑인 난민에 대한 차별이 더 심하다"라고 하잖아. 예멘 난민들이 흑인은 아니지만 그들의 인종이나 국적이 우리 생각에 영향을 끼치고 있는 거지.

제주도민 입장에서 난민 문제에 대한 생각을 나누어보았더니, 이야기를 하면서 우리도 모르게 예멘 난민에 대해 편견을 가지고 있었다는 사실을 발견하게 되었다. 평소에 우리가 인종차별을 한다고는 생각해보지도 못했는데 놀랄 수밖에 없는 사실이었다. 그들을 존중해야 한다는 것을 누구보다 잘 알고 있을 모둠인데 오히려 차별을 하고 있는 상황이라서, 서로 눈이 마주치며 새롭게 알았다는 듯 고개를 끄덕였다.

난민을 받아들이면서……

하민 난민의 입장에서 볼 때, 우리나라가 난민에게 제공하는 혜택의 가장 큰 문제점은 무엇일까?

성민 우리나라에 난민을 받아들이는 데 대한 제대로 된 계획이 없는 것이 가장 큰 문제라고 생각해. 난민을 받은 지도 얼마 되지 않았고 정부가 인정한 난민 수도 적기 때문에, 이번처럼 많은 난민이 한꺼번에 신청을 했을 때 어떻게 대처해야 할지 모르는 거지. 앞으로는 이런 문제에 대해 미리 계획해야 한다고 생각해.

정환 잡지를 읽어보니 임산부나 위급한 환자가 아니면 난민이 제주도 지역을 벗어나지 못한다고 해. 하루빨리 난민들을 여러 지역으로 이주시켜서 다양한 일자리와 거주지를 제공했어야 했는데, 이들이 제주도를 벗어나지 못하게 한 것도 큰 문제일 거야.

재영 나는 제도에도 문제가 있지만 언론도 문제라고 봐. 처음에는 예멘 난민에 대한 불안감을 증폭시키는 자극적인 기사를 쓰더니, 이후에는 난민들이 우리나라 사람보다 더 큰 복지 혜택을 받고 있다는 사실무근의 기사를 쓰는 것을 봤거든. 그러니까 우리나라 사람들이 경계심을 갖고 그들에게 복지를 제공하지 말라고 주장하게 된 거지.

하민 나도 그런 기사 봤어. 난민에게 138만 원의 지원금을 준다는 기사였는데, 사실 그중에서 4% 정도가 이 지원금을 받는다고 하더라고. 난민들이 우리나라 사람을 해치려고 작당 모의를 한다는 터무니없는 글들이 SNS에 돌아다니기도 했고, 그러면서 난민에 대한 불안감이 증폭되고 더욱 꺼려지기만 하는 거야. 사람들에게 왜 난민을 반대하냐고 물어보면, "무서워서" "성범죄 때문에"라고 대답해. 언론이 사실과 다른 자극적인 소식을 전하니까 이런 인식이 심화되는 거야.

나는 일자리를 제공하지 않는 문제가 가장 심각하다고 생각해. 제주도에서는 이슬람교를 믿는 난민이 돼지고기 집에서 일을 한다든가, 배를 한 번도 타보지 못했던 난민이 배를 타서 고용주도 난민도 곤란하다든가 하는 문제들이 발생하고 있었거든. 최소한 어떤 일자리를 제공받고 있는지, 어떤 거주지에서 생활하고 있는지 정도는 점검해주어야 했는데, 전혀 신경 쓰지 않았다는 점이 가장 아쉬워.

성민 맞아. 일자리를 구하는 과정에서 정말 많은 문제들이 발생하더라고. 돼지고기 집에서 일하는 이슬람 난민 문제는 정말 안타까운 사례야.

이슬람을 믿는 사람이 돼지고기 집에서 일을 하다니 종교에 대한 존중과 배려가 전혀 없는 사례였다. 실제로《한겨레21》에는 돼지고기 식당에서 일하는 예멘 난민의 인터뷰가 나온다. 얼마나 일하는 환경이 열악하고 할 수 있는 일이 없으면 자신의 윤리에 어긋나는 행동을 하면서까지 돈을 벌어야 하는지 가늠할 수 없었다. 모둠에서 이야기했듯이, 일자리 문제뿐만 아니라 언론과 국가의 차원에서도 우리나라는 전혀 난민을 받을 준비가 되어 있지 않다는 사실을 알았다. 난민이 수용되면서 문제가 생기고 사람들이 반대하는 상황이 어쩌면 당연했던 것일 수도 있다. 난민 복지를 위해 더욱 계획적이고 체계적인 시스템이 필요하다고 생각했다.

난민이 한국에 정착하게 되어가는 과정

하민 난민을 수용한다면 종교나 문화가 달라서 갈등이 생길 수도 있을 텐데, 그러면 어떻게 해야 할까?

성민 한국은 아직 이슬람교가 많이 받아들여지지 않은 나라이기 때문에 난민들에게 적절한 교육을 해주어야 한다고 생각해. 종교를 억압하는 일은 인권침해니까 절대 있어서는 안 되지만, 우리나라 법의 테두리 안에서 종교의 자유를 누릴 수 있도록 도와주어야 하는 거지.

정환 이슬람 사람 입장에서는 이슬람교가 정말 좋은 종교이고 의미가 있기 때문에 나는 우리나라 사람들이 더욱 노력해야 한다고 생각해. 그들의 문화를 이해하고 받아들이면 갈등이 완화될 수 있을 거고. 우리나라에도 다양한 문화가 들어오는 좋은 기회가 될 거야.

하민 난 교육이 가장 중요하다고 생각해. 한국에 온 탈북자들도 하나원에서 적응 기간을 갖잖아. 난민들도 기관을 만들어서 적응과 교육 기간을 거쳤으면 좋겠어.
그런데 난민을 수용하려면 난민 수용소를 설치해야 하는데, 많이들 반대하고 있잖아. 만약 너희가 그 지역의 주민이라면 찬성할 거야, 반대할 거야?

정환 나는 찬성할 거야. 우리나라 농촌 지역에는 일손이 부족하잖아. 그런 지역에서 일을 도와주면 서로서로 좋을 것 같거든.

재영 난 수용소가 생겼을 때 땅값이 떨어질 게 걱정되고, 내가 만약 자식을 키운다면 거리를 돌아다닐 때 위험하다고 생각해서 반대할 거야.

하민 그런데 난민들이 농사를 짓고 싶어하지 않으면 어떡해? 우리도 외국에 이민 갈 때 농사를 짓거나 공장에서 일하는 걸 바라지 않잖아.

성민 이들은 제대로 된 교육을 받지 못했기 때문에 어쩔 수 없이 1·2차 산업에 종사해야 한다고 생각해.

하민 그런가. 근데 너무한 거 아니야? 난민들도 살기 위해서 왔는데 "너희는 여기서만 일해" 이럴 수는 없잖아.

성민 그러니까 난민들에게 교육을 지원해줘야지. 우리에게 지금 필요한 건 교육, 혁신, 개방, 평화, 이런 거라고 생각해.

하민 개방?

우리는 성민이의 엉뚱한 말에 웃었다. 마을 주민의 입장이 되어 난민 수용소 설치에 대해 이야기해보려 했는데, 점점 난민들에게 어떤 일자리를 제공해야 하는지에 대한 문제로 이야기가 흘러갔다. 주제에서 벗어났지만 흥미로운 이야기라서 모두들 재미있게 대화했다.

재영 나는 어쩔 수 없다고 봐. 우리가 해외로 이민 갈 때는 목적을 가지고 가지만, 난민들은 살 곳을 찾기 위해 온 거라서 원하는 일자리를 모두에게 제공할 수는 없는 거야. 그래서 나도 성민이처럼 난민들이 원하는 일자리를 가질 수 있도록 교육하는 게 정말 중요하다고 생각해.

재영이 말을 듣고 나니 난민에게 일자리를 제공하는 것이 엄청 어려운 일이라는 생각이 들었다. 앞에서 난민들에게 일자리를 제공해주지 않는 것이 문제라고 꼬집었는데, 많은 난민들에게 일자리를 제공하는 것은 너무 어렵고 복잡한 일이었다. 그들이 원하는 일자리를 제공하기 위해서는 교육을 제공하는 일이 우선이라는 대화가 이어졌다. 그렇다면 그들을 교육하는 과정에서는 어떤 문제가 발생할까?

하민 우리는 지금까지 난민들에게 교육이 필요하다고 했잖아. 근데 『내 이름은 욤비』에서 주인공 욤비 씨는 한국의 다문화 교육 때문에 자녀들이 자신의 조국과 문화를 잊어버려서 속상하다는 이야기가 나와. 그렇다면 다문화 교육은 어떻게 바뀌어야 하는 걸까?
나부터 이야기하자면 다문화 교육이 시험을 보기 위해서 배우는 것이 아니라 그 문화를 직접 느끼고 이해할 수 있도록 체험의 기회를 많이 제공해야 한다고 생각해. 여러 나라의 문화와 접촉하는 과정에서 우리가 다문화 국가가 될 수도 있다고 생각하고.

재영 한국인끼리도 피부색이 조금 까만 아이들을 놀리곤 하는데, 만약 인종이 다른 아이들이 그런 놀림을 받으면 엄청 속상하겠지. 그런 건 우리나라가 고쳐야 한다고 생각해.

욤비 씨의 경우는 조국을 기억하는 것이 그 나라로 돌아갈 수 있다는 희망을 주는 일이기도 해. 하지만 한국의 교육도 어느 정도는 받아들여야 하지 않을까? 그래야 한국 사회에 어울릴 수 있잖아.

정환 그렇지만 우리가 변화하는 자세를 가져야 해. 다문화 교육을 깊이 있게 해야 서로를 조금이라도 더 이해할 수 있지 않을까?

재영 그 과정에서 예멘의 조혼문화 같은 걸 아이들이 받아들이면 어떡해?

성민 그런 나쁜 문화는 교육시키지 말아야지.

하민 우리가 문화를 좋다, 나쁘다 구분 지을 순 없잖아.

성민 나는 인권을 침해하는 문화에 대해 말하는 거야.

재영 그렇구나. 보편윤리에 어긋나는 문화만 아니라면 수용해도 문제될 게 없으니 괜찮은 생각이다.

난민의 복지 문제에서부터 문화를 어디까지 받아들여야 하는지의 문제에 이르기까지 자칫하면 인권침해가 될 수도 있는 사안들에 대해 이야기를 나누면서 마치 아슬아슬한 줄타기를 하는 기분이었다. 난민 문제는 인권과 직결된 문제라 난민의 입장에서도 생각해봐야 하고 난민을 수용하는 나라에 살고 있는 국민의 입장에서도 생각해보며 답을 찾아야 했기 때문이다.

누구나 난민을 수용해야 한다는 교과서적인 답을 말할 수는 있다. 하지만 이번 제주도 예멘 난민 사건 이후 우리나라가 난민을 받아들일 준비가 전혀 되어 있지 않다는 것을 발견했다. 앞으로 우리는 말로만 난민을 이해하는 나라가 아닌 진짜 난민들이 복지를 누리는 나라가 되어야 한다. 또한 난민에 대해 관심을 갖고 사실과 다른 오해와 편견을 버리는 자세도 필요하다.

부록 5

학생들이 함께 책 읽고 인터뷰한 내용을 정리한 보고서 사례

이 보고서는 책 읽고 인터뷰하기 수업에서 학생들이 제출한 글이다. 이 책에서는 5교시에 소개되어 있다. 학생들은 네 명 모둠에서 공통으로 한 권의 책을 읽고 각각 다른 책을 한 권씩 더 읽는다. 그런 뒤에 책과 관련된 인물을 직접 섭외해 인터뷰를 한다. 학교 바깥의 인물을 만나기에 학생들은 가슴이 심하게 쿵쾅거린다고 한다.

원자력 발전, 언제까지 무관심할래?

『핵을 넘다』(이케우치 사토루, 나름북스, 2017)를 읽고
동국대 의대 김익중 교수님을 만나고 쓴 최종 보고서

윤미해 · 최주희 · 윤경빈 · 이시원 / 광동고 2학년 6반

원자력이 위험하다는 사실을 알고 있기에 반대하는 사람들. 자원이 하나도 나지 않는 우리나라에서는 원자력이 반드시 필요하다며 찬성하는 사람들. 아직까지도 우리나라에서는 두 의견이 대립 중이다. 뉴스에 나오는 이야기, 교과서에 나오는 이야기, 그리고 교과서를 설명해주시는 선생님의 관점도 모두 다르기 때문에 대부분의 학생들은 자신의 주관을 뚜렷하게 정하지 못한 채 단지 어른들의 이

야기일 뿐이라고 단정 짓고 이에 대한 생각을 미뤄두고 만다.

그렇다면 우리나라에 원자력 발전은 필요한 걸까? 우리는 학교에서 이렇게 배운다. 우리나라는 독립적인 자원이 없기에 상당량의 자원을 외국에서 수입해야 하고, 이런 상황에서 값싸게 전기를 생산하는 원전의 역할이 중요하다고. 심지어는 화석연료나 원전을 대체할 신재생 에너지가 비효율적이라고 배운다. 정말 그럴까? 같은 궁금증을 품은 윤미해, 최주희, 윤경빈, 이시원, 총 네 명의 학생이 모였다.

우리 세대가 크면 어른 세대가 될 것이고, 그때서야 원자력에 관심을 가지면 늦을 것이다. 그렇기에 지금부터 진지하게 원자력 발전의 필요성에 대해 자신의 주관을 확립하고 논의해볼 필요가 있다.

우리는 원전에 대한 지식이 거의 없던 터라 가장 먼저 원자력에 관한 책을 찾아보았다. 그런데 그런 책은 찾기도 어려웠고, 그중 마음에 드는 책을 찾기는 훨씬 힘들었다. 원전에 대한 찬성과 반대 입장의 책을 골고루 고르고 싶었지만, 찬성 측의 책은 아무리 찾아도 없었기 때문에 반대 측의 책으로만 책 후보를 선정했다. 오랜 상의 끝에 책 다섯 권을 정했고, 우리는 그 책들로 핵과 원전에 대한 기본적인 지식을 쌓았다.

속전속결 섭외

전문가를 만나 인터뷰해야 했지만 누구를 만나야 할지, 아니 누가 우리를 만나줄지 막막했다. 그렇게 인터뷰 대상을 고민하던 중에 주희가 동국대학교 김익중 교수님은 어떻겠냐며 제안을 했고, 원자력 분야에서 꽤 유명한 분이시라 우리는 전부 격렬히 고개를 끄덕였다.

쇠뿔도 당김에 빼랬다고, 우리는 말이 나오자마자 바로 동국대학교에 전화를 해보았다.

동국대학교 안녕하세요. 동국대학교입니다.

주희 안녕하세요. 저는 광동고등학교에 재학 중인 최주희라고 합니다. 김익중 교수님을 인터뷰하고 싶은데, 전화번호를 알 수 있을까요?

동국대학교 연구소 쪽으로 연결해드릴게요.

주희 네! 감사합니다.

연구소 안녕하세요. 연구소입니다.

주희 안녕하세요. 저는 광동고등학교에 재학 중인 최주희라고 합니다. 김익중 교수님을 인터뷰하고 싶은데, 전화번호를 알 수 있을까요?

연구소 저희는 잘 모르겠네요. 동국대학교 경주 캠퍼스에 연결해드리겠습니다.

주희 네! 알겠습니다.

우리는 김익중 교수님과 연락하기 위해 동국대학교 경주 캠퍼스와 교수님의 연구소까지 전화를 했다. 그렇게 해서 우여곡절 끝에 교수님의 전화번호를 받을 수 있었고, 방과 후에 다 같이 모여서 교수님께 전화를 드렸다.

주희 안녕하세요. 혹시 김익중 교수님 맞으신가요?

김익중 네! 맞습니다.

주희 안녕하세요. 저는 광동고등학교에 다니는 최주희입니다. 교수님을 인터뷰하고 싶은데, 가능할까요? 그렇다면 언제 시간이 되시나요?

김익중 저는 금요일마다 동국대 경주 캠퍼스에서 강의를 하니 그때 시간이 되고, 28일에 서울로 올라가니 그때도 가능합니다. 경주로 오시려고요?

주희 네!

김익중 그럼 뭐 타고 오려고요?

주희 고속버스를 타고 가려고 합니다.

김익중 그러면 다음 주 주말에 올 거죠?

주희 네!

김익중 그럼 다음 주에 만나요.

전화를 끊은 뒤 우리는 함께 이야기를 나누어보았다. 그런데 아무래도 경주까지 가기에는 학생인 우리에게 비용과 시간 부담이 너무 컸다. 보고서를 쓸 시간은 촉박하겠지만 인터뷰 날짜를 교수님이 서울로 오시는 28일로 변경하는 것이 좋겠다는 결론이 나왔다. 결국 우리는 교수님께 죄송한 마음을 담아 최대한 정중하게 날짜 변경 문자를 남겼다.

교수님, 안녕하세요! 늦은 시간에 죄송합니다. 어제 전화드린 광동고등학교 2학년 최주희입니다. 친구들과 이야기를 나누어보고 다 같이 생각해보았는데, 경주까지 왕복 일곱 시간이 걸리고 아직 학생 신분이라 비용 문제도 있고 해서 경주까지 가는 건 무리일 것 같습니다. 죄송하지만 혹시 교수님이 서울에 오시는 28일 토요일에 인터뷰를 해주실 수 있으신가 해서 문자드렸습니다.

혹시 약속이 있어 안 된다고 하실까? 우리가 갑자기 날짜를 변경해서 화가 나진 않으셨을까? 걱정하며 초조하게 답장을 기다리던 중 교수님께 메시지가 왔다.

그래요. 28일 토요일 오후에 인터뷰합시다. 2시에 강동역 근처로 오세요.

교수님의 답장을 받은 우리는 안도의 한숨을 쉬었고, 바쁘실 텐데 흔쾌히 인터뷰를 허락해주신 것에 너무도 감사했다. 섭외 문제가 끝나니 큰 산을 하나 넘은 것 같아 안심이 되었지만 우리에겐 아직 갈 길이 많이 남아 있었다.

긴장하지 마, 마음을 가볍게 먹자

인터뷰까지는 시간이 넉넉하게 남아 있었기 때문에 우리는 준비를 완벽하게 하고 싶었다. 우선 원전을 반대하는 책을 읽고 원전을 찬성하는 다큐멘터리도 보면서 두 입장을 정리·비교해보았다. 다 함께 교수님이 나오는 텔레비전 프로그램을 보면서 교수님의 입장도 확실히 알아두었다. 교수님은 원자력 분야의 뛰어난 전문가인데 혹여나 우리 질문 수준에 실망하실까 걱정되어서 우리는 3주간 주말마다 만나 몇 시간씩 질문을 수정하고 다듬었다.

질문 준비가 마무리되어 갈 즈음 인터뷰에 어떤 선물을 들고 갈지 논의하기 시작했다. 뜻깊은 선물로 무엇이 좋을지 고민한 결과, 우리는 '네이버'처럼 꾸민 뒤 '김익중 교수님'이라는 인물을 소개하는 우드락을 만들어 드리기로 정했다. 다 함께 준비물을 사러 문구점에 들렀는데, 그때 나와 시원이의 눈에 띈 것이 있었다. 바로 '봉숭아 물들이기'다. 우리 둘은 이걸로 교수님과의 첫 만남에서 어색한 분위기를 잘 풀어갈 수 있지 않을까 생각했는데, 경빈이와 주희 생각은 조금 달랐다. 교수님이 싫어하시면 어떻게 할지, 혹시나 이것 때문에 더 어색한 분위기가 되어버리는 건 아닌지 걱정했던 것이다. 하지만 밑져야 본전이라는 생각에 일단 두 봉지를 사고 말았다.

우리는 방과 후에 교실에 남아 선물을 만들었다. 그러던 중 학교 문을 닫아야 해서 더 이상 교실을 사용할 수 없었기 때문에 학교 숲으로 가서 마저 제작했다. 시간이 지날수록 날씨는 추워졌고, 조원들은 티를 내진 않았지만 모두 지쳐가고 있었다. 그때 한 선생님이 우리에게 음료수와 꿀 발린 빵을 주시며 우리가 그걸 먹는 동안 많은 이야기를 해주셨다. 잠깐의 쉬는 시간이었지만 그 덕분에 많이 지쳐 있던 우리가 더욱 힘낼 수 있었다. 햇빛이 밝고 제법 따뜻할 때 선물 준비를 시작했지만, 우리는 날씨가 추워지고 앞이 보이지 않을 정도로 어둑한 밤이 다 되어서야 집에 갈 수 있었다.

새로운 사람, 새로운 인연

드디어 기대하고 걱정하던 인터뷰 당일이 되었다. 우리 모두 인터뷰를 앞두고 많이 설레었던 것일까? 교수님께 답장이 온 뒤로 모두들 "2시에 강동역"을 중얼거리며 이날을 기다려왔다. 우리는 그곳에 준비를 하기 위해 일찍 출발했다. 버스를 타고 가면서 우리 넷은 각자 어떤 감정을 느꼈을까? 버스 밖으로 보이는 낯선 풍경마저 반갑게 느껴졌다. 새로운 사람을 만나 새로운 인연을 만든다는 설렘 때문일까. 이런저런 생각에 잠겨 있던 사이, 약속 장소에 두 시간이나 일찍 도착했다.

우리는 근처 카페에 들어가 인터뷰 예행연습도 해보았고, 음료수를 마시며 사진도 찍고 약간의 농담으로 서로의 긴장을 풀어주었다. 교수님은 어떤 분인까 상상도 해보고, 무뚝뚝하고 차가운 분이면 어떡하지 걱정도 해보았다. 그러다 보니 시간이 자기만 빼고 놀아 서

운했는지 어느새 훌쩍 가버리고 없었다.

약속 시간이 거의 다 되어서 교수님께 전화를 드렸다. 교수님이 전화를 받으시자 옆에서 누군가 외쳤다.

"스피커폰, 스피커폰!"

주희 교수님, 안녕하세요!

김익중 지금 가고 있는데, 차가 너무 많이 막히네. 혹시 밥은 먹었니?

주희 아직 안 먹었어요!

김익중 그래? 그럼 가까운 곳에 들어가서 밥 먹고 있어. 내가 늦었으니까 가서 밥 사줄게.

주희 안 그러셔도 괜찮아요.

김익중 내가 지각했으니 내가 사야지.

주희 감사합니다. 교수님!

김익중 차가 너무 막히네. 미안해.

모두 아니에요. 괜찮습니다!

김익중 가서 먹고 있어.

모두 네!

식당을 찾던 중 제일 눈에 띄는 건물에 빕스가 있었다. 농담 반 진심 반, 빕스에 가자는 얘기가 나왔다. 가격을 확인하기 위해 건물에 살짝 올라가 보았지만 상상 이상의 비싼 가격에 다시 조용히 내려왔다. 교수님은 우리가 예뻐서 사주는 거라며 그냥 빕스로 가라고 하셨지만, 너무 죄송해서 선뜻 가기가 쉽지 않았다. 하지만 결국 우리는 서로 눈치 보며 빕스로 올라가 조심스럽게 자리를 잡았다.

음식을 맛있게 먹는 도중에 멀리서 교수님이 손을 흔들며 우리에게 다가오셨다. 교수님의 첫인상은 우리가 우려했던 것과는 전혀 다르게 친근하고 푸근했다. 교수님이 우리에게 재치 있는 말을 계속 던져주셔서 분위기에 어색함이라곤 조금도 찾아볼 수 없었다. 각자 자기소개를 마치고 교수님은 우리가 먹는 모습을 흐뭇하게 보고 계셨다. 적당히 먹었으니 슬슬 인터뷰를 시작할 때가 된 것 같았다.

"이제 인터뷰를 시작할 거니까 다들 미리 음식 담아와!"

국민의 여론은 움직일 것인가

김익중 나는 원전의 위험을 알리기 위한 영화가 필요하다고 생각했어. 그래서 영화감독을 만나려고 꽤 노력했는데, 쉽지 않더라고. 몇 달 동안 허탕을 쳤는데, 마침 박정우 감독님이 원전 사고 관련 영화를 만들고 싶다면서 나를 찾아온 거야. 그런데 반가운 척을 안 했지. 시나리오를 받아봤는데 엉망진창이길래 내가 싹 잡아줬어. 그렇게 〈판도라〉라는 영화를 만드는 데 참여한 거야. 우리가 아무리 탈핵 캠페인, 교육, 강의를 해도 여론이 움직이질 않았어. 근데 이 영화가 나온 뒤에는 여론이 움직이더라고. 영화 만드는 걸 도와주길 잘했다 싶었지.

원자력에 무관심했던 내가 관심을 갖게 된 시초도 〈판도라〉였다. 교수님이 영화에도 참여하셨다는 것을 듣고서 우리가 정말 대단한 분을 만나 인터뷰하고 있다는 것을 몸소 느꼈다. 그래서 더욱 긴장되었지만 인터뷰에 더 열심히 임해야겠다는 다짐도 하게 되었다. 교수님 말씀이 끝난 후 우리는 본격적으로 인터뷰를 진행하였다.

경빈 일본은 후쿠시마 사고를 겪고서도 탈원전을 포기했는데, 우리나라는 탈원전이 가능할까요?

김익중 가능할 거예요. 우리가 일본보다 나은 점이 몇 가지 있어요. 우선 일본보다 민주주의가 앞서 있지요. 그리고 국민들이 주인 의식을 많이 가지고 있어요. 일본은 높은 사람이 시키면 별말 없이 따라주는 것 같아요. 우리는 반항하죠. 마음에 안 들면 대통령을 갈아 치워버릴 정도니까. 그 정도로 우리는 민주 의식 수준이 높아요. 그래서 일본보다 우리가 먼저 탈핵을 이룰 수도 있어요. 나는 그렇게 생각합니다.

교수님은 우리나라가 탈원전 사회로 갈 수 있다는 것을 적극 강조하셨다. 첫 질문에 대한 답만 들어도 교수님이 얼마나 주관이 뚜렷한 분인지를 알 수 있었다. 탈핵 운동가이신 교수님의 목표는 적어도 70% 이상의 국민이 탈원전에 동의하는 것이다. 영화의 개봉과 함께 우리나라 국민들의 여론이 많이 움직이기 시작했다. 이로 인해 지하자원에 의지하던 의식이 지상자원 개발의 필요성과 관심으로 이어지게 될지도 모른다. 이제 사람들이 원전 문제에 적극적으로 관심을 갖게 되지 않을까 하는 희망도 품어볼 수 있게 된 것이다.

원전 추진, 꼭 해야 해?

시원 노후 원전뿐만 아니라 신형 원전도 위험하다는 글을 봤어요. 노후 원전이 위험한 건 이해가 가는데 신형 원전은 왜 위험한 건가요?

김익중 원전은 부품이 200~300만 개나 되는데, 그 많은 부품이 모두 정상적으로 작동하는지 완벽하게 확인하는 게 어려워요. 그래서 가동 초기에 고장이 많이 나죠. 통계를 내보면 원전을 가동하고 1~2년 사이에 사고가 많이 나요. 그러고 나서 점점 안정되다가 노후가 되면 또 고장 나기 시작하는 거죠. 그래서 원전 사고는 초기에 많고 점점 줄어들다가 다시 늘어나면서 말기로 가면 커지지요.

미해 핵 선진국들도 핵폐기물 처리에 대해 뚜렷한 대안이 없는 상황인데, 우리나라에서는 어떻게 대처하고 있나요?

김익중 대처 안 하고 있지. 우리한테는 고준위 핵폐기장을 만들 기술이 없어요. 다른 나라도 마찬가지고요. 지금 이걸 만들겠다는 두 나라가 있는데, 핀란드와 스웨덴이에요. 거기에서는 경기도만 한 암반 지하 1000미터에 구멍만 뚫으면 돼요. 그래서 지금 공사를 하고 있는데, 거기는 안전한가? 아니요. 거기도 지하수가 들어간대. 지하수가 들어가면 방사능은 새요. 새지 않는 방폐장은 못 만들어요. 그런 기술은 우리 인류 전체에게 없어요. 다음 세대까지 기다려도 안 나올 거예요. 현재 16000톤이나 되는 핵폐기물을 어떻게 할 건지 아무도 몰라요.

시원 그것들은 지금 어디에 있나요?

김익중 원전 옆에 있는 수조, 〈판도라〉에서도 나왔던 핵연료 부분에 있는 파란 수조 속에 들어 있죠. 그거 꽉 차면 어떻게 해요? 몰라요.

미해 그럼 수조가 꽉 차기 전까지 탈원전을 해야겠네요?

김익중 그럴 수 있을까. 10년, 20년이면 꽉 찰걸. 나는 그 수조가 꽉 차게 되면 그때는 원전을 꺼야 한다고 생각해요.

핵폐기물의 반감기는 10만 년이라고 한다. 당장의 핵폐기물 처리에 대한 대책도 없이 10만 년이라는 긴 시간이 필요한 핵폐기물의 안전한 보관을 무작정 후손에게 떠넘기는 것은 부도덕하고 잔인한 일이 아닐까? 우리나라는 오직 앞으로 나아가는 것만을 우선으로 생각하기 때문에 뒤를 돌아보려고 하지 않는 것 같다. 그러니 원전 운전에만 정신이 팔려 핵폐기물 처리를 나중으로 미뤄두려는 것이겠지.

이대로 가면 인류에게 내일은 없다!

미해 원전 폐수가 생태계에 어떤 영향을 미치나요?

김익중 후쿠시마에서 사고 났었죠? 엄청난 양의 방사성 물질, 폐수가 태평양으로 가요. 태평양에서 잡은 물고기에서는 세슘이 나오죠. 그러면 그 물고기도 피폭되는 거잖아요. 고농도로 피폭되면 암에 걸리고 사산율이 높아지고 기형아를 낳기도 하고 심지어는 죽어요. 식물도 마찬가지겠죠? 그걸 먹는 인간도 피폭이 되겠고, 방사성 물질은 몸 속에 쌓이는 거고. 그런 방사능 피해가 발생합니다.

시원 검색해보면 생태계에는 이상이 없다는 기사들이 많거든요.

김익중 생태계 조사도 안 해놓고 무슨 이상이 없다는 거야. 일본에서는 지금 백혈병이 50% 이상 증가했어요. 그런데 방사능 영향이 없다고 얘기해요. 사산율이 늘어났다는 것은 국제적인 논문에도 나와요. 사산이 대표적인 유전병이거든요. 유전 물질에 이상이 있기 때문에 사산이 되는 거야. 원전 때문에 몇 명 죽었는지 조사도 안 했어요. 그래놓고 아무도 안 죽었다고 얘기하는 거지. 이건 사기라고 생각해.

예전부터 꾸준히 전 세계에서 여러 환경 문제가 터지고 있다. 이쯤 되니 이제 더 이상 지구도 버틸 힘이 없을 것 같아 보였다.

미해 원전을 찬성하는 글에서는 원전을 완전히 폐쇄해버리면 전기료가 많이 올라간다고 하는 데 반해, 원전을 반대하는 글에서는 그렇게 많이 올라가는 건 아니라고 하더라고요. 어떤 게 진짜인가요?

김익중 원자력계가 거짓말을 하고 있는 거지. 원전을 줄인다고 해서 전기료가 올라가지는 않아요. 왜냐하면 우리나라 전기료는 정부가 일방적으로 정하는 거니까요. 그리고 원자력이 지금 싸다고 하는데 그게 특별한 이유가 있어서 싼 거야. 일단 원자력은 우라늄을 가지고 불을 지른 다음에 물을 끓여서 증기 터빈을 돌려요. 우라늄이 연료죠.

우라늄이라는 연료에 세금을 많이 붙이면 원자력이 비싸져요. 그런데 지금 우리나라는 우라늄에는 세금을 거의 안 붙이고 석유와 가스에만 무지하게 붙여. 그래서 석유, 가스가 비싼 거죠.

이제 원자력의 경제성에 대해 말해줄게요. 원전을 건설하고 운영할 때 돈 들겠죠? 우라늄도 사야 하고 인건비도 들고 하니까요. 다 쓰고 난 다음에는 폐로해야 하죠. 혹시 사고가 나면 보상해줘야 하고요. 그리고 10만 년 간 핵폐기물을 보관해야 해. 건설비, 운영비 말고도 돈이 어마어마하게 들어요. 고준위 핵폐기물을 10만 년간 보관하는 데 돈이 얼마나 들까? 이걸 무조건 작게 계산해요. 이걸 아주 비싸게 계산하면 원자력이 비싸지겠죠. 어차피 나중에 후손들이 낼 돈인데 뭘 지금 계산하나 싶은 생각으로 작게 계산해요.

결국 계산 방법은 누가 정한다? 정부죠. 비싸게 결정하면 비싸지고 싸게 계산하면 싸요. 이렇게 따지고 보면 원자력은 절대 싼 게 아니에요. 제일 비싸지.

주희 마지막 질문인데요. 일반인이 알았으면 하는 원자력의 진실이 어떤 게 있나요?

김익중 원자력은 사고가 나면 너무 크게 나요. 그리고 사고 날 확률이 0이 아니라는 거죠. 이제까지 미국, 소련, 일본에서 사고가 났어요. 전 세계에서 31개 나라가 원전을 가동하고 있는데, 그중 원전 개수가 제일 많은 나라에서만 사고가 났어요. 등수로 따지면 31개 나라 중 1등, 2등, 4등에서요. 근데 한국이 5등이에요. 그래서 나는 우리나라가 다음에 사고 날 차례라는 생각이 드는 거고.

핵이 비효율적인 에너지라는 이유 중 하나로 폐로의 과정이 있다. 폐로는 지연해체, 즉시해체, 영구밀봉, 총 3가지가 있고, 어떤 방식을 택하느냐에 따라 최소 15년에서 최대 300년까지 걸린다고 한다. 우리나라의 원전 수명일이 이제 곧 줄줄이 다가올 텐데, 우리는 어떤 방식으로 폐로할지 정하지 않은 상태다. 폐로한다고 해도 고리 1호기 기준 2032억 원에서 9860억 원까지 비용이 들 것이라고 예상되어서 핵에 반대하는 사람들의 입장을 이해할 수 있었다. 이대로 가다간 정말 인류에게 미래는 없을 것 같아 보였다.

여기에서 주목해야 할 점이 있다. 사실 원자력의 피해는 수치로 나타내면 그뿐이다. 하지만 사람이 죽고 사는 것은 단 하나뿐인 생명이 달린 문제이므로 우리는 원자력 발전에 대해 어느 정도의 비판 의식을 함양할 필요가 있다.

교수님의 마지막 당부

인터뷰가 끝나갈 때 우리는 교수님께 준비한 우드락 선물을 드렸다. 교수님은 이걸 방에 걸어두시겠다며 진심으로 좋아해주셨다. 우리 기분도 너무 좋았다. 그리고 슬그머니 '봉숭아 물들이기'까지 꺼내 보여드렸다. 혹시나 싫으시면 정말 하지 않으셔도 괜찮다고 말씀드렸는데, 교수님은 흔쾌히 해보자고 하셨다.

완성된 다섯 개의 손가락을 보자 교수님은 상당히 좋아하셨고, 그 모습을 본 우리 또한 준비해오길 잘했다며 뿌듯해했다. 분위기가 그렇게 무르익어갈 때쯤 교수님은 우리에게 당부의 말씀을 전하셨다.

> 내가 재생에너지의 특징 여섯 가지를 말해줄 테니 외워요. 첫 번째, 안전하다. 두 번째, 오염 물질이 아무것도 안 나온다. 세 번째, 무한대의 에너지라 고갈되지 않는다. 네 번째, 공짜다. 다섯 번째, 국산이다. 여섯 번째, 일자리가 다른 방식에 비해 다섯 배 이상이다.

교수님께 드릴 우드락 편지와 봉숭아 물들이기(왼쪽). 야무지게 봉숭아를 손톱에 바르는 교수님(오른쪽).

교수님의 당부를 마지막으로 우리의 인터뷰는 끝이 났다. 교수님은 끝까지 웃으며 우리에게 작별 인사를 하셨고, 우리는 연달아 감사하다는 말을 전했다. 마음은 한결 편해졌고, 집에 가는 발걸음도 무척이나 가벼웠다. 부디 교수님께도 기억에 남는 인터뷰가 되었길 기도한다.

소설 『체르노빌의 아이들』의 저자 히로세 다카시가 우리 모두에게 전한 구절이다. “요컨대 희망에 찬 미래를 창조해나가는 것은 지금부터의 어른들, 바로 그대들인 것이다.”

우리는 모두 이 말에 동의한다. 지금부터라도 미래의 어른 세대, 바로 우리가 원자력 문제에 대해 뚜렷한 주관을 확립하고 주장했으면 하는 바람이다. 지금 우리의 현실을 단지 어른들에게 들어서, 텔레비전에서 봐서가 아니라 한 사람 한 사람이 자신의 노력과 의지로 올바른 생각을 키워서 우리의 문제로 인식하고 이해하길 바란다.

나의 책 읽기 수업

어디로 튈지 모를 학생들과 함께한 한 학기 한 권 읽기의 실제

초판 1쇄 발행 | 2019년 1월 30일
초판 14쇄 발행 | 2024년 5월 24일

지은이 | 송승훈
펴낸이 | 임윤희
일러스트 | 코피루왁
디자인 | 송윤형
제작 | 제이오

펴낸곳 | 도서출판 나무연필
출판등록 | 제2014-000070호(2014년 8월 8일)
주소 | 08613 서울 금천구 시흥대로73길 67 엠메디컬타워 1301호
전화 | 070-4128-8187
팩스 | 0303-3445-8187
이메일 | book@woodpencil.co.kr
페이스북 · 인스타그램 | @woodpencilbooks

ISBN | 979-11-87890-14-0 03370

• 이 도서는 한국출판문화산업진흥원의 출판콘텐츠 창작 자금 지원 사업의 일환으로 국민체육진흥기금을 지원받아 제작되었습니다.

• 이 책의 국립중앙도서관 출판시도서목록(CIP)은 e-CIP 홈페이지(www.nl.go.kr/cip.php)와 국가자료공동목록시스템(www.nl.go.kr/kolisnet)에서 이용하실 수 있습니다.
(CIP 제어번호: CIP2019002395)